¡vaya! nuevo

Michael Buckby
Michael Calvert

Nelson (**3**)

Thomas Nelson and Sons Ltd
Nelson House   Mayfield Road
Walton-on-Thames   Surrey
KT12 5PI   UK

© Michael Buckby, Michael Calvert 1995

I(T)P   Thomas Nelson is an International
Thomson Publishing Company

I(T)P   is used under licence

First published by Thomas Nelson & Sons Ltd 1995

ISBN 0–17–439816–6
NPN 9 8 7 6 5 4

Printed in China

Acknowledgements

La Oficina de Turismo de Santander
Victor Navarro and the Village of Benisano

PHOTOGRAPHS
Bridgeman Art Library pp.126 (2), 127
Britstock-IFA Ltd. p.4
James Davis Travel Photography pp.29 (3), 86,
    87 (2), 155 (2)
Tim Guthrie p.155
Reg Grundy Productions Ltd. p.141
Robert Harding Picture Library p.86
Hulton Deutsch Collection p.127
The Hutchison Library p.5 (3)
Trip pp.4, 5 (2)

All other photos by David Simson

ILLUSTRATIONS
James Alexander
Clinton Banbury
Paul Beebee
Judy Brown
Martin Cater
Tim Kahane
Darin Mount
Pat Murray
Tim Oliver
Liz Sawyer

Mountain High Maps™ Copyright © 1993 Digital Wisdom, Inc p.5
    (small World map)

¡vaya! nuevo

UNIDAD		página

¡Bienvenidos a América Latina!

¡Vaya! nuevo 3 se basa en España pero vamos a visitar América del Sur y América Central en el libro para aprender y apreciar un poco de lo variado, lo grande y lo interesante de estos países.

Sabías que

• el tango es un baile de Argentina.

• durante el Imperio Inca (1400–1530) había más de 8.000 kilómetros de carreteras.

• Venezuela significa 'pequeña Venecia'. Los españoles la llamaron así porque los indios construían sus casas sobre el agua.

• Ecuador se llama así porque está en el Ecuador (O°).

Vamos a aprender información sobre:
1 la vida en general
2 la cultura
3 la historia
4 la ecología
5 la lengua
6 la cocina
7 la geografía

1 América Latina tiene algunos ricos y muchos pobres. En la Ciudad de México hay 23 millones de habitantes.

2 La cultura inca es famosa en todo el mundo.

Los Estados Unidos

México

El Golfo de México

Cu

Guatemala

Honduras

Panam

El Salvador

Nicaragua

Costa Rica

Colomb

Ecuador

Perú

Chile

El Océano Pacífico

4

Haití

República Dominicana

Puerto Rico

maica

El Mar Caribe

Venezuela

La Guyana

Surinam

Guyana Francesa

Brasil

olivia

Paraguay

Argentina   El Uraguay

El Océano
Atlántico

Las Malvinas

La Patagonia

El Antártico

3 Cristóbal Colón
descubrió América en
1492. Llegó a la isla de
La Española (Haití y
República Dominicana).

4 El Amazonas tiene una
variedad riquísima de
árboles, flores, plantas
y animales. Tiene
también muchas tribus
de indios.

5 En Brasil se habla
portugués.

6 Argentina tiene fama
por su carne y sus
rancheros (gauchos). Se
exporta mucha carne de
vaca.

7 Las montañas de los
Andes tienen casi 8.000
kilómetros de largo y
van desde Venezuela
hasta La Patagonia.

5

UNIDAD 1 *Campings y albergues*

En esta unidad aprenderás a:

- reservar alojamiento en un camping o en un albergue

> CAMPING SANTILLANA
> SANTILLANA
> 3 de ABRIL
>
> Muy Señor Mío:
> Le ruego me reserve una parcela para quince días

- entender letreros

- entender y pedir más información

> ¿Hay una lavandería?

- hablar y describir tus vacaciones

> Santillana, lunes
>
> Llegamos ayer.
> El camping es
> estupendo.
> Tiene piscina y

El camping en España

El camping es popular en España. El buen clima, el espacio y el precio todos contribuyen a su popularidad. En el camping el terreno está dividido normalmente en parcelas pero hay campings donde puedes acampar donde hay sitio libre. En el Camping Bellavista en Santander hay parcelas y espacio libre.

Cuando llegas a un camping tienes que ir a la recepción. Allí hay una lista de precios. ¿Cuánto van a pagar por día las personas de las fotos?

1

2

3

Escucha a la recepcionista a ver si tienes razón.

CAMPING MUNICIPAL "BELLAVISTA" SANTANDER	TARIFAS 1995
Adulto	475
Niño	350
Tienda intermedia	525
Tienda individual	350
Coche	500
Moto	375
Toma de corriente	300
Caravana	550
Parcela A (Toma de agua, desagüe y luz)	1.700
Parcela B	1.375
Bungalow	9.000

Practica las conversaciones entre la encargada y un miembro de la familia. Túrnate con tu pareja para ser el cliente.

Ejemplo:

Buenos días, ¿hay sitio?

Para una caravana.

Tres adultos y un niño.

Sí, ¿cuánto es por día?

Vale.

Sí, ¿para una tienda o una caravana?

¿Cuántos son?

¿Necesita electricidad?

Son 3.125 pesetas.

Rellene la ficha, por favor.

CAMPING MUNICIPAL "BELLAVISTA" SANTANDER

Adultos	3	1425
Niños	1	350
Tienda intermedia	—	
Tienda individual		500
Coche		550
Caravana/coche-cama	1	
Moto	Sí	300
Toma de corriente	No	
Parcela A	No	
Parcela B		
TOTAL ptas por día × días		3125 ptas.

CAMPING MUNICIPAL "BELLAVISTA" SANTANDER

Adultos	1
Niños	2
Tienda intermedia	—
Tienda individual	—
Coche	1
Caravana/coche-cama	1
Moto	—
Toma de corriente	—
Parcela A	—
Parcela B	—
TOTAL ptas por día × días	....

CAMPING MUNICIPAL "BELLAVISTA" SANTANDER

Adultos	2
Niños	3
Tienda intermedia	2
Tienda individual	1
Coche	—
Caravana/coche-cama	—
Moto	—
Toma de corriente	—
Parcela A	—
Parcela B	—
TOTAL ptas por día × días	....

Lo siento no hay

Si quieres hacer camping en verano en la costa es mejor reservar. Si no, es posible que el camping esté completo o que no tengas las facilidades que necesitas.

 Estás en la recepción escuchando a los otros clientes. ¿Qué problemas hay y qué deciden hacer los clientes?

Hay que insistir

A veces hay problemas cuando llegas a un camping. Tienes reserva y dicen que no. O te dan un sitio sin electricidad y la necesitas. La solución – insistir.

Mira la conversación entre el cliente y la recepcionista y escucha las versiones posibles.

Cliente:	Buenos días. Tenemos una reserva a nombre de Hernández García.
Recepcionista:	Hernández Garcia ... Lo siento, no tengo la reserva. ¿Escribió usted?
Cliente:	Sí, tengo la respuesta del camping aquí.
Recepcionista:	Bueno, lo siento no hay sitio.
Cliente:	¡Qué!
Recepcionista:	Lo siento, no hay sitio.

¿Qué haces en estas situaciones? Haz diálogos con tu pareja. Te toca a ti decidir si vas a insistir o no, pero prepara bien tus argumentos antes de empezar.

1 Llegas a un camping y no hay electricidad en tu parcela pero tu caravana necesita electricidad. ¿Qué haces?
2 Tienes reserva pero cuando llegas, ves que está al lado de los servicios, demasiado cerca de la piscina y hay mucho ruido. ¿Qué haces?
3 Llegas a un camping y ves que no hay piscina y no hay un supermercado pero en la publicidad los hay. ¿Qué haces?

Escucha las conversaciones. ¿Cómo reaccionan los turistas y las recepcionistas?

¿Tienes reserva?

Si quieres evitar problemas es mejor reservar. Mira una carta que se recibió en un camping y escribe para reservar sitio para tu propia familia. Quieres pasar cinco días en el camping a partir del 22 de agosto.

A

Cliente:	¡Qué desastre! (se va)
Recepcionista:	Adiós señor. Lo siento ...

B

Cliente:	¿Quiere mirar otra vez?
Recepcionista:	Sí ... lo siento pero no tengo su reserva aquí.
Cliente:	Pero aquí está la carta ...
Recepcionista:	No sé nada. No está en el libro.
Cliente:	¡Qué desastre! (se va)
Recepcionista:	Adiós señor. Lo siento ...

C

Cliente:	¿Quiere mirar otra vez?
Recepcionista:	Sí ... lo siento pero no tengo su reserva aquí.
Cliente:	Pero aquí está la carta ...
Recepcionista:	No sé nada. No está en el libro.
Cliente:	¿No hay otra parcela libre?
Recepcionista:	A ver ... hay sitio aquí cerca de los servicios pero parcela no hay.
Cliente:	No me vale. Quiero hablar con el director.
Recepcionista:	Un momento ... Hay un bungalow libre aquí.
Cliente:	Muy bien, vale.

Muy señor mío:

Le ruego me reserve una parcela para tres días a partir del 5 de abril hasta el 18 de abril. Somos cinco: tres adultos y dos niños de ocho y catorce años de edad.

Necesitamos una parcela para una tienda y espacio para aparcar nuestro coche y caravana. Le ruego me comunique los precios y me informe sobre el depósito que debo remitirle.

Le saluda atentamente,

Teresa Manrique

¿Qué hay en este camping?

CAMPING ARBOLES

	Playa cercana		Duchas Servicios		Fregaderos		Toma de corriente
	Teléfonos		Buzón de correos		Cambio de moneda		Lavandería
	Supermercado		Restaurante		Cafetería		Enfermería
	Salón social		Parque infantil		Piscina		Minigolf/ Tenis

Durante el verano trabajas en la recepción del Camping Arboles. Naturalmente cuando llegan los campistas por primera vez quieren saber qué servicios ofrece el camping.

Mira el letrero en la entrada y contesta las preguntas de tu pareja. Luego cambia de papel con él o ella.

Ejemplo:

A: ¿Hay piscina en este camping?
B: Sí.

Quieres saber si el camping tiene:
* piscina
* lavandería
* restaurante
* cambio
* sala de televisión
* supermercado
* teléfonos
* sauna

Si no entiendes los dibujos pregunta a tu pareja o a tu profesor(a):

¿Qué significa ...?

¿Dónde está?

Si no sabes dónde está algo, pregunta en la recepción. Túrnate con tu pareja para saber dónde están estas cosas.

Ejemplo:

A: Perdón. ¿Dónde está la piscina?
B: Está cerca de los apartamentos. Tome la segunda a la izquierda, la primera a la derecha y está detrás de los apartamentos.

Los campings de las Rías Bajas

Vas a hacer camping en las Rías Bajas. Has pedido una guía en la oficina de turismo y vas a escoger uno de estos campings. ¿Cuál te gusta más? ¿Cuál vas a escoger? Piensa en su categoría, sus servicios y sus precios. Explica tu decisión a tu pareja.

Ejemplo:

Voy a escoger el camping Tiran porque está cerca del mar, ofrece muchos servicios, incluso un bar, un restaurante y un supermercado. Se puede ir de pesca y nadar.

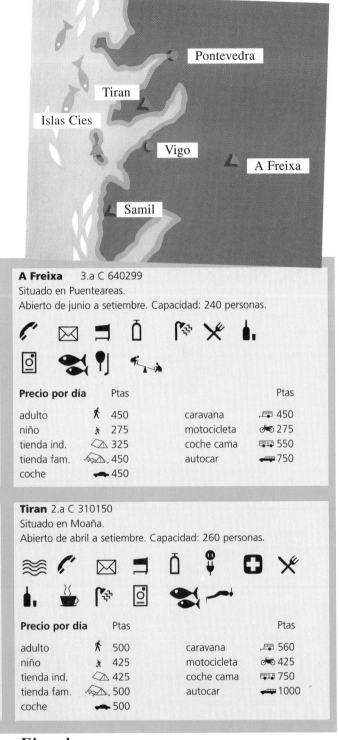

Pontevedra

Tiran

Islas Cies

Vigo

A Freixa

Samil

Samil   1.a C 232198
Situado en Vigo.
Abierto de enero a diciembre. Capacidad: 400 personas.

Precio por día   Ptas   Ptas

adulto	500	caravana	500
niño	425	motocicleta	375
tienda ind.	475	coche cama	1000
tienda fam.	500	autocar	2300
coche	500		

A Freixa   3.a C 640299
Situado en Puenteareas.
Abierto de junio a setiembre. Capacidad: 240 personas.

Precio por día   Ptas   Ptas

adulto	450	caravana	450
niño	275	motocicleta	275
tienda ind.	325	coche cama	550
tienda fam.	450	autocar	750
coche	450		

Islas Cies   3.a C 421622
Situado en Vigo.
Abierto de junio a setiembre. Capacidad: 240 personas.

Precio por día   Ptas   Ptas

adulto	425	caravana	600
niño	250	motocicleta	450
tienda ind.	410	coche cama	1000
tienda fam.	450	autocar	1500
coche	500		

Tiran 2.a C 310150
Situado en Moaña.
Abierto de abril a setiembre. Capacidad: 260 personas.

Precio por día   Ptas   Ptas

adulto	500	caravana	560
niño	425	motocicleta	425
tienda ind.	425	coche cama	750
tienda fam.	500	autocar	1000
coche	500		

Después de escoger uno de los campings, escribe una carta para reservar sitio suficiente para todas las personas de tu clase que han escogido el mismo camping. Vais a ir allí en setiembre.

Ejemplo:

Muy señor mío:
Le ruego me reserve una parcela para una tienda del cinco al nueve de julio...

Hay un error aquí

Aquí tienes la tarifa para el camping Cachadelos.

Camping Cachadelos	
Precio por día:	**Ptas.**
adulto	500
niño	400
tienda ind.	400
tienda fam.	550
coche	600
caravana	600
motocicleta	400
coche cama	600
autocar	750

Este camping tiene un empleado nuevo. Preparó esta cuenta para un cliente:

Camping Cachadelos		
Adultos	2	2.000
Niños	3	1.200
Tienda fam.		550
Tienda ind.		400
Coche		600
		4.750
por 2 días		
	Total	9.500

Lee la conversación de los dos señores.

Empleado:	*Buenos días. ¿Ustedes se van hoy?*
Cliente:	*Sí, nos vamos ahora. ¿Cuánto es?*
Empleado:	*Aquí tiene la cuenta.*
Cliente:	*Gracias ... Oiga, me parece que hay un error aquí.*
Empleado:	*A ver.*
Cliente:	*Dos adultos a quinientas son mil. Aquí pone dos mil.*
Empleado:	*Ah sí, tiene razón. Lo siento.*

Aquí tienes otras cuentas que ha preparado para otros clientes. ¿Qué dirías en cada caso?

Camping Cachadelos		
Adultos	2	1.000
Niños	2	800
Caravana		400
Coche		600
		2.800
por 3 días		
	Total	8.400

Camping Cachadelos		
Adultos	4	2.000
Caravana		600
Coche		600
		3.200
Por 3 días		
	Total	10.600

Camping Cachadelos		
Adultos	2	1.000
Tienda ind.		550
		1.550
por 1 día		
	Total	1.550

Punto información

¿Por qué la palabra tienda significa 🏕️ y 🏪 ? En los tiempos romanos los tenderos usaban tela para proteger sus mercancías. Y esta tela era 'tendata' *.
Así que tenemos una palabra 'tienda' y dos significados muy diferentes.

[*tendata = stretched in latin]

11

Los albergues juveniles

Si te apetece visitar España con otros jóvenes, ¿por qué no te alojas en un albergue juvenil? Son muy baratos y tienen todo lo que necesitas para pasar unos días.

La Red Española de Albergues Juveniles (R.E.A.J.) es miembro de la I.Y.H.F. (Federación Internacional de Albergues Juveniles) que integra a las organizaciones de 58 países ofreciendo a los jóvenes la posibilidad de usar más de 5.000

albergues en los cinco continentes. Hay unos 159 en España.

Los albergues están abiertos a todos los que posean una tarjeta o carnet de miembro y generalmente no hay límite de edad pero hay total prioridad a los de menos de 26 años. En general los albergues cierran hacia las 23.00 y es necesario respetar el descanso nocturno hasta las 7.00.

Los precios varían pero en general son así:

	-26 años	+26 años
Pensión completa	1800	2600
Media pensión	1300	2100
Alojamiento y desayuno	1000	1500
Comida o cena	800	1000
Alojamiento	850	1100

Infórmate

Para más información sobre los albergues españoles, escribe a la siguiente dirección:

Red Española de Albergues Juveniles
c./ José Ortega y Gasset, 71
28006 Madrid

¿Qué sabemos de este albergue?

Las guías como la de los Albergues Juveniles tienen que dar a sus lectores mucha información en poco espacio. Por eso utilizan símbolos. El significado de algunos de ellos se explica a continuación.

Aquí tienes lo que pone en la guía de Albergues Juveniles sobre el albergue de Reinosa, cerca de Santander:

Reinosa ⌂ 'Alto Ebro', c./Jiménez Díaz 8, Reinosa (Cantabria). ▯42 ✕ ⊞⊞⊞ & 🚌 1.8 km R iiii ✆ 942/750516.

¿Cuánto sabemos del albergue en Reinosa?

El hostal se llama 'Alto Ebro' y tiene cuarenta y dos camas, se sirven comidas y hay una estación de ferrocarril y una parada de autobús a 1.8 kilómetros. Los grupos tienen que reservar cama ...

⌂	Categoría de hostal (normal)
▯	Número de camas
✕	Se sirven comidas
⊞⊞⊞	Estación de ferrocarril más próxima
🚌	Autobús (parada más próxima)
R iiii	Reserva obligatoria para grupos
✆	Número de teléfono

¿ Te parecen buenos los símbolos? ¿Podrías inventar otros mejores?

Aquí hay más. ¿Qué significan?

⌂⌂	Categoría de hostal (grande y cómodo)
⌂ 1.5 6.7	Abierto desde el primero de mayo hasta el seis de julio
R	Reserva obligatoria
✆	Número de teléfono para reservar
👪	Habitaciones para familias
▢	Hay medios de lavar la ropa
♨	Hay cocina
⛺	Sitio para tiendas
⛴	Barco/Puerto más próximo

12

Escoge uno de estos albergues y descríbelo a tu pareja, sin decir cómo se llama. ¿Sabe tu pareja qué albergue describes?

Vigo ⌂ 'Altamar' c/Cesáreo González 4, Vigo, Pontevedra. ⌂ 1/7 – 30/9 ▯ 80 ✕ ⛴ 2km ▥ Vigo 1.5km ▦ . ✆986/290808

Villanueva de Arosa ⌂ "Las Sinas", Playa de las Sinas, Villanueva de Arosa, Pontevedra ▯ 144 ⚐ ✕ 1/7 – 15/9 ▥ 6km ▦ 5km R ✆986/554081

Portomarín ⌂ 'Benigno Quiroga' Portomarín (Lugo)▯ 25 ✕ ⛶ ▥ Lugo ▦ Portomarín R ✆982/545022

Madrid ⌂ Casa de Campo, Madrid ▯134 ✕ ⛶ ▥ Metro Lago, Batán ▦ 33, Plza, Opera Riiii ✆91 5474532

¿Tiene una cama libre?

 Ya sabes lo que hay que decir cuando llegas a un camping. Si vas a un albergue es muy parecido, así que no vas a tener problemas. Lee y escucha.

Chico:	***Buenas tardes. ¿Tiene camas libres?***
Encargada:	*¿Para cuántas personas?*
Chico:	***Somos dos.***
Encargada:	*¿Chicos o chicas?*
Chico:	***Un chico y una chica. ¿Hay sitio?***
Encargada:	*¿Tiene reserva?*
Chico:	***No.***
Encargada:	*Sí hay sitio. ¿Cuánto tiempo os quedáis?*
Chico:	***Tres noches.***
Encargada:	*Bueno, ¿tenéis tarjetas de afiliación?*
Chico:	***Sí, tenga.***
Encargada:	*Vale. ¿Me queréis rellenar estas fichas?*
Chico:	***Sí ... ¿Cuánto es?***
Encargada:	*Son 950 pesetas por persona; está incluido el desayuno. ¿Queréis alquilar sábanas?*
Chico:	***No gracias. Tenemos un saco de dormir.***

Personas (alojamiento nocturno) por tres noches	2	1.900
	Total	5.700

Horario y tarifas

Recepción 9.30 – 12.00   15.00 – 19.00
¡Atención! El albergue está cerrado entre las 12h y las 15h de la tarde.

Comedor:		
Desayuno	7.30 – 9.00	
Cena	20.30 – 21.30	800 pesetas
Media pensión (Cama, desayuno y cena)		1.750 pesetas
Paquete de almuerzo		800 pesetas
Precio de alojamiento nocturno (inc. desayuno)		950 pesetas
Precio de alquiler del saco de dormir		400 pesetas
Precio de alquiler de sábanas		250 pesetas

Escucha ahora a varias personas que llegan al albergue. Mira las tarifas. Tú vas a preparar una cuenta para cada persona o cada grupo.

 Ahora te toca. Practica con tu pareja los diálogos siguientes.

1 Vas de vacaciones con dos amigos y quieres pasar una noche en el albergue. Tú tienes un saco de dormir pero tus amigos no. Pides tres paquetes de almuerzo pero sólo quedan dos.

2 Vas solo/a y quieres pasar tres noches en el albergue. Tienes un saco de dormir. Quieres unas sábanas pero no hay.

3 Llegas a un albergue con un amigo o una amiga. Queréis pasar sólo una noche allí. Llegáis bastante tarde y queréis cenar pero ya no sirven comidas en el albergue.

13

Quisiera saber ...

Llegas al albergue a las ocho de la tarde. Estás solo/a. Quieres pasar dos noches allí. No tienes saco de dormir. Tienes mucha hambre. Contesta a las preguntas del encargado:

¿Para cuántas personas?

¿Vas a cenar?

¿Me quieres rellenar la ficha?

¿Cuánto tiempo te quedas ?

¿Quieres alquilar sábanas?

¿Quieres un folleto y un plano del pueblo?

En el albergue quieres obtener más información general. Escucha a otros jóvenes para ver si recibes una respuesta a tus preguntas. Quieres saber:

• dónde coger el autobús para ir al centro
• si se puede lavar la ropa

Tú también necesitas información. Pide a tu pareja que haga el papel del encargado. Todos los detalles que necesita están en la página 13. Quieres saber:

a qué hora se sirve el desayuno

el precio de estas comidas

a qué hora se abre la oficina por la mañana

si se cierra el albergue durante el día

a qué hora se sirve la cena

• si hay una piscina cerca
• si hay paquete de almuerzo
• a qué hora se cierra el albergue
• si se puede usar la cocina.
  ¿Faltan algunas respuestas?

¿Un albergue ... o un camping?

En los albergues y en los campings ves muchos símbolos, letreros y avisos. Aquí tienes algunos. Haz tres listas,

1 de los que verías en un albergue,
2 de los que verías en un camping,
3 de los que verías en los dos.

¿Qué significa cada uno?

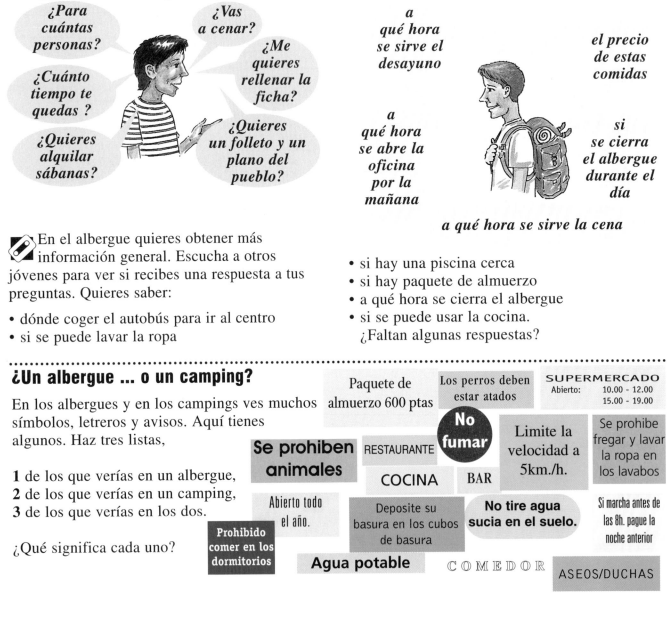

Paquete de almuerzo 600 ptas

Los perros deben estar atados

SUPERMERCADO
Abierto: 10.00 - 12.00
15.00 - 19.00

Se prohiben animales

RESTAURANTE

No fumar

Limite la velocidad a 5km./h.

Se prohibe fregar y lavar la ropa en los lavabos

COCINA

BAR

Abierto todo el año.

Deposite su basura en los cubos de basura

No tire agua sucia en el suelo.

Si marcha antes de las 8h. pague la noche anterior

Prohibido comer en los dormitorios

Agua potable

COMEDOR

ASEOS/DUCHAS

Los padres de un amigo tienen un camping y quieren poner avisos en español para los turistas de habla española. Usando los letreros de arriba puedes escribir los avisos.

Estos verbos te servirán:

limitar   depositar   evitar   lavar   encender

Avisos y consejos

En el camping escuchas avisos. ¿Entiendes lo que dicen los recepcionistas? ¿Qué aviso va con cada letrero? ¡Cuidado! Sobra un letrero.

Ventajas y desventajas

Ya puedes ir a un camping o a un albergue juvenil sin problemas. Sabes qué decir y entiendes lo que te dicen a ti. Pero, ¿cuál prefieres? ¿Cuáles son las ventajas y las desventajas de los campings y los albergues?

Haz una lista de lo bueno y de lo malo en los campings y albergues, y luego lee tu lista a tu pareja, a ver si está de acuerdo contigo. Luego pídele que te lea su lista.

Ejemplo:

A: En los albergues, lo bueno es que se sirven comidas.

B: Es cierto, pero en muchos campings hay un restaurante o una cafetería, para mí no es una ventaja importante.

A: En los campings, lo malo es que hay que ir a buscar agua.

B: Sí, es cierto, estoy de acuerdo contigo.

Aquí tienes unas ideas para empezar:

Es más cómodo cuando hace mal tiempo.
A menudo hay una piscina.
Hay que montar la tienda cuando llueve.
Hay que compartir una habitación.
Puedes vivir al aire libre.

Escucha una conversación entre dos jóvenes españoles. A ver si estás de acuerdo con alguno de ellos.

Una tarjeta bastante rara

Es una tarjeta para los que no quieren escribir mucho. Lee la tarjeta que te escribió un amigo. Escucha lo que dijo sobre sus vacaciones. ¿Qué más sabes?

Apunta la información extra.

Puedes escribir una postal más típica usando la información en esta tarjeta postal incorporando la información de la cinta.

Querido	Querida				Hace	
Papá	Mamá				buen tiempo	✓
Amigo	Amiga	✓			mal tiempo	
Hermano	Hermana				mucho sol	✓
					calor	
	Estoy				Mañana voy a	
muy bien			C a m p i n g		visitar un pueblo	✓
cansado/a			**LAS ARENAS**		comer en un restaurante	
un poco triste			Es...		montar a caballo	✓
muy contento/a		✓			hacer alpinismo	
	Ayer		estupendo	✓ fantástico	Me despido con	
fui a la playa		✓	bonito	turístico	un abrazo	✓
tomé el sol		✓	tranquilo	animado	un saludo	
jugué al voleibol			agradable	ideal ✓	todo mi amor	✓
hice windsurfing		✓			Recuerdos a tu familia	✓

Radio Camping Las Arenas

El camping donde estás tiene una cadena de radio local. Todos los días entrevistan a turistas de diferentes regiones y países. Escucha las entrevistas y luego contesta las preguntas de tu pareja (el entrevistado).

¿Cómo te llamas?

¿Qué hiciste por la tarde?

¿De dónde eres?

¿Qué hiciste ayer?

¿Con quién estás?

¿Te gusta este camping?

¿Qué haces en un día típico?

16

Lo pasé muy bien

Imagina que pasaste unas vacaciones en el Camping Las Arenas. Escribe una carta o una tarjeta postal a tu amigo por correspondencia español. Contesta las preguntas y di cuánto puedas sobre tus vacaciones.

- ¿Cómo es el camping?
- ¿Cuánto tiempo pasaste?
- ¿Con quién fuiste?
- ¿Qué hiciste?
- ¿Te gustó?
- ¿Por qué?

Ahora sé ...

cómo reservar alojamiento en un camping o un albergue juvenil ●●●●●●●●●●●

¿Hay sitio?	Have you got any room/space?
¿Tiene una cama libre?	Have you a bed free?
Tenemos una tienda/caravana/un coche.	We have a tent/caravan/car.
Estoy solo/a.	I am on my own.
Somos dos adultos y dos niños.	We're two adults and two children.
Para tres días/noches. ¿Cuánto es por día?	For three days/nights. How much is it per day?
Le ruego me reserve una parcela/	I would like you to reserve me a pitch/
dos camas para tres días del 2 al 4 de julio.	two beds for three nights from 2 to 4 July.
Somos tres y tenemos coche cama.	There are three of us and we have a camping van.
Le ruego me comunique los precios.	Could you please send me the prices.
Le ruego me informe sobre el	Could you please tell me how
depósito que debo remitirle.	much deposit I must send.

cómo entender y hacer preguntas ●●●●●●●●●●●●●●●●●●●●●●●●●●●●●●●●

¿Qué tiene(n)?	What have you got?
¿Tiene reserva?	Do you have a reservation?
¿Cuántas personas sois/son? ¿Para cuántos días?	For how many people? For how long?
¿Cuántos días os quedáis/se quedan?	How long are you staying?
¿Tenéis tarjetas de afiliación?	Have you got membership cards?
¿Me quiere(s) rellenar esta ficha?	Would you please fill in this form?
¿Se sirven comidas? ¿Se puede comer aquí?	Do you serve meals? Can we eat here?
¿A qué hora se sirve el desayuno?	What time is breakfast?
¿Se pueden alquilar sábanas/un saco de dormir?	Can we hire sheets/a sleeping bag?
¿Dónde está el agua potable/el comedor/el salón	Where is the drinking water/the dining room/
social/la lavandería/el parque infantil/el	the lounge/the laundry/the children's playground/
dormitorio para chicos/as?	the boys'/girls' dormitory?
¿Dónde están/los aseos/los fregaderos/los cubos	Where are the toilets/the washroom/the rubbish
de basura?	bins?

cómo entender letreros ●●●

Se prohiben animales.	No pets allowed.
Limite la velocidad a 5km/h.	Keep your speed down to 5km per hour.
Se prohibe encender fuego.	No fires allowed.
Silencio después de las 23h.	Silence after 11pm.
Evite ruidos y molestias.	Don't make too much noise or disturb others.
Deposite la basura en los cubos.	Put rubbish in the bins.
No lave la ropa en los lavabos.	Don't wash clothes in the sinks.

17

En este unidad aprenderás a:

Mira, vamos a este restaurante mexicano

¿Cuál es el menú del día?

- elegir un restaurante y reservar una mesa

- entender el menú y hacer preguntas

- decir lo que quieres

Para mí, ensalada mixta y calamares

- resolver problemas

- pagar la cuenta

Camarero, tráigame un vaso, por favor

¿Qué restaurante?

Hay muchos restaurantes buenos en Cantabria. Hay de todos los tipos: comida cantábrica, comida de todas las regiones, Andalucía e Galicia, y restaurantes internacionales.

La oficina de turismo publica una lista en su guía y hay muchos anuncios en los periódicos.

Imagina que pasas una semana con una familia española que vive en Santander. Estás mirando 'Dónde Cantabria: Magazine informativo de verano' donde hay anuncios de muchos restaurantes. La familia quiere saber a qué restaurante te gustaría ir.

Restaurante
MARIACHI
Cocina Mexicana
MEXICO
Canalejas, 3
Tel: 31 35 17
SANTANDER

LA GAVIOTA
Restaurante

Tel: 22 11 32
    22 10 06

En Restaurante LA GAVIOTA, usted podrá degustar nuestras especialidades: Paella Marinera y Parrilla de mariscos. Así como todo tipo de pescados frescos del día.

Especialidades :
Pescados a la Plancha
Pescados en Salsa
Merluza Rellena

CASA JOSE

EL VIVERO

Especialidades:
Marisco Fresco (Vivero propio)
Pescado a la Plancha
Postres Caseros

Mira lo que piensan los miembros de la familia.
¿Hay un sitio que te va a gustar a ti y a todos?

A mí me gusta la paella marinera. ¿Y a ti?

Me encanta la cocina mexicana pero también me gustan el pescado y el marisco.

A mí me gustan las gambas y los calamares.

A mí me gusta el marisco fresco.

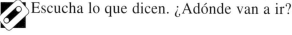
Escucha lo que dicen. ¿Adónde van a ir?

Quiero reservar una mesa

Cuando se reserva una mesa dices:

– *¿Puedo reservar una mesa?*

– *¿Hay una mesa libre?*

Y el camarero te hace preguntas sobre la fecha

– *¿Para qué fecha?*

– *Para el 10 de enero.*

la hora

– *¿Para qué hora?*

– *Para las diez.*

el número de personas

– *¿Para cuántas personas?*

– *Para cinco personas.*

y algunas veces se puede elegir la posición de la mesa dentro del restaurante

– *¿Hay una mesa libre*

   cerca de la ventana?

   en un rincón?

   lejos de la entrada?

   en la terraza?

Si todo está bien el camarero dirá

– *Está reservada.*

pero si no, dirá por ejemplo

– *No quedan mesas libres.*

– *Lo siento, no hay mesas en la terraza.*

Tú dices

– *Está bien, gracias* o

– *Gracias pero no me conviene.*

Estás en casa de una familia española. Escucha a los padres que llaman a unos restaurantes. Escucha para saber
- el día, la fecha y la hora que piden
- el número de personas
- la posición de la mesa que piden
- si tienen éxito o no.

¡Dígame!

El padre de tu amigo por correspondencia está hablando por teléfono al director de un restaurante. ¿Qué se dicen? ¿Puedes emparejar las frases de cada uno?

Buenas tardes, dígame.
¿Para qué fecha?
¿Para qué hora?
¿Para cuántas personas?
¿De parte de quién?
Lo siento, sólo quedan mesas lejos de la ventana.
A las diez, sí.
Adiós señor, y gracias.

Me llamo Jaime Puente.
¿Hay una mesa cerca de la ventana?
Buenas tardes. Quiero reservar una mesa.
Para cuatro personas.
Para el seis de setiembre.
No importa. Muchas gracias.
Para las ocho y media.
¿Hay una mesa libre más tarde?

En el restaurante

Cuando entras en el restaurante el diálogo puede ser así

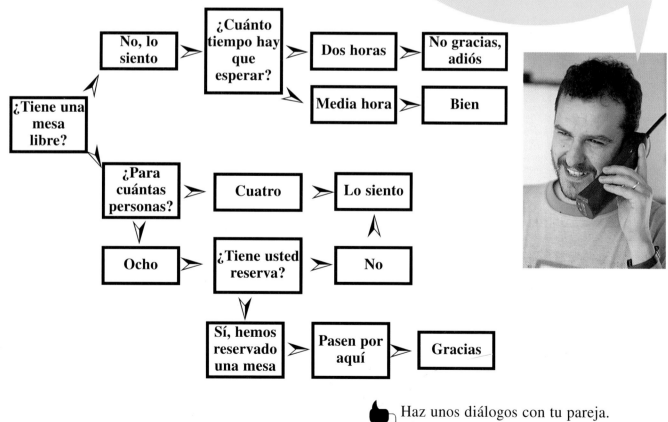

Haz unos diálogos con tu pareja.
¿Cuántos puedes hacer en cinco minutos?

¿Les traigo la carta?

Cuando entras en el restaurante pides una mesa y sentado en la mesa pides la carta y la lista de vinos.

👍 Trabaja con tu pareja. Uno de vosotros hace el papel del camarero. El cliente o la clienta dice:
- si tiene reserva o no
- cuántas personas son
- dónde prefiere la mesa
- si quiere ver la carta (o si va a tomar el menú del día)
- si quiere ver la lista de vinos.

Luego haced otro diálogo, cambiando de papeles.

Mirando la carta

Ahora quieres elegir qué comer y beber, consultando la carta. En esta carta, hay secciones para entremeses, verduras, pescado, carne, postres, bebidas.

¿Cuántas cosas puedes nombrar en inglés? Quieres tomar algo de cada sección (pero no carne con pescado); ¿qué vas a tomar? ¿Y cuánto va a costar tu comida, sin el servicio?

¿Les traigo la carta?

Sí, la carta, por favor.

Traiga la lista de vinos, por favor.

★★ Restaurante Cantábrico ★★
Horario: Almuerzo de 1 a 3. Cena de 8.30 a 12.30

Entremeses		Carne	
Ensalada mixta	600	Chuleta de ternera	1.300
Gazpacho andaluz	600	Bistec a la pimienta	1.400
Cóctel de gambas	800	Pollo al ajillo ½	1.200

Verduras		Postres	
Menestra de verdura	700	Flan	600
Espinacas	700	Fruta	600
Judías verdes	700	Helado	600

Pescado		Bebidas	
Sardinas	1.100	Agua mineral	250
Bacalao	1.100	Zumo de fruta	250
Calamares	1.400	Cerveza	200
		Vino blanco (botella)	450
		Vino tinto (botella)	450

El menú del día

En muchos restaurantes hay un menú del día. Es menos caro y muy popular entre los españoles y entre los turistas también. Con el menú del día hay pocas opciones para cada plato y el pan y el vino y el agua están incluidos.

Mira el menú del día del Restaurante Cantábrico y compara los precios con los de arriba.

★★ Restaurante Cantábrico ★★

Menú del día: martes

Ensalada mixta
Pollo al ajillo
Flan o fruta (del tiempo)
Pan y vino (o agua)

1.800 Ptas.

¿Qué hay en el menú del día?

 Lo difícil es cuando no hay un menú del día escrito. Tienes que preguntar y el camarero te da una lista normalmente muy de prisa. Escucha atentamente las listas que te dan los camareros. ¿Puedes explicar a un amigo que no habla español lo que se ofrece y cuánto cuesta?

¿Qué recomienda usted?

Si quieres saber cuál es la especialidad del restaurante puedes preguntar:

¿Qué recomienda usted?

Y el camarero puede contestar:

Les recomiendo el bistec y el bacalao.
La paella es muy rica.
Les recomiendo el menú.
¿Quiere usted probar el gazpacho?

Nota:

Si pides bistec tienes que decir si lo quieres muy hecho o poco hecho.

 En el restaurante no sabes qué tomar, de modo que escuchas a la gente en las mesas vecinas para saber lo que recomiendan los camareros. En cada caso, ¿qué recomienda el camarero? ¿Qué cosas no están en la carta?

Una palabra conduce a otra

Ya sabes que muchas palabras están relacionadas. ¿Qué significan estas palabras?

cerca	acercarse	sopa	cuchara sopera
camión	camionero	azúcar	azucarero
periódico	periodista	hambre	hambriento
caja	cajero	seco	papel secante
enfermo	enfermedad	cómodo	incomodidad
verde	verdura	lejos	lejano
fútbol	futbolín	nubes	nublado
caliente	calentarse	cantar	canción
frío	enfriarse	detrás	puerta trasera

Sancho y Panza

¿Para ti?

Si quieres pedir cosas para otras personas vas a usar expresiones como: **Para él** **Para ellos**

 En el dibujo ves a unos padres que van a pedir bebidas para toda la familia.

¿y para el?

zumo de naranja

para mí una cerveza ¿y para ti?

un vino tinto

para nosotros Coca Cola

para ella agua

¿y para vosotros

Con tu pareja tienes que tirar el dado y pedir bebidas diferentes para todos los números.

para mí

para ti

para él/ella

para nosotros/as

para vosotros/as

para ellos/ellas

Ejemplo:

Para ti una Coca Cola

Para mí un vino tinto

Cuando tú o tu pareja tengáis todos los números, ganáis.

Restaurante Costa Verde

Estás en el Restaurante Costa Verde y el camarero no habla inglés. Tienes que pedir la comida. Mira el menú en la página 25 y prepara un diálogo con tu pareja (el camarero) y luego túrnate con él/ella.

Ejemplo (1)

Tú: ¡Camarero!
Camarero: Sí, Señor. ¿Qué va a tomar?
Tú: Me gustaría tomar gambas a la plancha.
Camarero: Sí
Tú: Y trucha con jamón.
Camarero: ¿Y para beber?
Tú: Vino blanco y agua mineral sin gas.
Camarero: ¿Y de postre?
Tu: ¿Qué recomienda?
Camarero: Arroz con leche.
Tú: Muy bien.

Ejemplo (2)

Tú: ¡Camarero!
Camarero: Sí. ¿Qué va a tomar?
Tú: ¿Qué recomienda?
Camarero: Le recomiendo sopa de pescado y chuleta de ternera.
Tú: Bueno, no me gusta la sopa de pescado. ¿Tiene paella?
Camarero: No, lo siento, paella no hay.
Tú: Entonces, judías verdes con jamón y chuleta de ternera.
Camarero: Muy bien. ¿Y para beber?
Tú: Vino tinto.

RESTAURANTE COSTA VERDE

Entremeses y sopas	
Gambas a la plancha	1.200
Ensalada mixta	650
Sopa de pescado	700
Judías verdes con jamón	650
Tortilla española	500
Tortilla francesa	450
Sopa de verduras	650

Pescado	
Merluza	1.500
Calamares fritos	1.600
Bacalao	1.550
Trucha con jamón	1.400

Carnes y aves	
Chuleta de ternera	1.500
Chuletas de cerdo	1.400
Pollo asado	1.300
Pollo al ajillo	1.350
Bistec	1.800

Postres	
Flan al caramelo	
Fruta del tiempo	300
Arroz con leche	350
Tarta helada	450
Helado	500
Piña al Kirsch	350
	600

Le sugerimos que pruebe
los platos del día
y
recomendaciones de la casa

La casa recomienda

Sopa de pescado
Chuleta de ternera
Arroz con leche

¿Qué vamos a tomar?

Vas al Restaurante Costa Verde con una familia. Quieren que tú pidas la comida. Pide el primer y el segundo plato para ellos y para ti. (El camarero es tu pareja.) El menú está arriba.

¿Para ti?

¿Y para ti?

Para mí, sopa de verduras y calamares fritos.

Para mí, tortilla y merluza.

Y para mí, tortilla francesa y bacalao.

Vas a decir al camarero
Para él ...
Para ella ...

Ejemplo:

Camarero:	Sí, Señor.
Tú:	Para ella, sopa de verduras y calamares fritos.
Camarero:	Sí.
Camarero:	¿Y para usted?
Tú:	Para mí ...

¡Camarero! ¡Hay un problema!

Algunas veces hay problemas.

¿Qué vas a decir si tienes un plato sucio?

Mira lo que puedes decir y lo que va a decir el camarero.

Luego mira los dibujos. ¿Qué vas a decir?

Tengo un plato/vaso sucio.

Tengo una cuchara sucia.

¿Puede usted cambiarme este cuchillo?

Me falta un tenedor.

No hay mostaza/aceite/vinagre.

Tenemos un mantel sucio.

Este vino está malo.

Oh, lo siento señorita. Le traigo una cuchara limpia.

Se lo/la traigo en seguida.

Lo/la voy a cambiar.

a

b

c

d

¡Oiga Camarero!

Haz un diálogo con tu pareja (el camarero). Tienes que explicarle el problema según los dibujos abajo. Si hay una X, falta algo; si hay un punto de exclamación (!), algo está sucio o malo.

Ejemplo:

¡Camarero! No tengo tenedor.

Tu pareja puede escoger una respuesta apropiada de entre las que están abajo.

Ejemplo:

Se lo traigo en seguida.

Aquí estan las respuestas:

1 Se la traigo en seguida.

2 Oh, voy a traer otro vaso.

3 Se los traigo inmediatamente.

4 ¿Le traigo otra botella?

5 Voy a ponerles otro.

6 Se lo traigo en seguida.

7 ¿No tiene vino? ¡Perdón!

8 Aquí tiene otro cuchillo.

9 Oh, voy a traer otro plato.

Luego cambiad de papeles.

El libro de reclamaciones

Si tienes un problema y no estás satisfecho hay un libro de reclamaciones donde puedes describir el problema. Mira lo que se ha escrito. ¿Cuáles son serias? ¿Cuáles son poco graves? Escucha los diálogos entre clientes y camareros. ¿Sus problemas están en el libro?

Nos dieron un tenedor y una cuchara sucios.

Pedimos una mesa cerca de la ventana y nos dieron una al lado de la entrada.

En la mesa faltaban vasos, cuchillos y un plato.

Reservamos una mesa en la terraza pero no había mesas libres y tuvimos que esperar una hora.

El mantel estaba sucio.

Pedí un bistec bien hecho y me trajeron un bistec poco hecho

El servicio no era bueno. Llamamos al camarero muchas veces y nada.

¿Puedes hacer diálogos para las otras situaciones?

La cuenta

Finalmente, hay que pagar la cuenta. Mira las cuentas y el menú en la página 25 y haz diálogos con tu pareja. ¡Cuidado! ¡Puede haber un error!

Ejemplo:

Tú: ¡Camarero!
Camarero: Sí.
Tú: La cuenta, por favor.
Camarero: Sí, señor. Se la traigo en seguida.
Tú: ¿No hay un error?
Camarero: Lo siento, señor.
Tú: ¿Está incluido el servicio?
Camarero: Sí, señor.

Rompecabezas

¿Quién es la señora X: A, B, C or D?
A la señora X no le gusta el pescado. Le encanta la carne. No bebe alcohol y le gustan los postres.
• La señora A pide gazpacho, pollo al ajillo y agua mineral.
• La señora B pide ensalada, bacalao y un helado muy grande de fresa y chocolate. Para beber pide zumo de naranja.
• La señora C pide judías verdes con jamón, chuleta de cerdo, flan y vino tinto.
• La señora D pide tortilla, bistec, arroz con leche y agua mineral con gas.

	no le gusta el pescado	le encanta la carne	no bebe alcohol	le gustan los postres
A				
B				
C				
D				

¿Puedes escribir un rompecabezas para tu pareja?

Restaurante Costa Verde

Gambas	1.200
Merluza	1.500
Helado	350
Pan	50
Vino	400
	3.500
TOTAL	

Servicio incluido.

Restaurante Costa Verde

Sopa de pescado	900
Pollo al ajillo	1.350
Flan	300
Pan	50
Cerveza	300
TOTAL	3.000

Servicio incluido.

Ahora sé ...

Reservar una mesa ●●●●●●●●●●●●●●●●●●●●●●●●●●●●●●●●●●●

¿Puedo reservar una mesa para cinco?	Can I reserve a table for five?
¿Hay una mesa libre el jueves trece?	Is there a table free on Thursday 13th?
Quisiera una mesa en un rincón.	I would like a table in a corner.
Mi nombre es ...	My name is ....

Hablar con el camarero en el restaurante ●●●●●●●●●●●●●●●●●●●●●●

Hemos reservado una mesa en la terraza.	We have reserved a table on the terrace.
No tengo reserva. Somos cuatro.	I haven't got a reservation. There are four of us.
¡Camarero! Traiga la carta/la lista de vinos.	Waiter! Bring the menu/wine list.
¿Qué recomienda usted?	What do you recommend?
¡Señorita! Voy a tomar ...	Waitress! I am going to have ...
Para mí, bacalao. Para él, un bistec.	For me, the cod. For him, a steak.
¿Qué postres hay?	What desserts are there?

Entender al camarero ●●●●●●●●●●●●●●●●●●●●●●●●●●●●●●●●●●●

¿Qué va/van a tomar? ¿Y para Vd./Vdes.?	What are you going to have? And for you?
¿Cuántos son ustedes?	How many are there of you?
No quedan mesas libres cerca de la ventana.	There are no tables left near the window.
Le/les recomiendo el gazpacho.	I can recommend the gazpacho.
¿Qué van a tomar? ¿Y para beber?	What are you going to have? And to drink?

Más vocabulario ●●●●●●●●●●●●●●●●●●●●●●●●●●●●●●●●●●●●

espinacas, judías verdes	spinach, green beans
calamares, pollo asado, chuleta de cerdo	squid, roast chicken, pork chop
chuleta de ternera, pollo al ajillo	veal chop, chicken with garlic
melocotón, tarta helada, tarta, zumo de fruta	peach, ice cream cake, tart, fruit juice

Resolver problemas ●●●●●●●●●●●●●●●●●●●●●●●●●●●●●●●●●●●

Me falta un plato/vaso/cuchillo.	I need a plate/glass/knife.
No hay aceite/vinagre/mostaza.	There is no oil/vinegar/mustard.
Tengo una cuchara sucia.	I have a dirty spoon.
El vino está malo.	The wine is bad.
¿Hay libro de reclamaciones?	Is there a complaints book?
¿El servicio/IVA está incluido?	Is the service charge/VAT included?
¿No hay un error?	Is there not a mistake?

El turismo en América Latina

¿Por qué van los turistas a América Latina?

Primero, porque tiene una variedad increíble de naturaleza y clima. Sus selvas, montañas, ríos, playas y desiertos ofrecen un contraste enorme. Hay una diferencia tremenda entre el calor de la selva ecuatorial y el frío de los Andes y del sur de Argentina que es casi antártico.

Acapulco

La América Latina de hoy ofrece grandes ciudades modernas, como Buenos Aires en Argentina y la Ciudad de Méjico y Acapulco en Méjico, pero también ofrece una imagen del pasado y sus civilizaciones extraordinarias tales como las de los Aztecas, los Mayas y los Incas. Los conquistadores españoles destrozaron estas civilizaciones y mataron a la gente, pero quedan muchos edificios y monumentos.

Machu Picchu

En Machu Picchu en los Andes, por ejemplo, se ve una de las fortalezas de los Incas. Los españoles no descubrieron esta fortaleza.

Chichen Itza

En Méjico muchos templos, monumentos y edificios fueron destrozados por los conquistadores. Sin embargo, todavía quedan algunos como las pirámides donde tenían lugar los sacrificios.

En esta unidad aprenderás a:

- entender letreros y anuncios

- pedir información

- comprar ropa y otras cosas

- cambiar dinero

¿Dónde se venden los ordenadores por favor?

Quisiera comprar un jersey.

Nueve tiendas en una

Lo bueno de los grandes almacenes es que se pueden comprar muchas cosas. Vas a Laínz, los grandes almacenes en Santander. Quieres comprar regalos para la familia y cosas para ti.

¿A qué planta vas para hacer estas compras?
- una película para tu cámara.
- una muñeca para tu hermana menor.
- un sombrero para tu hermano.
- una nueva raqueta de tenis.
- un jersey para tu madre.
- una taza de té.
- una cinta.

¿Y adónde vas a mirar
- los ordenadores.
- las monedas antiguas y los sellos.
- los sistemas de satélite?

👍 Imagina que estás haciendo compras en compañía de una español(a). Él o ella quiere ir a otras secciones mientras tú compras tus cosas. Tienes que decirle adónde vas, para que podáis encontraros.

Ejemplo:

En el primer caso dices:

Voy al sótano a comprar una película para mi cámara.

Túrnate con tu pareja para decirle adónde vas para hacer tus compras.

Viva Los Festivales

también en **laínz**

a 100 metros de la Plaza Porticada

NUEVE TIENDAS ESPECIALIZADAS

Planta Sótano	Cine-Foto-Sonido-Vídeo
Planta Baja	Cafetería – Perfumería – T.V. Electrodomésticos-Informática
Planta Primera	Hogar-Regalo
Planta Segunda	Hogar-Textil
Planta Tercera	Confección Señora
Planta Cuarta	Confección Caballero
Planta Quinta	Confección Niños
Planta Sexta	Deportes-Juguetes
Planta Séptima	Numismática-Filatelía.

laínz

¿Qué planta?

Estás en los almacenes Laínz con unos amigos españoles. Ellos están hablando de varias cosas que han comprado y que a ti también te gustan. Quieres saber a qué plantas tienes que ir para buscar las cosas. Escuchas lo que dicen tus amigos, miras la publicidad de los almacenes Laínz, y para que no se te olviden, haces una lista de las cosas que mencionan y de las plantas donde se encuentran.

¡Señoras y señores!

En los grandes almacenes hay muchos letreros:

¡GRAN LIQUIDACION
¡Grandes rebajas!
¡OFERTA ESPECIAL!

Estos letreros ofrecen precios más bajos.
Hay también anuncios por los altavoces que dan esta información y más detalles:

El Corte Inglés

En los grandes almacenes se pueden hacer otras cosas además de hacer compras.
El Corte Inglés, por ejemplo, publica una guía de otros servicios:

¿A qué plantas vas a hacer estas cosas?
• cambiar dinero
• buscar algo que has perdido
• fotocopiar unos documentos
• organizar tus vacaciones
• reparar un reloj
• tomar algo – ¿un bocadillo, por ejemplo?

PLANTA	DEPARTAMENTOS
9	CAFETERIA. RESTAURANTE "Las Trébedes". AUTOSERVICIO. "La Rotonda". TERRAZA.
8	OPORTUNIDADES Y PROMOCIONES. Departamento Servicio al Cliente.
7	DEPORTES. IMAGEN Y SONIDO. INFORMATICA. Canal Plus.
6	HOGAR TEXTIL. Muebles. Cuadros. Galería de Arte. Lámparas. Decoración.
5	HOGAR MENAJE. Regalos. Electrodomésticos. Saneamiento. Listas de Boda.
4	JUVENTUD. Todo para los jóvenes. Territorio vaquero.
3	INFANTIL. Todo para los niños, niñas y bebés. ZAPATERIAS. JUGUETES. Videojuegos.
2	CABALLEROS. Todo para el hombre. Artículos viaje. Agencia de viajes. Centro de Seguros. Peluquería de caballeros.
1	SEÑORAS. Todo para la mujer. "Pronovias". Peluquería. Reparación de joyas y relojes.
B	COMPLEMENTOS DE MODA. DISCOS. PERFUMERIA Y COSMETICA. LIBRERIA. Cambio de moneda extranjera. Fotocopias.
S	SUPERMERCADO. Papelería. Accesorios Automóvil. Limpieza. Animales y Plantas. Plásticos. Optica 2000. Objetos Perdidos. Caja Parking.
P	APARCAMIENTO. Carta de Compras. Envíos nacionales e internacionales.

Estos almacenes abren a las nueve de la mañana excepto los lunes.

Estos almacenes hoy están abiertos hasta las diez.

Los viernes estamos abiertos hasta las once.

Atención, grandes rebajas en la sección de confección señoras.

Señoras y señores, oferta especial de cintas y CDs en la planta baja.

Gran liquidación de confección niños en la cuarta planta.

Estás en los almacenes, buscando regalos para tus padres y tu hermano menor. No tienes mucho tiempo. También quieres comprar algo para ti mismo/a, y algo de comer. Oyes varios anuncios; ¿te dan la información que necesitas?

1 ¿A qué hora se cierran los grandes almacenes hoy? ¿Y los viernes?
2 ¿Qué rebajas hay?
3 ¿Qué ofertas hay en el supermercado?
4 ¿Qué rebajas hay en la cuarta planta?
5 ¿Qué regalos puedo comprar?
6 ¿Qué ofertas hay en la sección de artículos deportivos?

¿Dónde puedo encontrar?

En los grandes almacenes hay muchas veces un mostrador de información. Allí puedes preguntar si venden lo que buscas y dónde está la sección.

Mira las preguntas más usuales:

> ¿Se venden animales aquí?
> ¿Dónde está la sección de juguetes?
> ¿Dónde puedo comprar regalos?
> ¿Dónde se venden camisetas?
> ¿Dónde puedo encontrar CDs y vídeos?
> ¿Dónde puedo encontrar los servicios?
> ¿Dónde puedo tomar un café?

La empleada puede decir muchas cosas. Abajo tienes unas repuestas. Contra el reloj empareja las respuestas con las preguntas. Se puede usar una frase dos veces.

> Está en esta planta, todo recto.
> Las encuentra usted en la sección de confección.
> Está en la cuarta planta.
> No se venden aquí.
> Hay que tomar el ascensor.
> Los encuentra en la planta baja.
> Hay que subir a la segunda planta.
> Hay que bajar.
> Se venden aquí a la derecha.

Aquí hay un plano de la primera planta de unos almacenes:

En el mostrador puedes pedir información:

Cliente:	***Señorita, por favor.***
Dependienta:	***Sí, dígame.***
Cliente:	***¿Dónde puedo comprar CDs?***
Dependienta:	***En la sección de sonido-vídeo.*** ***En esta planta a la izquierda tuerza a la derecha y todo recto.***
Cliente:	***Muchas gracias.***
Dependienta:	***De nada.***

Túrnate con tu pareja para hacer unos diálogos:

A Tú pides información sobre:

muñecas, camisetas (de señora)
libros, bolígrafos

B Tú pides información sobre:

cintas   zapatos (de caballero)
un jersey   mapas

La ropa de colegio

En los grandes almacenes se vende mucha ropa en agosto y setiembre para la vuelta al colegio. Mira la publicidad.

Camisetas desde 1.500 ptas.

Vuelta Al Cole

Blusas y camisas desde 1.400 ptas

Chaquetas desde 5.500 ptas

Faldas desde 3.300 ptas

Cinturones desde 500 ptas

Jerseys desde 1.500 ptas

Zapatillas de deporte desde 4000 ptas

Calcetines desde 200 ptas

Vaqueros desde 3.000 ptas

Medias desde 200 ptas

Zapatos desde 2.500 ptas

Escucha los anuncios ¿qué más información te dan?

33

¿Qué te parece a ti?

¿Te gusta la ropa en la publicidad? ¿Por qué? ¿Por qué no?
¿Te gustan los colores? ¿La chaqueta es demasiado grande?
¿La falda es demasiado corta? ¿Están de moda los pantalones?

Mira las opiniones de unos jóvenes. ¿Estás de acuerdo?
Habla con tu pareja a ver si está de acuerdo contigo.

No me gusta el color de la camiseta.

No me gustan las faldas. Prefiero los pantalones.

Me encanta la chaqueta.

Los pantalones son feos.

La camiseta es demasiado grande.

La blusa es bonita.

Me gustaría comprar el bolso.

Prefiero el jersey.

Los vaqueros me gustan.

Escucha a dos jóvenes que hablan de la ropa de la publicidad. ¿Estás de acuerdo con ellos?

Comprando ropa para el colegio

Estás en unos grandes almacenes. Escuchas a una madre y a su hija.
¿Qué quiere la madre? ¿Lo hay? ¿Lo van a comprar?

Quisiera comprar

Quieres comprar ropa en los grandes almacenes. Túrnate con tu pareja para pedir los artículos.

Si el dependiente dice que no hay, pide otro color.

¿Lo tiene en negro?

y si es demasiado pequeña o cara

¿La tiene más grande? ¿La tiene más barata?

y si te importa la tela

¿Los tiene de seda?
¿Los tiene de algodón?
¿Los tiene de lana?

seda

algodón

lana

Ejemplo:

Dependienta: *Buenos días, ¿qué desea?*
Cliente: *Quisiera comprar unos vaqueros.*
Dependienta: *¿De qué color?*
Cliente: *Negros.*
Dependienta: *Lo siento no hay.*
Cliente: *¿Los hay en azul?*
Dependienta: *Sí, aquí están los vaqueros.*
Cliente: *¿Los tiene más grandes?*
Dependienta: *Sí.*
Cliente: *¿Cuánto es?*
Dependienta: *4.000, hay que pagar en caja por favor.*
Cliente: *Vale, adiós.*

Si no te gusta, dilo y explica por qué -
Es demasiado grande.
Es un poco caro.
No me gusta el color.

¡Son las mejores rebajas!

Ves muchas frases de este tipo en los almacenes:

El más elegante.

El más fuerte.

El más barato.

El más lujoso.

El más práctico.

El mejor precio.

El más caro!

Tu amigo pide tu opinión sobre tres relojes que le muestra un dependiente:

3,000 ptas   10,000 ptas   70,000 ptas

Ejemplo:

A: *¿Cuál es el más lujoso?*
B: *En mi opinión el más lujoso es éste, que cuesta 70.000 pesetas.*

¿Cómo contestas a estas preguntas?
• ¿Cuál es el más moderno?
• ¿Cuál es el más elegante?
• ¿Cuál tiene el mejor precio?

Escuchas la conversación entre tu amigo y el dependiente para ver si éste es de la misma opinión que tú.

¡Sí, lo compro!

¿Puedes emparejar los diálogos y los dibujos?

Ahora imagina que eres un cliente, y quieres comprar una cámara o un billetero. Pide a tu pareja que haga el papel del dependiente o de la dependienta.

A

La cámara más barata. ¡La mejor rebaja! 8.000 ptas.

a

La más práctica. ¡Y la más elegante! 25.000 ptas.

b

La más moderna. ¡La mejor rebaja! 35.000 ptas.

c

B

El billetero más fuerte, hecho del mejor cuero, 2.500 ptas.

d

El más caro, pero el más elegante. 5.000 ptas.

e

El más práctico, y el más sólido. 2.000 ptas.

f

C Finalmente, el director de una tienda en tu país que recibe muchos clientes españoles te pide que hagas unos anuncios en español que describan estas cosas. ¿Puedes escribirlos?

Ejemplo: El bolso más práctico y más barato.

¿Lo envuelvo?

Si compras un regalo, el dependiente puede envolverlo especialmente, y el servicio es gratuito. Puedes preguntar:

Sí, claro.

¿ Me lo envuelve para regalo, por favor?

Hay que pagar en caja.

¿Lo envuelvo?

Sí, envuélvalo, por favor. Es para un regalo.

Imagina que compras estas cosas. Trabaja con tu pareja. Uno de vosotros hace el papel del dependiente, y pregunta al cliente si es necesario envolver la cosa o las cosas. El cliente dice si se trata de un regalo. Si lo es, dice 'Sí, envuélvalo, por favor' o 'Sí, envuélvala, por favor'. Si no es un regalo, hay que decir 'No gracias, no hace falta envolverlo/la'.

¡Cuidado con el cambio!

Mira este recibo. Una señora compró unos artículos de piel en unos almacenes: aquí tienes lo que dijeron el empleado y la cliente. ¿Hay un error?

```
51409969      3  1285  1000352    3May095

                MARROQUINERIA 1       1.995
062             SUBTOTAL              1.995
                EFECTIVO              2.000
                CAMBIO                   5
                COBRADO              1.995

        GRACIAS POR SU VISITA  -  PRINCESA
```

Empleado: *Son 1.995 pesetas en total.*
Cliente: *Tenga dos mil.*
Empleado: *Gracias. Y el cambio es de 15 pesetas.*
Cliente: *No, en el recibo dice cinco pesetas.*
Empleado: *Oh, sí, cinco. Perdón.*

Trabaja con tu pareja para hacer diálogos con estos recibos. Si cometes un error, ¡a ver si tu pareja lo nota!

```
52017613  3  0200  3510264  23FEB95/19:05

029    DENTIFRICOS        1      325
       64/14110370
229    PERFUMERIA         1      290
       28/26410089
229    1 DESECHABLE       1      450
       43/14310077
                  SUBTOTAL      1065
                  EFECTIVO      2000
                  CAMBIO         935
                  COBRADO       1065

GRACIAS POR SU VISITA, CATALUNYA
```

```
52048949  3  0200  0558861  12ABR95/10:18

259    SPEED
       13/56115767        1     2995
75051  C.D. POP
       61/68636172        1     1705
75051  C.D. POP
       45/67449908        1     1995
52048949  9  0200  0558861  12ABR95/10:17
                  SUBTOTAL      6695

    MASTER/EUROCARD

VARIOS DEPTOS.
        SUBTOTAL           6695
        CARGO EN CTA       6695
                           6695
```

Sancho y Panza

El cambio

En los grandes almacenes quieres cambiar dinero. Es muy fácil y la oficina de cambio está abierta todo el día. Si tienes cheques de viaje necesitas tu pasaporte o carné de identidad. Normalmente se ve el tipo de cambio. Se cambian billetes pero no cambian monedas. Puedes pedir las monedas que necesitas para el teléfono por ejemplo. Aquí hay unas frases útiles. ¿Puedes emparejar las frases y las fotos?

Quisiera cambiar mis cheques de viaje.

1

Firme aquí, por favor.

2

¿Dónde puedo cambiar dinero?

4

3

¿Puede usted darme unos billetes de mil?

¿Hay una oficina de cambio en esta planta?

5

6

¿PUEDE USTED DARME UNAS MONEDAS DE CIEN PESETAS?

Su pasaporte por favor

Estás en la cola. Quieres cambiar dinero.

Quieres saber:
- a cuánto está la libra esterlina hoy.
- si aceptan cheques de viaje.
- si necesitas tu pasaporte (ésta en el hotel).
- si tienes monedas de cien (quieres llamar a tu novio en Escocia).
- a qué hora cierran.

Quisiera cambiar

Ahora te toca a ti. Túrnate con tu pareja para hacer unos diálogos a partir de los siguientes dibujos.

Ejemplo:

Turista: *Buenos días, quisiera cambiar unos cheques de viaje.*
Empleado: *Sí, ¿Cuántos?*
Turista: *150 libras.*
Empleado: *Muy bien. Su pasaporte por favor.*
Turista: *Aquí tiene. ¿Puede usted darme billetes de 5.000, por favor?*
Empleado: *Sí, señor. Firme aquí, por favor.*
Turista: *Gracias, adiós.*

El empleado puede complicar las cosas. ¿Qué haces si no tiene monedas de cien o billetes de mil o dice que está cerrado o que no aceptan cheques de viaje sin pasaporte?

Practica diálogos complicados si puedes.

Fui de compras

Durante las vacaciones fuiste a Galerías Preciados en Oviedo. Escribes
una carta a tu amigo por correspondencia describiendo qué hiciste, qué
compraste, etcétera. Usando el modelo describe tu visita con la ayuda
de los dibujos.

Hola Ana Belén,

La semana pasada fui a Londres con mis
padres. Me gustó mucho la ciudad. Un día
fuimos a Harrods. Son los grandes almacenes
más famosos de Londres. Fui a comprar
recuerdos para mis amigos y una camiseta.
Compré postales y una muñeca pero no
compré la camiseta. Costó más de 6.000
pesetas — demasiado cara. Fuimos a la
cafetería y tomamos té. Visitamos todas
las plantas. Hay de todo: restaurante,
supermercado, oficina de cambio, agencia
de viajes y mucha ropa. ¿Qué tal tus
vacaciones en Oviedo? No hay Harrods
en Oviedo.

Un saludo,
Clare.

Una palabra conduce a otra

Si sabes que **-ción** significa **-tion**
en inglés no es difícil adivinar lo
que significan estas palabras:

sección	instrucción
recepción	descripción
educación	condición
excepción	atracción
inyección	invitación
colección	mención
información	atención

¿Qué más palabras sabes que
terminan con **-ción**?
¿Sabes más que tus amigos?

Ahora sé ...

entender letreros y anuncios ●●●●●●●●●●●●●●●●●●●●●●●●●●●●●●

| Grandes rebajas/oportunidades | Big sales/offers |
| Gran liquidación, Oferta especial, Super venta | Closing down sale, Special offer, Super sale |

pedir información y entender las respuestas ●●●●●●●●●●●●●●●●●●●

Busco un ordenador ¿Dónde puedo encontrarlos?	I am looking for a computer. Where can I find them?
¿Se venden películas aquí?	Do they sell films here?
¿Dónde está la sección de recuerdos?	Could you tell me where the souvenir department is?
¿En qué planta puedo comprar blusas?	On what floor can I buy blouses?
¿Dónde lo/la encuentro?	Where can I find it?
¿Dónde está el ascensor?	Where is the lift?
Hay que subir/bajar por las escaleras. tomar el ascensor.	You have to go up/down the stairs. take the lift.
Está en la segunda planta.	It is on the second floor.
Hay que pagar en caja.	You have to pay at the cash desk.
Es el más barato. Es la más moderna.	It is the cheapest. It is the most modern.
Tiene el mejor precio.	It's the best price.

comprar ropa ●●●●●●●●●●●●●●●●●●●●●●●●●●●●●●●●●●●

Quisiera comprar una camiseta de algodón.	I would like to buy a cotton tee shirt.
una camisa de seda/una corbata	a silk shirt/a tie
unos vaqueros/un pantalón	a pair of jeans/a pair of trousers
unas zapatillas (de deporte)	some trainers
unas medias/un jersey	some stockings/a pullover
unos calcetines de nilón	some nylon socks
una chaqueta/una falda de lana	a jacket/a woollen skirt

cambiar dinero ●●●●●●●●●●●●●●●●●●●●●●●●●●●●●●●●●●

¿Dónde puedo cambiar dinero/cheques de viaje?	Where can I change money/traveller's cheques?
¿A cuánto está la libra esterlina hoy?	What is the rate of exchange for the pound today?
Deme unos billetes de cinco mil.	Give me some five thousand peseta notes.
Firme aquí, por favor.	Sign here, please.

decir que es un regalo ●●●●●●●●●●●●●●●●●●●●●●●●●●●●●●

| ¿Puede usted envolverlo? Es para un regalo. | Could you wrap it? It is for a present. |
| No hace falta envolverlo, gracias. | You needn't wrap it. |

41

En esta unidad aprenderás:

Mis padres me dan 3.000 pesetas a la semana. Me gasto el dinero en ropa.

• a hablar del dinero que recibes y cómo gastarlo

Trabajo aquí los sábados.

• hablar sobre el trabajo

Hago equitación los fines de semana.

• hablar sobre el tiempo libre

Dos entradas por favor.

• ir a un espectáculo

Es una película de aventuras. Me gustó.

• describir un espectáculo

Quisiera alquilar una bicicleta, por favor.

• alquilar algo

El dinero

¿En qué gastan el dinero los jóvenes españoles?

Mira el resultado de una encuesta nacional:

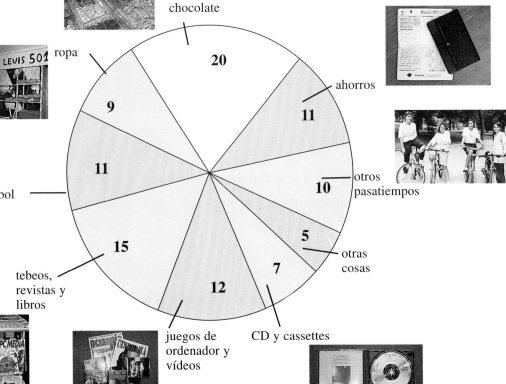

caramelos, chocolate

20

ropa

9

ahorros

11

cine, teatro, conciertos, discotecas, partidos de fútbol

11

otros pasatiempos

10

otras cosas

5

15

7

12

CD y cassettes

tebeos, revistas y libros

juegos de ordenador y vídeos

Haz una lista en orden de importancia de cómo gastas el dinero y compara tu lista con la de tu pareja. ¿Estás más o menos de acuerdo? ¿Hay alguien en tu clase con los mismos gustos?

A ¿En qué gastas tu dinero?

B *Primero en ropa, luego en cintas y revistas. ¿Y tú?*

C *En ropa y cine y luego ahorro.*

¿Cuánto recibes y quién te da el dinero?

Según la encuesta los jóvenes españoles reciben entre 1.500 y 2.000 pesetas. Se las dan sus padres. Mira abajo para más información.

Gano

%100, 90, 80, 70, 60, 50, 40, 30, 20, 10, 0
menos de 1.000	de 1.000 a 2.000	de 2.000 a 3.000	más de 3.000

Recibo mi dinero de

%100, 90, 80, 70, 60, 50, 40, 30, 20, 10, 0
mis padres	mis parientes	mi trabajo

Escucha a unos jóvenes que hablan del dinero que reciben. Quieres saber cuánto ganan, quién les da el dinero y en qué lo gastan. Según la encuesta ¿son típicos o no? ¿Están contentos con lo que reciben?
¿Cuánto?
¿De quién?
¿En qué se lo gastan?

43

¿En qué trabajan los jóvenes?

Muchos jóvenes ganan dinero trabajando. Mira lo que dicen los jóvenes. ¿Son británicos o españoles o no se sabe?

Ejemplo:

• Reparto periódicos por la mañana. Suelo levantarme a las cinco. (británico)

• Trabajo en la playa en verano vendiendo bocadillos y bebidas. (español)

• Trabajo en el mercado. Vendo fruta y legumbres. (británico o español).

Trabajo en un supermercado.

1

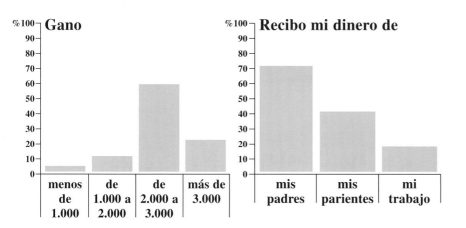
2

3

Reparto leche por las mañanas y por las tardes.

Lavo coches en un garaje.

4

Trabajo en el bar de mi padre.

Ayudo a mi madre en casa.

5

Escucha a unos jóvenes que describen su trabajo. Quieres saber:
- qué horas trabajan
- cuánto ganan
- si les gusta el trabajo.

¿Qué haces tú? ¿Qué te gustaría hacer?

El colegio español manda información de una clase de alumnos
de quince a dieciséis años. Lee las fichas e imagina que tu colegio
va a mandar información similar a España. Rellena una ficha
personal.

Nombre: Julia Márquez Alonso   Edad: **15**

Trabajo: Dependienta en una tienda.

Observaciones: Trabajo de 9 a 6 los sábados. Gano 4.000 pesetas.
Me gustaría trabajar en un polideportivo; me gusta el deporte.

Nombre: Miguel Angel Serrat   Edad: **16**

Trabajo: No tengo empleo.

Observaciones: No trabajo pero ayudo a mis
padres - lavo el coche y hago la compra.
Me gustaría trabajar en unos grandes almacenes.

Nombre: Nuria Bringas   Edad: **16**

Trabajo: Camarera

Observaciones: Los sábados suelo trabajar en la
cafetería de mis tíos. Trabajo de camarera por las tardes
y los domingos de 10 a 3. Gano 5.000 pesetas. Me gustaría
más trabajar en un restaurante. Me gusta cocinar.

Nombre: Antonio José Cela   Edad: **15**

Trabajo: Mecánico

Observaciones: Trabajo en el garaje de mis padres. Cambio
parabrisas, neumáticos y vendo gasolina. Me gustaría
ser piloto de fórmula 1 pero sólo tengo 15 años.

Nombre: _____ Edad: _____

Trabajo: _____

Observaciones: _____

_____

_____

_____

¿Qué estás haciendo?

Estás en España y llamas por teléfono a unos amigos para invitarles a salir y ¿qué pasa?, están ocupados.

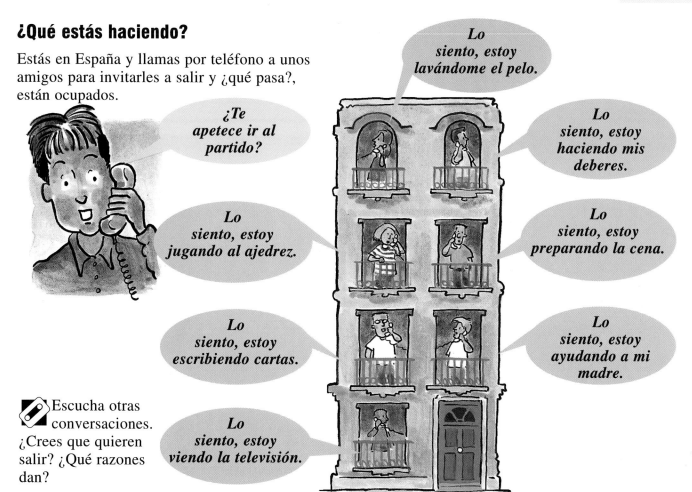

¿Te apetece ir al partido?

Lo siento, estoy lavándome el pelo.

Lo siento, estoy haciendo mis deberes.

Lo siento, estoy jugando al ajedrez.

Lo siento, estoy preparando la cena.

Lo siento, estoy escribiendo cartas.

Lo siento, estoy ayudando a mi madre.

Escucha otras conversaciones. ¿Crees que quieren salir? ¿Qué razones dan?

Lo siento, estoy viendo la televisión.

45

No suelo ofender a nadie

Ahora te toca a ti. Si alguien te invita, intenta no ofenderle. Túrnate con tu pareja para hacer diálogos.

Si quieres salir con alguien a veces tienes que insistir. Si no puede o no quiere hacer una cosa tienes que sugerir otra actividad.

Ejemplo:

Tú: *Oye Ana, ¿qué tal?*
Tu pareja: *Bien ¿y tú?*
Tú: *Muy bien. ¿Te apetece ir a la playa?*
Tu pareja: *Sí, pero no puedo.*
Tú: *¿Por qué?*
Tu pareja: *Porque estoy ayudando a mi madre.*
Tú: *¿Y qué?*
Tu pareja: *Tengo que preparar la cena, hacer las camas.*
Tú: *Bueno, adiós.*
Tu pareja: *Adiós.*

Ejemplo:

Tú: *Oye Pablo ¿qué tal?*
Tu pareja: *Bien ¿qué pasa?*
Tú: *Quieres ir al parque.*
Tu pareja: *Lo siento pero no puedo. Estoy lavando el coche de mi padre.*
Tú: *¿Qué vás a hacer más tarde - a las ocho?*
Tu pareja: *Voy a ver la televisión.*
Tú: *¿Quieres salir a las ocho entonces?*
Tu pareja: *Sí.*
Tú: *Vale, adiós.*
Tu pareja: *Adiós.*

Describiendo un fin de semana típico

Recibes una carta de un amigo por correspondencia que describe un fin de semana típico. El amigo es algo artístico e incluye dibujos de sus actividades.

desayuno viendo la televisión

por la noche me divierto bebiendo, charlando y bailando

paso horas mirando la gente, pensando en algo

paso la mañana estudiando y leyendo libros

por la tarde ayudo a mi padre arreglando el jardín

Santander, 3 de mayo.

Hola James:

En tu última carta me hiciste preguntas sobre cómo paso mis ratos libres. Te voy a describir un fin de semana típico.

Los fines de semana son los mejores días de la semana. El sábado me suelo levantar más tarde de lo normal. Tomo el desayuno viendo la televisión y después me dedico a estudiar unas horas. Salgo un poco antes de comer. Voy al centro andando porque está cerca. Comemos en casa con los abuelos. Por la tarde me echo una siesta y me arreglo para salir. A las ocho aproximadamente me reúno con mis amigos en la plaza. Nos vamos juntos a una discoteca o a "un pub", donde nos divertimos mucho charlando y bailando. Llego a casa a la una o más tarde. El sábado pasado llegué a casa a las tres. Fue el cumpleaños de un amigo y fuimos a un concierto en la ciudad.

El domingo por la mañana me gusta descansar. Sentado en la terraza de un bar observo a la gente paseando, comprando. Por la tarde ayudo a mi padre en el jardín.

Este fin de semana mis padres nos van a llevar a las montañas. Vamos a ir a una estación de esquí. Si hay bastante nieve vamos a esquiar. Me encanta.

En tu próxima carta cuéntame cómo pasas los fines de semana y si tú tienes hobbies. Nada más por hoy.

Un saludo
Alonso

Contesta a su carta con muchos detalles.

Estas frases pueden ser útiles:

Paso la mañana **-ando**
Me divierto **-iendo**

¿Eres socio de algún club?

Muchos españoles participan en actividades en el colegio o fuera de él. Son socios o miembros de clubes. Mira lo que dicen tres jóvenes españoles. ¿Puedes emparejar las personas y lo que han escrito sobre una semana típica? ¡Cuidado! Hay cuatro personas y tres agendas.

	Dentro del instituto	Fuera del instituto
Lunes	club de drama	televisión
Martes		clase de piano
Miércoles		clase de alemán
Jueves	club de ecología	deberes
Viernes		salir con amigos
Sábado		televisión
Domingo		salir con amigos

	Dentro del instituto	Fuera del instituto
Lunes	club de informática	clase de inglés
Martes		club de karting
Miércoles	club de ajedrez	voleibol
Jueves		bolera
Viernes	equipo de baloncesto	televisión o vídeo
Sábado		club de deporte
Domingo		baile-discoteca

	Dentro del instituto	Fuera del instituto
Lunes	club de drama	tenis (en verano)
Martes	club de informática	televisión o música
Miércoles	club de ajedrez	teatro o cine
Jueves	club de ecología	patinaje sobre hielo
Viernes		karaoke
Sábado		club de jóvenes
Domingo		salir con amigos

Juego en el club de ajedrez. No soy muy deportista pero me gusta el tenis y patinar sobre hielo.

En el instituto soy socio de muchos clubes, por ejemplo, del de informática, del de drama. Los sábados voy al teatro o al cine, o a veces a bailar.

Soy bastante deportista. Juego al baloncesto y al voleibol y los sábados voy a un club de deporte.

Me interesa la ecología y soy socio del club en el instituto. Me gusta la música pero detesto el Karaoke, ¡es horrible! No me gusta nada el deporte.

Una palabra conduce a otra

A veces una letra más en una palabra es suficiente para despistar. Mira las siguientes palabras para ver lo que tienen en común. Al español le resulta difícil decir **sp** o **st**, etcétera, y por eso añaden una **e-**. ¿Qué significan todas estas palabras?

espectáculo	estómago	esnob
esquí	estudios	esqueleto
estadio	escuela	estrés
estatua	estéreo	escúter

Sancho y Panza

Encuesta

Lee los resultados de una encuesta que se hizo con 30 alumnos españoles de 16/17 años.

¿En qué clubes o actividades participas en el colegio?

Ecología	5
Idiomas (Francés, Español)	4
Informática	8
Baloncesto	2
Fútbol	4
Voleibol	1
Teatro	2
Ajedrez	1

¡Muchas gracias por tu colaboración!

Fuera del colegio ¿eres socio de ...

Indica abajo con qué frecuencia vas

		3 veces a la semana	2 veces a la semana	1 vez a la semana	Cada dos semanas	Una vez al mes
un club de jóvenes	10	6		3	1	
un club deportivo	2	1	1	1		
un club cultural	1			1		
un equipo de fútbol	5		5			
un equipo de natación	3		1	1	1	
un equipo de otro deporte?	2		1	1		

El colegio español ha mandado una cinta con las presentaciones de unos alumnos. Escucha sus descripciones de cómo pasan su tiempo libre y en qué clubes o actividades participan. Luego prepara una descripción tuya. ¿Con quién tienes más en común?

Ejemplo:

Hola me llamo Mariana. En el colegio soy miembro del club de informática. Suelo ir dos veces a la semana. Es muy interesante y me gusta mucho. Fuera del colegio soy socia de un club de natación. Suelo ir dos veces a la semana. No nado muy bien pero me encanta. Los fines de semana suelo salir con amigos. Vamos al polideportivo o a la bolera los sábados.

En busca de la aventura

👎 Quieres ir de excursión al campo. Miras los anuncios en una revista. ¿Adónde vas a ir: Liébana, Unquera o San Vicente? ¿Por qué? Prepara tus argumentos y discute con tu pareja.

Ejemplo:

A: ¿Qué te parece Aventura en Liébana?
B: Me interesa mucho. Me gustan las excursiones a caballo y me gustaría ir en bicicleta de montaña.
A: ¿Hay albergues?
B: Sí.
A: ¿Y Aventura en la Naturaleza?
B: También me gusta. Me interesa el descenso del Río Deva en canoa.
A: ¿Y la Escuela de Vela?
B: No me interesa. Prefiero el campo.

✏️ Escucha a dos parejas que hacen la misma actividad. ¿Qué deciden ellos y por qué razones?

¿Qué hiciste?

Imagina que fuiste a uno de estos centros. ¿Con quién fuiste? ¿Qué hiciste? ¿Lo pasaste bien?

Ejemplo:

Fui a Potes en los Picos. Pasé el fin de semana allí. El sábado fui de excursión a caballo. Por la tarde visité una quesería. Fui con mis hermanos y me quedé en una cabaña. Me encantó. El domingo fuimos en kayak y en bicicleta de montaña. Tomamos la merienda en el campo. ¡Fue estupendo!

¿Qué sueles hacer en tu tiempo libre?

✏️ Escuchas una emisión de radio en la que se hizo esta pregunta a unos jóvenes de Madrid. Escucha atentamente y apunta la información sobre cómo suelen pasar su tiempo libre.

Si vas al cine o al teatro

Para decidir adónde ir, toma el periódico y mira la cartelera.

El anuncio da la información siguiente:

el nombre del cine

Multicines Excelsior;

el número de minicines — 4 salas

el número de teléfono

(℡) 733 5489

Avda Alburera, 14/Metro Numancia

la dirección

- Sala 1 El silencio de los corderos 18 años.
- Sala 2 El día del Cobra 16 años.
- Sala 3 Regreso al futuro 12 años.
- Sala 4 Parque Jurásico 12 años.

las películas y la edad mínima

Continua 4 tarde.

cuando se abre y cuando empiezan las películas

Círculo de Bellas Artes.

Teatros del Círculo

el nombre del teatro

(℡) 221 1834

Alcálá 42

el título

- Teatro, danza: Abuso peligroso. Compañía La Licorne. Con Patricia Balossini. Martes a las 20.00 horas, de miércoles a viernes a las 22.30 horas. Localidades 1.700, Socios 1.350 pesetas.

cuándo empieza

cuánto cuesta

En la taquilla del teatro

Si quieres sacar unas entradas para el teatro vas a tener un diálogo como éste. ¿Cuánto entiendes?

Tú: **¿Hay entradas para mañana, martes?**

Taquillero: **¿Para la sesión de la tarde o la sesión de la noche?**

Tú: **Para la sesión de la tarde.**

Taquillero: **Sí.**

Tú: **¿A qué hora empieza la sesión?**

Taquillero: **A las siete.**

Tú: **¿Cuánto cuestan las entradas?**

Taquillero: **Dos mil, mil seiscientas y mil trescientas.**

Tú: **¿Hay descuento para estudiantes?**

Taquillero: **No, ninguno.**

Tú: **Deme dos entradas de dos mil para mañana.**

Taquillero: **Aquí tiene. Son cuatro mil.**

Tú: **Gracias.**

Túrnate con tu pareja para hacer diálogos.

A 1 entrada 800 pesetas aproximadamente, sesión de la noche, lunes. Es estudiante.	**B** Entradas 900, 1.300, 1.700. Empieza 11.00. No hay descuentos.
A 3 entradas 1.000 pesetas aproximadamente, sesión de la tarde, sábado. No son estudiantes.	**B** Entradas 950, 1.450, 2.000. Empieza 7.30.
A Entradas 1.000, 1.200, 1.400. Empieza 12.00. Estudiante 10 por ciento de descuento.	**B** 2 entradas 900 pesetas aprox. Sesión de noche, domingo. Estudiantes.
A Entradas 800, 1.000, 1.200. Empieza 10.30.	**B** 4 entradas 700 pesetas aproximadamente. Sesión de noche, miércoles. No son estudiantes.

¿Qué película prefieres?

El problema con los minicines es que hay tantas posibilidades: películas románticas, westerns, de ciencia-ficción, musicales, de terror, de acción, de humor y dibujos animados.

 Discute con tu pareja qué quieres ver y por qué.

Tú: **¿Qué quieres ver?**
Tu pareja: **No sé. Las películas románticas no me gustan nada.**
Tú: **Bueno hay una película de terror muy buena.**
Tu pareja: **Sí. Y tú, ¿qué quieres ver?**
Tú: **Me gustan los westerns y las de terror.**
Tu pareja: **¿Por qué?**
Tú: **No sé ... son divertidas.**

Si vas al cine mira si hay un día del espectador. Cuesta mucho menos.

¿Qué tal fue?

Si vas al cine o al teatro o a cualquier espectáculo tienes que dar tu opinión después.

Ejemplo:

¿Qué tal el concierto de Phil Collins?

Regular, nada especial.

¡Estupendo! Me gustó muchísimo. Fue buenísimo.

¿Qué tal el teatro ayer?

Lo encontré muy emocionante.

¿Qué tal la película que viste anoche?

¿Qué tal fue el partido en la televisión?

Fue muy pesado, pesadísimo. Me aburrí muchísimo.

Mira las fotos y túrnate para hacer preguntas a tu pareja. Tu pareja tiene que contestar según el gusto de la persona.

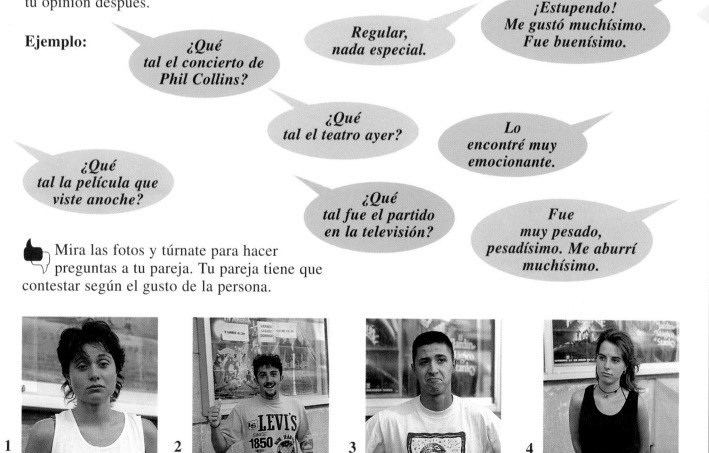

1   2   3   4

51

Alquilando cosas

Si tienes un hobby o un pasatiempo a veces tienes que alquilar cosas. Si te gusta el esquí puedes alquilar esquís, botas y bastones.

Si te gusta la vela o los deportes naúticos puedes alquilar barcos, tablas de windsurf. Hoy día puedes alquilar muchísimas cosas. Mira los siguientes anuncios. ¿Cuánto tienen que pagar las familias abajo?

Esquís y Botas

Sierra Nevada
Alquiler de equipo de esquí

Esquís 500 ptas al día *(3.000 a la semana)*
Botas 400 ptas al día *(2.500 a la semana)*

Ciclos Indurain
Alquiler de bicicletas

Bicicleta	**1.500** al día
Bicicleta de montaña	**2.500** al día

Abierto de 9 a 21 horas

Pedalos

750 pesetas por hora
Niños menores de catorce años
tienen que ir acompañados por un adulto
De 10 a 6 todos los días

VÍDEOS ALMODÓVAR

Selección de vídeos
Todos a 500 pesetas
Abierto de 10 a 3 y de 6 a 10.

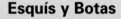 Haz diálogos con tu pareja para alquilar las cosas en los dibujos.

Ejemplo:

Tú: **Buenos días.**
Empleado: **Buenos días. ¿Qué desea?**
Tú: **¿Se alquilan bicicletas?**
Empleado: **Sí. ¿Para cuánto tiempo?**
Tú: **Para un día. ¿Cuánto es por día?**
Empleado: **Mil quinientas pesetas.**
Tú: **Vale.**

De aquiler

En la radio española oyes estos anuncios. ¿Qué se puede alquilar en cada caso? En tu opinión, ¿qué tipo de empresa hace cada anuncio?

Ahora sé ...

hablar del dinero que recibes y cómo ●●●●●●●●●●●●●●●●●●●●●●●●●●●

¿Quién te da tu dinero?	Who gives you your spending money?
¿Cuánto dinero recibes a la semana?	How much do you get a week?
¿En qué gastas tu dinero?	What do you spend your money on?
Mis padres me dan 5 mil pesetas.	My parents give me five thousand pesetas.
Compro revistas y tebeos y ahorro dinero.	I buy magazines and comics and I save money.
¿Tienes empleo?	Have you got a job?
Reparto periódicos/Trabajo en una tienda.	I deliver papers/I work in a shop.
No tengo empleo/Ayudo a mis padres.	I haven't got a job/I help my parents.
Me gustaría trabajar en un bar.	I would like to work in a bar.

hablar y hacer preguntas sobre el tiempo libre ●●●●●●●●●●●●●●●●●●●

¿Qué estás haciendo?	What are you doing?
Estoy haciendo mis deberes.	I am doing my homework.
¿Cómo pasas el tiempo libre?	How do you spend your free time?
Lo paso estudiando, leyendo libros.	I spend it studying, reading books.
¿Qué sueles hacer los fines de semana?	What do you normally do at the weekends?
Suelo salir con mis amigas al cine.	I usually go out with my friends to the cinema.
¿Eres socio de algún club?	Are you in a club?
Soy socio de un club de ajedrez.	I am a member of a chess club.
Soy miembro del equipo de baloncesto.	I am in the basketball team.
Voy tres veces a la semana.	I go three times a week.

ir a un espectáculo y expresar mi opinión ●●●●●●●●●●●●●●●●●●●●●●●

¿Hay entradas para hoy?	Are there any tickets for today?
¿A qué hora empieza la sesión de la tarde?	What time does the evening performance begin?
¿Cuánto cuestan las entradas?	How much are the tickets?
¿Hay descuento para estudiantes?	Is there a discount for students?
Las películas románticas no me gustan nada.	I don't like romantic films at all.
Los dibujos animados son muy divertidos.	Cartoons are very funny.
Prefiero las películas de ciencia-ficción.	I prefer science-fiction films.
¿Qué tal fue el concierto?	How was the concert?
Fue estupendo/Me gustó muchísimo.	It was great/I liked it very much.
Me aburrí muchísimo.	I was very bored.
Lo encontré regular/muy emocionante.	I found it okay/very moving.

alquilar cosas ●●●●●●●●●●●●●●●●●●●●●●●●●●●●●●●●●●●●●●●

¿Se alquilan bicicletas?/¿Cuánto es por día?	Do you hire bikes?/How much is it per day?
¿Para cuánto tiempo?	For how long?
Quisiera alquilar esquís y botas, por favor.	I would like to hire some skis and boots, please.

53

UNIDAD 5 *De compras*

En esta unidad aprenderás a:

En la droguería.

- pedir y dar información sobre tiendas

¿Dónde se vende champú?

Mi cámara no funciona. ¿Me la puede cambiar?

- devolver o cambiar artículos que no son buenos

Deme medio kilo de estas uvas.

- pedir exactamente lo que quieres

No gracias. Son demasiado caros.

¿Quiere tomates?

- explicar tus decisiones si vas a comprar algo o no

- entender y describir una visita a las tiendas

Ayer fui a una tienda de recuerdos. Compré un regalo para

¿Qué necesitas comprar si estás de vacaciones?

Si estás en España de vacaciones tienes que saber pedir lo que te hace falta. ¿Qué necesitas?

Cepillo de dientes
Crema bronceadora
Champú

panecillos
jamón serrano
tartas
naranjas

paquete de pañuelos de papel
caramelos
patatas fritas
sellos y postales

¿Dónde puedes comprar estas cosas?

En la DROGUERÍA no se venden drogas. Se venden pasta de dientes, pañuelos de papel

y champú. En la FARMACIA se venden medicamentos y en la PERFUMERÍA

 se venden perfumes, desodorantes y agua de colonia.

En la PANADERÍA se venden barras de pan y panecillos y en la PASTELERÍA

 se venden pasteles, tartas, caramelos y bombones.

La fruta se vende en el MERCADO  en la FRUTERÍA o en la TIENDA

DE COMESTIBLES , dónde también se venden jamón, galletas, leche y muchas cosas

más.

Los sellos se venden en CORREOS 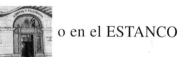 o en el ESTANCO

¿Dónde puedo comprar ...?

Quieres saber dónde se venden cosas que necesitas.
Túrnate con tu pareja para hacer preguntas.

Ejemplo:

Tú: ¿Dónde puedo comprar jabón?
Tu pareja: Se vende en la droguería.

pasta de dientes
peras
queso
sellos
pan

Manzanas
Aspirinas
Chocolate
Salchichón
Pasteles

En el hipermercado

Un hipermercado no es simplemente un supermercado grande. Contiene un supermercado, claro, pero también hay muchas tiendas en el mismo complejo. Mira el plano.

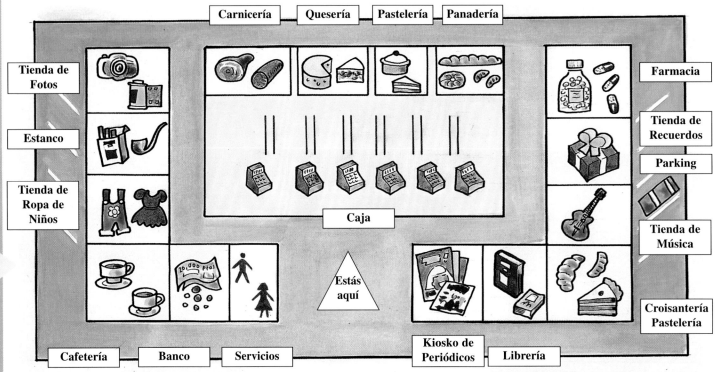

		Carnicería	Quesería	Pastelería	Panadería		
Tienda de Fotos							Farmacia
Estanco							Tienda de Recuerdos
							Parking
Tienda de Ropa de Niños			Caja				Tienda de Música
			Estás aquí				Croisantería Pastelería
Cafetería	Banco	Servicios		Kiosko de Periódicos	Librería		

Si no conoces el hipermercado tienes que pedir ayuda. Aquí tienes dos listas. Túrnate con tu pareja para describir dónde se vende lo que necesitas.

Ejemplo:

– *¿Dónde puedo comprar sellos, por favor?*
– *En el estanco.*
¿Dónde está?
– *Tuerza a la izquierda y está a mano izquierda al lado de la tienda de ropa.*
– *Gracias.*

Camiseta
rollo de película
aspirinas
cinta
postales

periódico
tebeo
CD
queso
pasteles
guía de la ciudad

En la frutería

Cuando compras fruta, necesitas decir y entender frases como éstas:

Deme medio kilo de melocotones, por favor.

Lo siento, no hay.

Quisiera medio kilo de plátanos.

No queda ninguno.

Quiero uno de estos melones.

Quiero un kilo de esas naranjas.

¿Cuánto valen las peras?

Quiero dos kilos de aquellas manzanas.

Estas peras son las más baratas. Valen 150 pesetas el kilo.

Frutería
Plátanos 1 Kg
Uvas ½ Kg
Naranjas 2 Kg
Peras 1 Kg

Cuando vas a una frutería con una lista de la compra, quieres pedir exactamente lo que viene en la lista, y entender lo que te dice el tendero.

Y aquí tienes el diálogo en la frutería:

Cliente: *Deme un kilo de esos plátanos, por favor.*
Tendero: *Muy bien. ¿Algo más?*
Cliente: *¿Cuánto vale medio kilo de aquellas uvas?*
Tendero: *Cien pesetas.*
Cliente: *Vale. Deme medio kilo. Y dos kilos de estas naranjas.*
Tendero: *Bien. ¿Algo más?*
Cliente: *¿No hay peras?*
Tendero: *Lo siento; no queda ninguna.*
Cliente: *Entonces, un kilo de esas manzanas.*
Tendero: *¿Eso es todo?*
Cliente: *Sí. ¿Cuánto es?*
Tendero: *Setecientas pesetas.*
Cliente: *Tenga. Mil.*
Tendero: *Y la vuelta: trescientas pesetas.*
Cliente: *Gracias, adiós.*
Tendero: *De nada, adiós.*

¡Escucha! Estás en la frutería, y hay unas personas delante de ti. Para saber lo que tienes que decir, escuchas a los dos clientes delante de ti mientras hacen sus compras. ¿Qué compran? ¿Qué no pueden comprar? ¿Cuánto pagan?

El cliente y el tendero

Ahora tienes que hacer tus propios diálogos (como el modelo en la página 57 ptas).

Túrnate con tu pareja para hacer el papel del tendero cuando compras estas cosas en la frutería.

Quieres comprar la fruta más barata e indicas cuál quieres.

Ejemplo:

Un kilo de estos plátanos (120 pesetas)

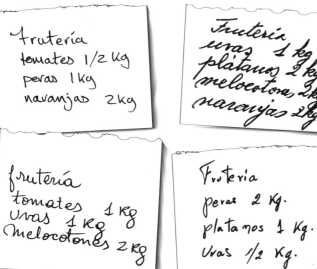

frutería
tomates 1/2 kg
peras 1 kg
naranjas 2 kg

Frutería
uvas 1 kg
plátanos 2 kg
melocotones 2 kg
naranjas 2 kg

frutería
tomates 1 kg
uvas 1 kg
melocotones 2 kg

Frutería
peras 2 kg.
plátanos 1 kg.
uvas 1/2 kg.

No gracias

Si no te gusta la fruta que recomienda el frutero tienes que explicar por qué.

Túrnate con tu pareja para recomendar la fruta más cara. Tu pareja va a pedir la fruta más barata.

Ejemplo:

Frutero:	*¿Quiere un kilo de estas peras?*
Tú:	*¿Cuánto es?*
Frutero:	*300.*
Tú:	*Son demasiado caras. Deme un kilo de aquellas peras.*
Frutero:	*Vale. Son 225 pesetas.*

¿Falta algo?

Escucha la cinta, e imagina que tienes que decirle a Luisa y a Miguel lo que han olvidado antes de salir de la tienda.

1 Mira la página 59. Estás en la tienda de comestibles con Luisa. Escucha atentamente para asegurarte de que no olvida nada de su lista. Pero nadie es perfecto; olvida unas cosas. Aquí tienes la lista:▶

Ejemplo: *¿Y los huevos?*

2 A ver si Miguel también ha olvidado algo. Escucha atentamente, y si ha olvidado algo.

1 botella agua mineral sin
gas

1/4 kg. Salchichón
2 botellas Fanta limón
1 lata Sardinas
300 grms. queso
1/4 kg. jamón

1/2 kg queso
12 huevos
1/2 kg jamón serrano
250 gramos chorizo
2 paquetes galletas
3 botellas agua mineral

En la tienda de comestibles

Mira la lista de precios de una tienda de comestibles. Estás planeando una merienda con tu amigo español. Trabaja con tu pareja. Uno de vosotros hace el papel del amigo y contesta a estas preguntas:

¿Qué prefieres en tus bocadillos: jamón o queso?

¿Qué te gustaría beber: tónica o agua mineral?

¿Qué prefieres: sardinas o chorizo?

¿Te gustan las galletas?

¿Qué vamos a comprar, pues?

Haz una lista de lo que vais a comprar y no olvides escribir si quieres una lata, un kilo, media docena, una botella, una tableta, cien gramos o un paquete.

Galletas rellenas de chocolate Elgorriaga, paquete 750 grs. 560	Jamón cocido, 1.ª dulce Valle, Kg. 1450
Galletas María Fontaneda, caja 1Kg. 404	Queso manchego curado García Baquero, Kg. 1640
Mermelada de melocotón Helias, frasco 410 grs. neto 220	Salchichón Pamplona, Kg. 1390
Aceitunas Jolca, bolsa 48	Leche entera Larsa, brik 1 litro 158
Pastas para sopa La Familia, paquete 250 grs. 84	Yogur natural Danone, tarrina 125 c.c. 46
Sardinas en aceite y tomate P. Arosa, lata 1/4 club 118	Margarina vegetal Artúa, tarrina 400 grs. 290
Chocolate con leche Milka Suchard, tableta 150 grs. 188	Mantequilla Asturiana, barqueta 180 grs. 310
Agua mineral Font-Vella, botella P.V.C. 11/2 litro 72	Pizza romana Pescanova, estuche 333 grs. 490
Tónica Schweppes, pack 6 botellas 180 c.c. 330	Pizza 4 estaciones Pescanova, estuche 333 grs. 490
Cerveza Heineken, lata 333 c.c. 116	Plátanos extras, Kg. 510
Naranja limón Kas, botella 2 litros 290	Naranjas de mesa Teresita, Kg. 300
Pepsi Cola, lata 333 c.c. 72	Peras, Kg. 130
Paella, Kg. 1130	Manzanas Golden de Aragón, (en bolsas de 3 Kgs.) Kg. 355
Chorizo Gran Doblón Campofrío, Kg. 1680	Panecillos 110
	Pan, barra 75
	Huevos extra, docena 160

En la droguería

Estás trabajando en una pequeña droguería en España durante las vacaciones. Tienes una lista de lo que hay en la tienda. Túrnate con tu pareja para hacer el papel del tendero. Si no queda algo tienes que tomar una decisión.

2 películas
1 pasta de dientes
1 cepillo de dientes
1 jabón

2 (tubos grandes) crema bronceadora
1 jabón
1 champú (grande)

Artículo	Precio	Cantidad
Crema bronceadora (tubos grandes)	650 ptas	1
Crema bronceadora (tubos pequeños)	400 ptas	10
jabón	400 ptas	2
Paquetes de pañuelos de papel (grande)	375 ptas	33
Paquetes de pañuelos de papel (de bolsillo)	25 ptas	0
Películas (35 m)	800 ptas	24
Pasta de dientes (tubo)	305 ptas	0
Cepillo de dientes	250 ptas	22
Champú (botella grande)	725 ptas	0
Champú (botella pequeña)	500 ptas	2

Ejemplo:

Tendero: **Buenos días.**
Cliente: **Quisiera un tubo de crema bronceadora.**
Tendero: **¿Grande o pequeño?**
Cliente: **¿Cuánto valen?**
Tendero: **El grande 650 ptas y el pequeño 400.**
Cliente: **Deme el pequeño.**
Tendero: **¿Algo más?**
Cliente: **Un paquete de pañuelos de papel de bolsillo.**
Tendero: **Lo siento, no queda ninguno. ¿Quiere un paquete grande?**
Cliente: **No gracias.**

¿Cómo se dice ...?

Estás trabajado en la droguería cuando entra un turista que no sabe tanto español como tú. Necesita varias cosas. ¿Sabes qué palabras está buscando? ¡Escucha!

Quisiera cambiar

A veces hay un problema con algo que has comprado:

1

A mi hermana no le gusta.

No está fresco.

2

Es demasiado grande.

No funciona.

3

4

5

Está estropeado.

El dependiente dirá:
- *Puede cambiarlo.*
- *Puedo devolverle el dinero.*

o
- *Lo siento, no puede cambiarlo porque no queda otro.*
- *Lo siento, no puedo devolverle el dinero pero puede cambiarlo.*

Ejemplo:

Cliente: *Quiero cambiar esta muñeca.*
Dependiente: *¿Por qué?*
Cliente: *A mi hermana no le gusta.*
Dependiente: *Sí, puede cambiarla.*
Cliente: *Quisiera comprar esta muñeca.*
Dependiente: *Muy bien.*

¿Qué haces en estas situaciones? Haz diálogos con tu pareja.

Escucha a unos clientes. ¿Son simpáticos los clientes? ¿Son amables los dependientes?

Una palabra conduce a otra

Muchas palabras terminan en **-ía**. Algunas significan la tienda donde se compra el artículo incluido en la palabra, por ejemplo, fruta - frutería.

A ver si reconoces todas estas tiendas:

lechería	pastelería	verdulería
joyería	relojería	papelería
librería	zapatería	carnicería

¡Me encantan los hipermercados!

Cuando vas de vacaciones a España tienes que visitar un hipermercado si puedes. Todo es enorme y puedes pasar 3 o 4 horas allí si quieres. Pero a todo el mundo no le gusta.

Escucha a unos españoles que describen una visita al hipermercado en la página 56.
¿Qué opinión tienen sobre los hipermercados? ¿Por qué? ¿Puedes describir una visita a las tiendas o a un hipermercado cerca de tu casa?

En mi opinión

Están los que prefieren ir de compras al mercado, a las tiendas, a los supermercados/hipermercados y a los grandes almacenes/centros comerciales. Lee las opiniones de unos españoles. ¿A qué tipo(s) se refieren? ¿Estás de acuerdo con todos los argumentos?

> *Si hace mal tiempo no lo notas.*

> *Hay de todo: ropa, alimentación, recuerdos, gasolina.*

> *Siempre hay mucho sitio para aparcar el coche.*

> *La fruta está siempre muy fresca.*

> *Son demasiado grandes.*

> *Los precios son más baratos.*

> *Hay mucha más variedad.*

> *Son muy impersonales.*

> *Me gusta hablar con el tendero.*

> *Tienes que usar el coche y gastar gasolina.*

> *Los precios son más caros.*

> *Depende. Si sólo quiero un litro de leche ...*

> *Te dan un trato más personal.*

> *Es ruidoso pero me gusta.*

> *Todos venden lo mismo.*

> *Compras cosas que no necesitas.*

	Opinión	Sí/No
mercado	Los precios son más bajos.	✔
Hipermercados	Son demasiado grandes.	✗

Compara tus opiniones con las de tu pareja.

Ejemplo:

Tú: Prefiero los mercados.
Tu pareja: ¿Por qué?

Entrevista en la radio

Estando en España escuchas entrevistas en la calle. El entrevistador quiere saber qué opina la gente sobre ir de compras. ¿Con quién estás de acuerdo?

Una carta de Luisa

Luisa escribió esta carta a su amiga inglesa Joanne. A Joanne le interesan mucho las tiendas y le encanta ir de compras. Antes de visitar a su amiga quiere saber
• si a Luisa le gusta ir de compras.
• adónde va normalmente de compras.
• cómo son las tiendas.

Santander, 8 de agosto

Querida amiga Joanne:

Gracias por tu carta. Me hiciste muchas preguntas sobre las tiendas. Te gustan, ¿verdad? Yo voy todos los días a las tiendas que están abajo de mi casa para comprar carne, pan y otras cosas. Los fines de semana voy al mercado a comprar pescado y fruta – es más barata allí y más fresca. Dos veces al mes vamos al hipermercado Pryca para comprar un montón de cosas. El hipermercado está a 5 kilometros, cerca del aeropuerto. Es grandísimo y vende de todo: alimentación (comida), televisiones, neumáticos, todo. Es mucho más barato que las tiendas. Me gusta ir allí porque hay una pastelería muy buena. Los pasteles son riquísimos. Me gustaría trabajar allí cuando sea mayor. Vamos a ir allí seguramente cuando estés aquí en España. Nada más por hoy.

Un abrazo de tu amiga,

Luisa

¿Podrías escribir una carta a un amigo español describiendo tus visitas a las tiendas o a un centro comercial?

Sancho y Panza

Ahora sé …

pedir, entender y dar información sobre tiendas ●●●●●●●●●●●●●●●●●●●●●●●

¿Dónde se vende jabón?	Where do they sell soap?
¿Dónde puedo comprar pañuelos de papel?	Where can I buy some paper tissues?
Se pueden comprar en la droguería.	You can buy them in the 'droguería'.
Los pasteles se venden en las pastelerías.	Cakes are sold in confectioner's shops.

hablar con el tendero y entenderle ●●●●●●●●●●●●●●●●●●●●●●●●●●●

Quisiera un kilo de estas peras/melocotones.	I would like a kilo of these pears/peaches.
Quiero medio kilo de esas manzanas/naranjas.	I want half a kilo of those apples/oranges.
Deme uno de aquellos melones.	Give me one of those melons.
¿Cuánto valen?	How much are they?
Lo siento no queda ninguno/a. No hay.	I'm sorry but there are none left. There aren't any.
Los cepillos de dientes valen 600 pesetas.	Toothbrushes cost 600 pesetas.
una barra grande/pequeña de pan	a large/small loaf
seis panecillos y una bolsa de caramelos	six rolls and a bag of sweets
un cuarto de kilo de chorizo/jamón serrano	a quarter kilo of chorizo/cured ham
una docena de huevos y una lata de sardinas	a dozen eggs and a tin of sardines
un tubo de crema bronceadora/pasta de dientes	a tube of suntan cream/toothpaste
un paquete de pañuelos de papel	a packet of tissues
una pastilla de jabón y un bote de champú	a bar of soap and a bottle of shampoo

cambiar cosas ●●●●●●●●●●●●●●●●●●●●●●●●●●●●●●●●●●●●●

Quisiera cambiar esta cámara. Está estropeada.	I would like to change this camera. It is broken.
Este reloj no funciona. ¿Puedo cambiarlo?	This watch does not work. Can I change it?
El pescado no está fresco.	The fish is not fresh.
Puedo devolverle el dinero.	I can refund the money.

dar tus opiniones sobre tiendas, mercados, centros comerciales, supermercados y hipermercados ●●●●●●●●●●●●●●●●●●●●●●●●●●

Prefiero los hipermercados. Los precios son más baratos.	I prefer the hypermarkets. The prices are cheaper.
En las tiendas te dan un trato más personal.	In the shops you get a more personal service.
Los hipermercados son demasiado grandes.	Hypermarkets are too big.

63

En esta unidad aprenderás a:

Normalmente se come pan con mantequilla y mermelada en el desayuno.

La tortilla española se hace con patatas, huevos y cebolla.

En España se come mucho más tarde.

• entender información sobre comidas típicas, horarios y costumbres

• describir comidas y cómo se hacen algunos platos

• hablar de las diferencias entre los dos países

¿Te ayudo a quitar la mesa?

Un poquito más, por favor.

• aceptar y rehusar ofertas de comida

• expresar opiniones sobre la comida y dar las gracias

Estaba riquísimo. Me gustó muchísimo.

• ofrecer tu ayuda

Las comidas españolas

El horario de las comidas es muy diferente en España. Comen mucho más tarde (entre las dos y las cuatro) y cenan mucho más tarde también (entre las diez y las doce).

Mira la descripción escrita por un joven español. Compárala con tu rutina. Para ayudarte en la página 65 hay una descripción de un joven inglés.

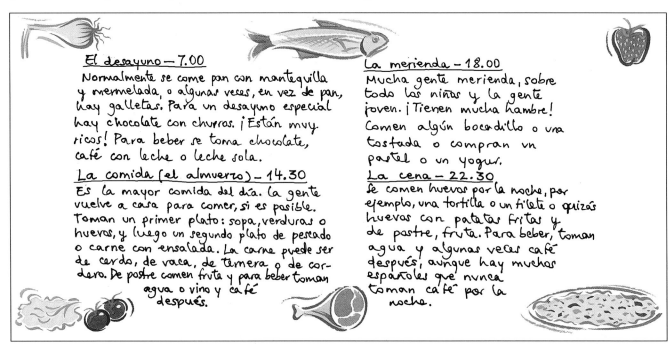

El desayuno – 7.00

Normalmente se come pan con mantequilla y mermelada, o algunas veces, en vez de pan, hay galletas. Para un desayuno especial hay chocolate con churros. ¡Están muy ricos! Para beber se toma chocolate, café con leche o leche sola.

La comida (el almuerzo) – 14.30

Es la mayor comida del día. La gente vuelve a casa para comer, si es posible. Toman un primer plato: sopa, verduras o huevos, y luego un segundo plato de pescado o carne con ensalada. La carne puede ser de cerdo, de vaca, de ternera o de cordero. De postre comen fruta y para beber toman agua o vino y café después.

La merienda – 18.00

Mucha gente merienda, sobre todo los niños y la gente joven. ¡Tienen mucha hambre! Comen algún bocadillo o una tostada o compran un pastel o un yogur.

La cena – 22.30

Se comen huevos por la noche, por ejemplo, una tortilla o un filete o quizás huevos con patatas fritas y de postre, fruta. Para beber, toman agua y algunas veces café después, aunque hay muchos españoles que nunca toman café por la noche.

El desayuno – 7.30
Normalmente se comen cereales o tostadas. Para beber se toma leche, té o café o zumo de fruta. Para un desayuno especial hay bacon, salchichas, huevos fritos, champiñones y tomates.

La comida – 13.00
Se suele tomar un plato y un postre, por ejemplo, carne con patatas, verduras y arroz con leche o un yogur. Para beber se toma té o café o una Coca-Cola.

La cena – 6.30
Se toma normalmente un plato y un postre. Para muchos es la mayor comida del día, sobre todo si a mediodía sólo toman un bocadillo. Se comen muchas cosas, por ejemplo, pescado con patatas fritas o una pizza. De postre comen helados o un pudín.
Mucha gente toma té, café o chocolate con galletas antes de irse a la cama.

Visitas un colegio español y el profesor quiere que describas tu rutina. ¿Puedes cambiar la descripción de arriba para hacerlo?

Escucha primero a cuatro alumnos del Instituto de Bachillerato "Vicente Espinel" de Málaga. ¿Tienen todos la misma rutina o no?

Comparando las horarios

El colegio español manda un ejemplo de la rutina diaria típica de un domingo de uno de sus alumnos (**A**). Compáralo con el de un alumno inglés (**B**). Túrnate con tu pareja para ser A y B.

A

8.30 me levanto
9.00 salgo de casa
10.30 tomo algo en un bar
15.00 como en casa
17.00 descanso
19.00 hago los deberes
21.00 ceno
22.30 salgo (cine, disco)
2.30 me voy a la cama

B

9.00 me levanto.
9.30 tomo el desayuno.
10.00 veo la televisión.
12.30 tomo el almuerzo.
14.00 voy al partido.
18.00 ceno.
20.00 salgo con amigos.
23.00 vuelvo a casa.

Ejemplo:

A: *¿A qué hora te levantas?*
B: *¿Me levanto a las nueve. ¿Y tú?*
A: *A las ocho y media y salgo a las nueve.*

Escribe un horario típico para ti y grábalo en una cinta si es posible para mandarlo a España.

¿Qué te gusta comer y beber?

Aquí tienes algunas cosas que comen los españoles muy a menudo.
Si no sabes qué son, pregúntaselo a tu profesor/a.

Ejemplo:

– Por favor, el número tres, ¿qué son?
– Por favor, el número doce, ¿qué es?

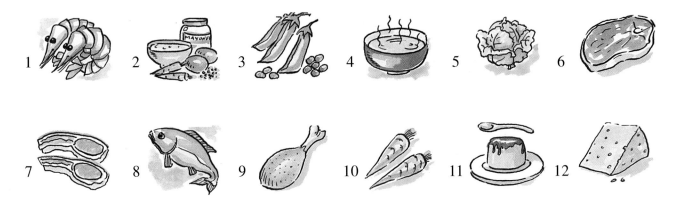

Haz una lista de las cosas que te gustan de aquí, y otra de las cosas
que no te gustan, para ayudar a la madre de tu amigo por correspondencia.

Aquí tienes la lista que hizo Miguel antes de ir a
pasar unos días con su amigo por
correspondencia inglés. ¿Es muy distinta a la
tuya?

Me gusta:
La ensaladilla
el flan
la sopa

Me gustan:
las gambas
los filetes

No me gusta:
la ensalada
el pescado
el queso

No me gustan:
las judías
las zanahorias

Pregunta a tu pareja lo que le gusta comer.
Haz una lista para él o para ella.

Ejemplo:

Tú:	*Te gusta la sopa?*
Tu pareja:	*Sí, me gusta mucho.*
Tú:	*Te gustan las chuletas?*
Tu pareja:	*No, no me gustan.*

Has invitado a tu pareja a comer en tu casa.
Escribe un menú que le guste. Escoge un primer
plato (números 1 a 5), un segundo plato
(números 6 a 9) y un postre (números 11 y 12).
Si quieres, puedes servir a tu pareja otras cosas
que no están aquí. ¿Estás seguro/a de que le van
a gustar? Si no, pregúntale a ver.

Unos platos típicos de España

Lee la información sobre los platos típicos y luego escucha
a unos jóvenes que viven en estos sitios. ¿Qué más aprendes?
¿Les gusta su plato típico?

El plato más típico
de Asturias es la
fabada, un plato
fuerte de habas,
chorizo y tocino. Se
suele beber sidra.

El País Vasco tiene
fama por su pescado.
El bacalao a la
vizcaína tiene salsa de
tomate y ajo.

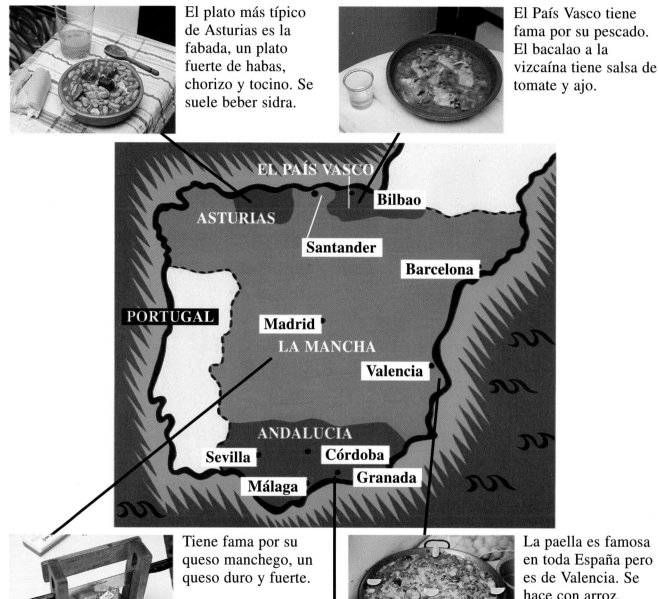

EL PAÍS VASCO

Bilbao

ASTURIAS

Santander

Barcelona

PORTUGAL

Madrid

LA MANCHA

Valencia

ANDALUCIA

Sevilla   Córdoba

Granada

Málaga

Tiene fama por su
queso manchego, un
queso duro y fuerte.

La paella es famosa
en toda España pero
es de Valencia. Se
hace con arroz,
pollo, mariscos y
pescado.

En Andalucía se
toma el gazpacho. Es
una sopa fría de
tomates, trocitos de
pan y pimiento.

67

¿En qué consiste?

Estás en casa de una familia española. Si alguien te pregunta
– ¿Te gusta la tortilla española?
es importante que sepas qué es, en qué consiste. Si no lo sabes tienes que preguntarlo.

Ejemplo:

El padre: **¿Te gusta la ensalada mixta?**
Tú: **No sé. No la he probado. ¿En qué consiste?**
El padre: **Consiste en lechuga, tomate, cebolla, pimiento y atún.**
Tú: **Me gustaría probarla.**
El padre: **Muy bien.**

Mira los dibujos de los ingredientes de varios platos típicos. Haz diálogos con tu pareja. Los platos son:
1 ensalada mixta
2 paella
3 turrón
4 macedonia de frutas

Sancho y Panza

¿Cómo se hace?

También quieres saber cómo se hacen. Las instrucciones más corrientes son las siguientes.

Corta

Pela

Pon

Mezcla

Calienta y espera

¡Aquí está!

Sirve

Mira la receta de un plato típico de Navidad.
¿Entiendes las instrucciones?

Sopa de almendra

Ingredientes:
una tableta de turrón
un litro y medio de leche
50 gramos de mantequilla
100 gramos de almendras peladas y cocidas

Corta el turrón en trozos pequeños.
Calienta la leche en una cacerola.
Pon la mantequilla y el turrón en la leche.
Espera cinco minutos.
Sirve la sopa con las almendras cocidas.

la cacerola

el horno

¿Puedes escribir la receta de una tortilla de queso?

Describiendo unos platos típicos

Estás hablando de la comida de Gran Bretaña con unos amigos españoles y sudamericanos. Ellos no saben cómo se llaman los platos. ¿De qué platos están hablando?

la sartén

¿Quieres...?

Durante la comida te ofrecen muchas cosas y tienes que saber cómo aceptar o rehusar con cortesía.
Tus respuestas van a ser así: ▶

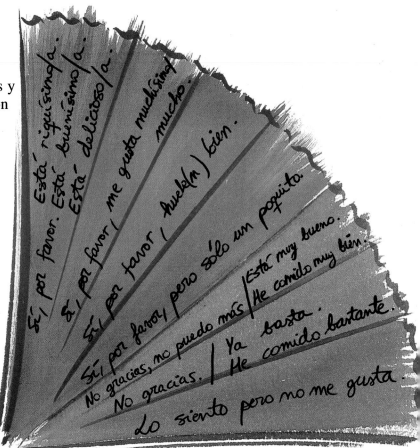

👎 Túrnate con tu pareja para ofrecer las cosas que hay en la siguiente lista de frases.
Primero aceptas lo que se ofrece.

Ejemplo:

Tu pareja: *¿Quieres agua?*
Tú: *Sí, por favor.*
o bien:
Tu pareja: *¿Un poquito de queso?*
Tú: *Sí, está muy bueno.*

Luego rehusa – pero con cortesía.

Ejemplo:

Tu pareja: *Espero que te gusten los champiñones.*
Tú: *Huelen bien, pero no gracias.*
o bien:
Tu pareja: *¿Te gustaría tomar más sopa de marisco?*
Tú: *No gracias, está riquísima, pero no puedo más.*

Finalmente, contesta como quieras.
1   ¿Quieres agua?
2   ¿Te gustaría tomar más sopa de marisco?
3   ¿Otra manzana?
4   ¿Quieres más carne?
5   ¿Te sirvo patatas?
6   Espero que te gusten los champiñones.
7   ¿No quieres otra pera?
8   ¿Un poquito de queso?
9   ¿Tomas café?
10   ¿Te gusta el jamón? ¿Otro poquito?

¡Huele bien!

No lo he probado nunca

Si no sabes qué es lo que te ofrecen, pero te gustaría probarlo, ¿qué dices?

¿calamares?

Ejemplo:

– ¿Te gustan los calamares?
– No sé, no los he probado nunca, pero me gustaría probar un poquito.

👎 Pide a tu pareja que te ofrezca estas cosas:

¿churros? ¿paella?
¿tapas? ¿sangría?
¿fabada? ¿tarta helada?
¿calamares?

Luego túrnate con tu pareja para ofrecer estas cosas:

¿flan? ¿ensaladilla?
¿gazpacho? ¿gambas?
¿carne de ternera?
¿jamón serrano?

¡Me gustaría probarlo!

En una cocina española hay muchos olores apetitosos. Entras en la cocina y te parece que algo huele muy bien…

Tú:	*¡Huele bien! ¿Qué es?*
Cocinera:	*Es tortilla española.*
Tú:	*¿Cómo se hace?*
Cocinera:	*Se hace con huevos, patatas y cebolla. Se come caliente o fría, con pan. Está muy rica. ¿Te gustaría probarla?*
Tú:	*Mmm. Sí, me gustaría probarla.*

Es leche frita.

Es ensaladilla rusa.

Es fabada asturiana.

👎 Te ofrecen otros platos que, a lo mejor, no conoces. Haz un diálogo parecido a éste sobre cada uno según la información que tienes. Tu pareja, que hace el papel de cocinero(a), tiene que emparejar primero la información que corresponde a cada plato. Después, túrnate con él o ella.

Es gazpacho andaluz.

Es una sopa que se hace con tomates, cebolla, pepino y ajo. Se toma fría. Está riquísima, sobre todo cuando hace calor.

Es típica de Asturias. Es un plato muy fuerte que se hace con chorizo y carne de cerdo.

Es un postre ¡muy dulce! Se hace con leche, azúcar, huevos y harina y se fríe en aceite. Se come frío.

Se hace con patatas, guisantes, zanahorias, huevos, aceitunas y mayonesa. Se come fría con un poquito de pan. En los bares se puede pedir una ración.

¿Te gustaría un poquito más?

👎 Ahora te toca a ti.

Un español pasa unos días en tu casa. Durante la cena le ofreces varias cosas. Pide a tu pareja que haga el papel del español. A ver si puedes usar todas las frases subrayadas en la pagina 70, cambiando la comida o bebida según los dibujos.

Ejemplo:

En vez de preguntar

– ¿Quieres agua?

podrías preguntar

– ¿Quieres Coca-Cola?

🖎 Es muy importante saber aceptar y rehusar sin ofender a nadie. Escucha unos diálogos cortos. ¿Qué piensas de las repuestas? ¿Qué reacción causaron? Escucha los diálogos otra vez y cámbialos si es necesario.

71

¿Qué prefieres?

👎 Si te ofrecen más de una cosa ¿cuál escogerías?

Pide a tu pareja que te haga estas preguntas.

> ¿Qué prefieres: agua o gaseosa?

> De primer plato hay una sopa de verduras o una ensalada mixta. ¿Qué prefieres?

> De postre hay helado de fresa o flan.

> De fruta tenemos uvas, manzanas y melocotones.

> ¿Un bocadillo? Claro, ¿De qué lo quieres? ¿De queso, chorizo, jamón de York? ¿Tortilla?

> Para el desayuno, ¿qué prefieres tomar? ¿café? ¿chocolate? ¿té?

Ejemplo:

Tu pareja: ¿Qué prefieres, agua o gaseosa?
Tú: Agua, por favor.

o

Tu pareja: El flan, ¿lo quieres solo o con helado?
Tú: Solo, por favor. No me gusta el helado.

> ¿Quieres merendar? ¿Qué quieres? ¿Un bocadillo? ¿Un yogur? ¿Un pastel?

Algunas veces es más difícil porque te gustan todas las cosas que te ofrecen. ¡Tienes que pensarlo bien! Pide a tu pareja que te haga las preguntas otra vez e imagina que te gustan todas las cosas que te ofrecen. ¿Qué dirías?

> El flan, ¿lo quieres solo o con helado?

Ejemplo:

Tu pareja: Bueno, de postre hay helado de fresa o flan.
Tú: Pues, no sé; me gusta el helado de fresa y me gusta el flan también. Creo que voy a escoger el flan. Sí, un flan por favor.

¿Te falta algo?

Si necesitas algo, lo tienes que pedir:
– ¿Me puede pasar la sal, por favor?
Se puede decir también:
– Páseme la sal, por favor.
Si pides algo a un amigo, tienes que cambiar las dos frases un poquito:
– Me puedes pasar la sal, por favor.
– Pásame la sal, por favor.

👎 Necesitas todas estas cosas. ¿Cómo las vas a pedir primero a un amigo, y luego a un desconocido?
Practica con tu pareja.

Ejemplo:

(a un amigo)
A: ¿Me puedes pasar el agua, por favor?
B: Sí, desde luego. Toma.
(a un desconocido)
A: ¿Me puede pasar el agua, por favor?
B: Sí, desde luego. Tome.

¿Le puedo ayudar?

¿Qué puedes hacer en casa para ayudar? Poner la mesa, quitar la mesa, fregar los platos… Es importante ofrecer tu ayuda con frases como: ▼

¿Pongo la mesa?
¿Te ayudo a quitar la mesa?
¿Dónde pongo los vasos?
¿Dónde están las cucharas?
¿Qué hago con los platos sucios?
¿Está bien así?

Y también es importante entei der las respuestas. ¿Puedes emparejar las frases con los dibujos?

1   Puedes ponerlos en el armario.
2   ¿La mantequilla? Ponla en la nevera.
3   Deja los platos sucios en el fregadero.
4   Los tenedores están en el cajón.
5   Sí, sí, está muy bien.
6   Tíralo.

A   B   C

D   E   F

¿Le ayudo a quitar la mesa?

Mira la mesa después de la cena. Haz preguntas a tu amigo para saber dónde tienes que ponerlo todo.

Ejemplo:

Tú: *¿Dónde pongo los cuchillos y los tenedores?*
Tu amigo: *En el lavaplatos.*
Tú: *¿Pongo la ensalada en la nevera?*
Tu amigo: *Sí.*
Tú: *¿Y el pan?*
Tu amigo: *Tíralo.*

lavaplatos   ¡Tíralo!

nevera

Si no sabes exactamente dónde tiene que ir algo sólo tienes que decir la habitación.

Ejemplo:

– *¿Dónde pongo el vino?*
– *En la cocina.*

73

¿Dónde pongo las servilletas?

Escucha estos diálogos. ¿Qué diálogo va con cada foto?
¡Cuidado! Hay cuatro diálogos y dos fotos.

A

B

Le escribo para agradecerle

Ayer fuiste a casa de un amigo y lo pasaste
muy bien. Escribe una nota para agradecerle
a su madre el haber preparado la comida.
Mira el ejemplo para ayudarte: ▶
Comiste sopa de cebolla, bacalao a la
vizcaína y macedonia de frutas.

Querida Sra García

*Le escribo para agradecerle
la cena de ayer.
Estaba deliciosa y me gustó
muchísimo.
La fabada estaba buenísima
y el arroz con leche muy rico.*

Un abrazo

Anita

¡ Gracias !

Una palabra conduce a otra

Un momentito… es un pequeño momento.
Algunas veces, cuando queremos decir que una
cosa o una persona es pequeña, empleamos una
de estas terminaciones:
-ito/a
-illo/a
-ecillo/a
-ecito/a

¿Qué significan estas palabras?

un ratito	una tacita
un perrito	un panecillo
un gatito	un platillo
una cucharita	una casita
un cochecito	una mesilla
un poquito	

Pero ¡diez minutitos puede ser media hora!

También utilizamos las terminaciones **-ito** e **-ita**
cuando queremos mucho a una persona, por
ejemplo: Miguelito, Anita y Jaimito.

Cuando queremos decir que una cosa es
grande, utilizamos la terminación **-ón**. De
modo que:
un hombrón…es un hombre grande.

En este caso, ¿qué son un sillón, un tazón, un
cucharón y un salchichón?

Pero, ¡un ratón no es una rata grande!

74

Ahora sé …

describir platos y comidas y entender unas recetas ● ● ● ● ● ● ● ● ● ● ● ● ● ● ●

¿En qué consiste el gazpacho?/ la fabada?	What is 'gazpacho'/'fabada' made of?
¿Cómo se hace el bacalao a la vizcaína?	How do you make 'bacalao a la vizcaína'?
Se hace con … se come frío/caliente con ...	It is made with … you eat it cold/hot with ...
El almuerzo es la mayor comida del día.	Lunch is the biggest meal of the day.
Se suele comer a las dos o tres.	We usually eat at two or three o'clock.
Meriendo a las siete y ceno muy tarde.	I have a snack at seven and eat dinner late.
Unas instrucciones: Corta, pela, pon, mezcla, espera, calienta, sirve.	Some instructions: Cut, peel, put, mix, wait, heat, serve.
Pon la harina y la mantequilla en una cacerola.	Put the flour and butter in a pan.
Mézclalo y ponlo en el horno.	Mix it and put it in a pan.

contestar a ofertas y expresar tu opinión ● ● ● ● ● ● ● ● ● ● ● ● ● ● ● ● ● ●

¿Te sirvo paella?	Can I serve you some paella?
¿Quieres probar gaseosa?	Do you want to try a fizzy drink?
¿Te gustaría un poquito más?	Would you like a little more?
Me gustaría probarlo. Un poquito, por favor.	I would like to try it. A little, please.
He comido muy bien. No puedo más.	I've eaten very well. I can't eat any more.
Está delicioso/rico/riquísimo. Huele bien.	It's delicious/tasty/very tasty. It smells good.
No he probado nunca las aceitunas.	I've never tried olives.

pedir algo en la mesa ●

Pásame/Páseme la sal, por favor	Pass me the salt please.
Pásame la gaseosa.	Pass me the gaseosa.
Pásame la mayonesa, por favor.	Pass me the mayonaise, please.

ofrecer tu ayuda ●

¿Pongo la mesa?	Shall I set the table?
¿Le ayudo a quitar la mesa?	Can I help you clear the table?
¿Me ayudas a fregar los platos?	Can you help me to wash up?
¿Dónde pongo el mantel/las servilletas?	Where should I put the tablecloth/serviettes?
Puedes ponerlos en el armario/cajón.	You can put them in the sideboard/drawer.
Ponlo en la nevera o tíralo.	Put it in the fridge or throw it away.
Pon los platos sucios en el lavaplatos.	Put the dirty plates in the dishwasher.
Déjalos en el fregadero.	Leave them on the sink.

En esta unidad aprenderás a:

¿Hay un teléfono por aquí?

¿Oiga? Quisiera hablar con María.

La línea está muy mal.

¿Puedo mandar un fax desde aquí?

- hacer preguntas sobre servicios de teléfono y de fax
- llamar por teléfono
- resolver problemas
- mandar un fax

¿Dónde puedo telefonear y mandar un fax?

Comunicar rápidamente es lo importante hoy día. Si quieres telefonear puedes llamar desde tu hotel, un bar, una cabina telefónica o ir a la Telefónica. Si quieres mandar un fax puedes

Telefónica

Cabina telefónica

Burofax

Tienda de fax

hacerlo en algunos hoteles, en Correos o en una tienda que se dedique a mandar faxes para sus clientes.

 Mira unos ejemplos de gente que quiere telefonear o mandar un fax y haz diálogos con tu pareja según la información que se te proporciona.

Ejemplos:

1 – *¿Hay un teléfono por aquí?*
   – *Sí, hay uno delante de la estación.*
   – *¿Está cerca?*
   – *Sí, a unos doscientos metros.*

2 – *¿Dónde puedo mandar un fax?*
   – *Puedes hacerlo en Correos.*
   – *¿Dónde está Correos?*
   – *Está al final de esta calle.*
   – *Gracias.*

1 Quieres mandar un fax y Correos está cerrado. El Hotel Ramiro I tiene un servicio de fax. El hotel está a 500 metros, cerca de la iglesia.

2 Quieres telefonear y no tienes ni tarjeta ni muchas monedas. Hay cabinas telefónicas pero prefieres ir a la Telefónica donde puedes pagar por la llamada después. La Telefónica está a 300 metros. Tienes que tomar la segunda calle a la izquierda.

3 Quieres mandar un fax. Correos está cerrado pero hay una tienda en la calle Alfonso Séptimo. Tienes que ir al Ayuntamiento y cruzar la plaza y allí está.

4 Quieres llamar a Irlanda. Tienes una tarjeta pero en la cabina donde estás se aceptan monedas solamente. Hay otra a 250 metros en la estación de autobuses. Está a mano derecha.

76

¿Hay un teléfono por aquí?

Hay teléfonos por todas partes: en la calle, en los hoteles, en las estaciones de trenes y de autobuses, en los bares y restaurantes.
Para llamar necesitas
- tener una guía telefónica
- saber el prefijo **85** 721 4332
- saber el número de teléfono 85 **721 4332**

Y si no quieres/puedes pagar, puedes hacer una llamada a cobro revertido y la otra persona paga.

Mira los dibujos siguientes. Empareja las frases con los dibujos.

1 *¿Tiene una guía telefónica?*

2 *¿Tiene teléfono?*

3 *Quisiera una conferencia con Londres.*

4 *¿Me puede decir el prefijo para Avila?*

5 *Quisiera hacer una llamada a cobro revertido.*

6 *¿Qué número de teléfono tiene la policía?*

A   B   C   D   E   F

¿Tiene teléfono?

Lee estas frases, luego escucha las conversaciones grabadas.
Di si las frases son verdaderas o falsas.

Conversación 1
- El señor quiere llamar al 487 5817.
- Llama desde la casa de su amigo.

Conversación 2
- El camarero pone el teléfono en la barra.
- El camarero le da la guía telefónica a la señorita.

Conversación 3
- El señor está muy seguro de lo que dice.
- La iglesia está a la izquierda.

Conversación 4
- La señora pregunta si tienen teléfono.
- Sale sin hacer su llamada.

Conversación 5
- El teléfono está en el comedor.
- El 003 es el prefijo para Escocia.

Conversación 6
- La señora ha hecho una llamada a cobro revertido.
- La llamada costó 600 pesetas.

¿Cuál es el número?

Es muy útil saber pedir y dar números de teléfono, pero hace falta practicar. Normalmente los números de teléfono españoles se dividen en grupos de dos o tres cifras así 476 30 86, o así 22 05 57.

Si tuvieras que decir el primero dirías:

– Es el cuatro, setenta y seis, treinta, ochenta y seis.
o bien:
– Es el cuatro siete seis, tres cero, ocho seis.

¿Qué dirías si tuvieras que decir el otro número?

¿Qué número de teléfono tiene?

 Trabaja con tu pareja. Explícale lo que quieres o el problema que tienes. Te dirá a quién tienes que llamar y el número de teléfono utilizando la información que se ofrece.

Ejemplo:

Tú:	*He perdido mi raqueta de tenis.*
Tu pareja:	*Llama a la Oficina de Objetos Perdidos.*
Tú:	*¿Qué número de teléfono tiene?*
Tu pareja:	*Es el 91 429 63 07.*

Se te plantean las situaciones siguientes:

- Quieres saber cuánto cuesta un billete para Santander en el Talgo.
- Te preguntas a qué hora sale el primer tren en el metro por la mañana.
- Quieres saber si hará buen tiempo mañana porque piensas ir a la costa.
- Quieres saber la fecha de las fiestas de la Magdalena en Castellón.
- Vas a esperar a un amigo que llega en avión. Te gustaría saber si el vuelo va a llegar a su hora.

Teléfonos más corrientes

Nombre	Pref.	Tf. no.
Sarah	01906	792452
David	01906	241807

Pide a tus compañeros de clase que te den sus números de teléfono y apúntalos en una lista. Píeles que te den también el prefijo en caso de que tengas que llamarles desde lejos.

Ejemplo:

– ¿Cuál es tu número de teléfono?
– Es el 79 24 52.
– ¿Y el prefijo?
– El 01906.

Teléfonos útiles

Policía:	091	Urgencias médicas:	061
Bomberos:	080	Información horaria:	093
Policía Municipal:	421 51 08	Despertador automático:	096
Auxilio en carretera:	421 77 00	Información meteorológica:	094
Grúa municipal:	449 61 61	Información general:	098
Centro de quemados:	424 52 07	Caja de Ahorros:	421 93 00
Radiotaxis:	425 51 80	Central de correos:	422 40 04
Metro:	252 49 00	Telegramas telefónicos:	422 47 94
Renfe:	422 57 42	Servicio de Tele Ruta:	91 441 72 22
Renfe: Reserva telefónica de billetes:	91 429 82 28	Averías agua:	421 62 43
Autobuses:	424 62 07	Oficina de Turismo:	422 02 02
Aeropuerto:	91 444 62 62	Objetos perdidos:	91 429 63 07
Información internacional:	008	Noticias deportivas:	097

Ahora cambia de papeles. Tu pareja va a pedir tu ayuda. Se te plantean las situaciones siguientes:

- Tienes que levantarte muy pronto por la mañana y siempre duermes como un tronco.
- Los autobuses municipales están afectados por el mal tiempo. Tienes que estar en la estación de ferrocarril, que está a tres kilómetros, dentro de media hora.
- Ves en la tele el partido entre el Atlético de Bilbao y el Gijón. Cinco minutos antes de terminar el partido la tele se avería.
- Quieres mandar un telegrama pero no tienes tiempo para ir a Correos.
- Abres el grifo de agua fría – y no pasa nada. No sale ni una gotita.

¿Podrías hacer una lista de teléfonos útiles para tu ciudad?

La tarjeta telefónica

👍 Estás en España y quieres saber algo sobre las tarjetas telefónicas. Mira el folleto y túrnate con tu pareja para hacer preguntas.

• ¿Es fácil comprar y usar una tarjeta?
• ¿Dónde se venden?
• ¿Cuánto cuestan?
• ¿Por qué son más prácticas?

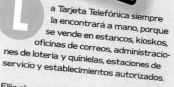

POR FACIL

La Tarjeta Telefónica siempre la encontrará a mano, porque se vende en estancos, kioskos, oficinas de correos, administraciones de lotería y quinielas, estaciones de servicio y establecimientos autorizados.

Elija el precio que más le convenga, 1.000 ó 2.000 pesetas, y ya sólo es marcar... y hablar.

POR COMODIDAD

Con su Tarjeta Telefónica en el bolsillo usted llama en cualquier momento.

· Sin dinero.

· Sin cargarse de monedas.

PORQUE ES EL FUTURO

El futuro es llamar sin necesidad de ir cargado de monedas.

Utilizando la Tarjeta Telefónica puede realizar sus llamadas con toda comodidad y múltiples ventajas.

Llame, de hoy en adelante, con la Tarjeta Telefónica. Es el futuro.

Y ADEMAS LAS PUEDES COLECCIONAR

Las Tarjetas Telefónicas son el elemento de colección que más da que hablar en toda Europa, existiendo incluso Asociaciones y Clubs de intercambio internacionales. Empiece hoy la colección de moda con este cupón.

Indique en el sobre: **Referencia Tarjeta**

Si desea más información sobre el CLUB DEL COLECCIONISTA de Tarjetas Telefónicas, rellene este cupón y envíelo a Cabitel: Pza. Carlos Trías Bertrán, 7 (AZCA) 28020 Madrid.

Nombre .... Apellidos ....

Empresa .... Cargo ....

Dirección ....

Ciudad .... C.P. .... Tel. ....

79

Telefonear al extranjero

Si tienes que telefonear al extranjero desde España, no tengas miedo – es muy fácil. Sólo hay que seguir unas instrucciones muy sencillas.

Supongamos que vas a llamar desde una cabina. Normalmente hay instrucciones en las cabinas. ¿Las entiendes?

1 Descuelgue el auricular. Introduzca monedas de 25, 50, 100, 200 o 500 pesetas en la ranura superior. O si tiene una tarjeta introduzca la tarjeta.
2 Espere hasta oír un tono de invitación a marcar.

3 Cuando oiga el tono, marque el 07 (acceso al servicio automático internacional).
4 Espere otro tono de invitación a marcar.
5 Marque el indicativo del país.

6 Marque el prefijo de la ciudad – si empieza por un 0, suprímalo.
7 Marque el número del abonado.

Ya está. Y si quieres telefonear dentro de España es aún más fácil. Cuando oigas el primer tono, marca el número de la persona con quien quieres hablar. Nada más. Si la persona vive en una ciudad de otra provincia, marca el prefijo de la provincia antes de marcar el número de teléfono.

¿Se hace así en tu país o es distinto? Para ayudar a los turistas españoles que visitan tu país escribe instrucciones en español para los teléfonos de tu país.

Punto información

Si vas a telefonear es muy práctico comprar una tarjeta telefónica porque hay teléfonos que aceptan monedas (y nunca tienes bastantes), otros que aceptan tarjetas y otros que aceptan tarjetas y monedas. Los hay también que aceptan tarjetas de crédito pero es un poco caro.

Sancho y Panza

¿Quieres dejar un recado?

Estás en casa de una amiga española, Angelina. Tiene un contestador automático. Unos amigos dejaron un recado y tu amiga ha apuntado la información. Escucha los recados para saber si son correctos o no. Apunta las diferencias, si hay.

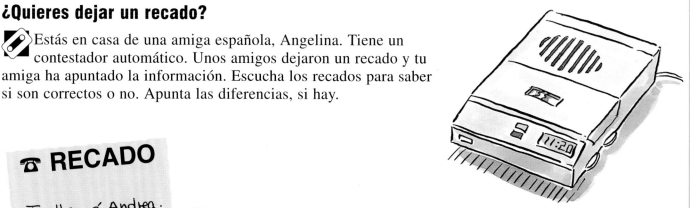

☎ RECADO

Te llamó Andrea. Quiere saber si te apetece salir con ella esta noche. Llámala a eso de las 6.

☎ RECADO

Te llamó Puri. Está enferma. No puede ir a la bolera el martes. Te llamará posiblemente mañana por la mañana.

☎ RECADO

Llamó Federico No dejó recado. Si quieres llamarle....

☎ RECADO

Llamó Marisol Llámala esta tarde entre las 9 y las 10. Urgente.

☎ RECADO

11.30 Miguel quiere saber cuando vais a ir al concierto de Celtas Cortos en la Plaza de Toros. Llámale urgentemente.

☎ RECADO

Un recado de Angelina. ¿Cuándo vas a encontrar una secretaria para contestar tus llamadas?

¿Tienes miedo del teléfono?

No es siempre fácil llamar por teléfono, sobre todo cuando es urgente, importante y no conoces a la persona con quien hablas. Escucha estos cuatro diálogos.

En cada caso el cliente o la recepcionista está nervioso. ¿Con tu pareja puedes hacer los diálogos mejor que las personas en la cinta?

81

Problemas

En el cine y en la televisión no hay casi nunca problemas con los teléfonos. Alguien llama y la otra persona contesta. Pero en la vida real todo es mucho más difícil: la persona no está en casa o en la oficina y tienes que dejar un recado o encontrar dónde está. Lee y escucha los ejemplos.

Ejemplos:

1

Secretaria: **Dígame.**
Cliente: **Quiero hablar con el Sr. Calderón.**
Secretaria: **¿De parte de quién?**
Cliente: **De parte de Antonio Saura.**
Secretaria: **Lo siento. El Sr. Calderón no está en la oficina hoy. ¿Quiere dejar un recado?**
Cliente: **Es urgente. ¿Sabe dónde está?**
Secretaria: **Está en nuestra oficina en Madrid.**
Cliente: **¿Tiene el número de teléfono?**
Secretaria: **Sí, el 484 54 09.**
Cliente: **Gracias, adiós.**

2

Secretaria: **Dígame.**
Cliente: **Quiero hablar con la Sra. Velázquez.**
Secretaria: **¿De parte de quién?**
Cliente: **De parte de Juana Fuentes.**
Secretaria: **Lo siento, no está hoy.**
Cliente: **¿Le puedo dejar un recado?**
Secretaria: **Sí.**
Cliente: **¿Puede decirle que me llame cuando vuelva?**
Secretaria: **¿Su número?**
Cliente: **473 21 42.**

☎ **RECADO**
Sra. Velázquez
Llamó Juana Fuentes
Que la llame
cuando vuelva.
Teléfono 473 21 42

Mira los recados en la oficina. ¿Puedes hacer diálogos con tu pareja sobre los recados siguientes?

☎ **RECADO**
Sr. Campos
Llamó Ana Torrija
Que la llame cuando
llegue a casa.
Teléfono 493 5417

☎ **RECADO**
Sra. Sánchez
Llamó Alejandro
González.
No dejó recado.
Teléfono 391 24 73

☎ **RECADO**
Sra. Montiel
Llamó Roberto Villa
Que la llame a casa
a las nueve.
Teléfono 411 22 33

☎ **RECADO**
Sr. Ortiz
Llamó Nuria Serrano
Que la llame cuando
vuelva de Madrid.
Teléfono 731 34 56

¿Le digo que le llame?

Escucha esta conversación.

Señora: **Dígame.**
Raúl: **¿Oiga?, quisiera hablar con el Sr. Santos.**
Señora: **¿De parte de quién?**
Raúl: **Soy Raúl Carrasco.**
Señora: **Lo siento, el Sr. Santos está en Estocolmo.**
Raúl: **¿Está en Estocolmo?**
Señora: **Sí, no vuelve hasta el jueves.**
Raúl: **Bueno, cuando vuelva, dígale que me llame.**

Señora: **De acuerdo. ¿Le puedo dejar algún recado?**
Raúl: **Sólo que me llame en cuanto vuelva.**
Señora: **¿Quiere decirme su nombre otra vez?**
Raúl: **Sí. Es Carrasco, Raúl Carrasco.**
Señora: **Vale. Le diré que le llame. ¿Su teléfono?**
Raúl: **Es el 408 69 43.**

Trabaja con tu pareja. Pídele que haga el papel de la persona que llama por teléfono. Tu pareja busca a alguien que trabaja en la empresa y tú vas a hacer el papel del recepcionista. Luego cambia de papeles.

Quisiera mandar un fax

 Vas a Correos a mandar un fax. Mira el diálogo entre el empleado y el cliente y túrnate con tu pareja para mandar otros faxes.

– *Buenos días.*
– *Buenos días. ¿Qué desea?*
– *¿Puedo mandar un fax desde aquí?*
– *Sí,* señor *¿adónde?*
– *A Madrid. ¿Cuánto cuesta?*
– *La primera página* quinientas y *cada página más* doscientas.
– *Hay* tres *páginas.*
– *Son* novecientas *pesetas.*
– *Gracias.*
– *A usted. Adiós.*

París

Buenos Aires

Sydney

Edimburgo

TARIFAS DEL SERVICIO BUROFAX:

	Ptas.
NACIONAL (incluida Andorra y Gibraltar): Entre oficinas de la D.G.C.T.	
Primera página, ptas.	500
Cada página más, ptas.	200
Entre oficinas de la D.G.C. y T. y abonados Telefax y viceversa (4):	
Primera página, ptas.	250
Cada página más, ptas.	125
INTERNACIONAL: Zona "A" (1):	
Primera página, ptas.	500
Cada página más, ptas.	300
Zona "B" (2):	
Primera página, ptas.	800
Cada página más, ptas.	600
Zona "C" (3):	
Primera página, ptas.	1.000
Cada página más, ptas.	800

(1) Comprende Europa, incluyendo: Argelia, Libia, Marruecos, Túnez, Rusia asiática e Islas Azores y Madeira.
(2) Comprende los países Iberoamericanos, Canadá, USA, Egipto, Israel, Jordania, Líbano y Siria.
(3) Comprende el resto de los países no incluidos en los apartados anteriores.
(4) Se admite servicio de los abonados Telefax que previamente hayan suscrito con la D.G.C. y T. contrato de abono o acuerdo.

83

Burofax

COPIAS A DISTANCIA

Reservando una habitación por fax

Estás de vacaciones en España con la familia. Queréis ir al Hotel Ramiro I. Llamas por teléfono y el recepcionista quiere que confirmes la reserva por carta o fax. Prefieres mandar un fax porque es más rápido.

Mira los apuntes que has hecho y escribe una carta confirmando la reserva. No te olvides de poner el número de fax en la carta con la dirección del hotel.

Ejemplo:

2 double rooms with bath

13-15 October

arrive late

HOTEL RAMIRO I

Calle Calvo Sotelo, 13
Fax (98) 523 63 29 - Télex 84042 HRAM E
Teléfono (98) 523 28 50 (10 líneas)
33007 OVIEDO (España)
PRINCIPADO DE ASTURIAS

HOTEL ORIENTE

★★★

BARCELONA

PLANO DE LA CIUDAD

RAMBLAS, 45 y 47
DIR. TELEG.: ORIENTHOTEL
TEL. (93) 302 25 58
FAX (93) 412 38 19
08002 BARCELONA

Hotel Oriente
Ramblas, 45 y 47
08002 Barcelona
Fax (93) 412 38 19

2 de Mayo

Estimado señor:

Quisiera confirmar la reserva de una habitación individual con baño entre el 4 y el 6 de mayo. Voy a llegar a las diez de la noche aproximadamente.

Atentamente suyo,

Jaime Zorrilla

Jaime Zorrilla

Ahora sé …

usar un teléfono ●●●●●●●●●●●●●●●●●●●●●●●●●●●●●●●●●●

¿Hay un teléfono por aquí?	Is there a telephone nearby?
¿Tiene teléfono/una guía telefónica?	Have you got a telephone/a telephone directory?
¿Cuál es el prefijo para ...?	What is the code for?
Quisiera una llamada a cobro revertido/una conferencia con Estocolmo.	I would like to make a reverse charge call/ a call to Stockholm.
¿Cuál es tu número de teléfono?	What is your number?
Es el 849 32 86.	It is 849 32 86.
Dígame.	*Used to initiate conversation:* Tell me.
Oiga.	*Used to initiate conversation:* Listen!
Introduzca monedas.	Insert coins.
Descuelgue el auricular.	Take the phone off the hook.
Espere a oír un tono de invitación a marcar.	Wait until you hear the dialling tone.
Marque el prefijo.	Dial the number.

hablar por teléfono y dejar y entender recados ●●●●●●●●●●●●●●●●●●

Quiero/Quisiera hablar con el Sr. Gutiérrez.	I want/I would like to speak to Sr. Gutiérrez.
¿Está Fernando?	Is Fernando there?
No está.	He's not in.
¿De parte de quién?	Who's speaking?
De parte de Juan.	It's Juan.
¿Le puedo dejar un recado?	Can I leave a message for him?
¿Quiere dejar un recado?	Do you want to leave a message?
¿Puede decirle que me llame cuando vuelva?	Can you tell him to phone me when he gets back?
El número está comunicando.	The number is engaged.
¿Quiere usted esperar?	Do you want to hold?
Le voy a poner.	I'm putting you through.
La línea está muy mal.	The line is very poor.

mandar un fax ●●●●●●●●●●●●●●●●●●●●●●●●●●●●●●●●●●●●●●

¿Puedo mandar un fax desde aquí?	Can I send a fax?
Quisiera mandar un fax.	I would like to send a fax.
¿Cuánto cuesta?	How much is it?

85

La naturaleza

Colombia y el café

Colombia es el segundo productor mundial de café (después del Brasil). Las plantaciones de café no suelen ser muy grandes. El café empezó a cultivarse en el siglo dieciocho y hoy día se cultiva en todas partes del país, sobre todo en la costa pacífica. El café ha tenido y tiene mucha importancia en el desarrollo de Colombia pero, como en muchos países de América Latina, las diferencias entre los agricultores (los pobres) y los dueños y hombres de negocios (los ricos) son enormes. Toda la industria está controlada por poca gente muy rica.

El origen de las especies

El archipiélago de Galápagos, situado a mil kilómetros de Ecuador, fue descubierto por los conquistadores en el siglo dieciséis. Tiene fama por sus tortugas enormes (que se llaman galápagos) y sus iguanas. Los descubridores encontraron muchos pájaros, plantas y animales desconocidos. Son islas volcánicas muy extrañas. Charles Darwin visitó estas islas y confirmó sus teorías sobre el origen de las especies. Su teoría se basa en la idea que las especies de animales, etcétera, son el resultado de la selección y la evolución natural.

VENEZUE

EL S del

COLOMBIA

ECUADOR

Galápagos

PERÚ

Cordillera de los Andes

CHILE

Aconcagua

El ecoturismo

América Latina tiene más de la mitad de las selvas tropicales húmedas del mundo. Viajeros de todo el mundo vienen a visitar las selvas antes de que desaparezcan. El ecoturismo puede ayudar a proteger el medio ambiente y las selvas en peligro. Las diferencias entre el turismo y el ecoturismo son las siguientes:

1 el ecoturismo protege el medio ambiente y no lo destroza; los ecoturistas son conscientes de los problemas de basura, contaminación e incendios.

2 el dinero que se gana se usa para mejorar el ambiente y el nivel de vida de los habitantes.

Países enormes: países de récords

- El Brasil cubre la mitad de América del Sur. El río Amazonas, el más grande del mundo, es tan profundo que los barcos pueden ir a Perú a 4.000 kilómetros del mar.

- El pico más alto de los Andes, El Aconcagua, tiene 6.959 metros, cinco veces más alto que Ben Nevis (el pico más alto de Gran Bretaña).

- Venezuela tiene la caída de agua más alta del mundo: El Salto del Angel . ▶

El país es uno de los más ricos de América del Sur a causa del petróleo.

En esta unidad aprenderás a:

He perdido mi bolso en el taxi.

¿A qué hora?

A las once aproximadamente.

He perdido mi maleta.

- decir que has perdido algo o que alguien te ha robado

- decir lo que has perdido, cuándo y dónde

- describir el artículo

Mi bolso es de cuero, es azul y contiene mi pasaporte y mi billetero.

¿Por dónde se va a la oficina de objetos perdidos?

Normalmente las oficinas de objetos perdidos forman parte de la comisaría. También las hay en algunos centros turísticos como aeropuertos y algunas estaciones grandes de la RENFE. Así que si pierdes algo es mejor ir a la comisaría.

Tú:	*Perdone, señor. ¿Sabe dónde está la oficina de objetos perdidos?*
Un señor:	*Sí, señor. Está en la comisaría.*
Tú:	*¿Y por dónde se va a la comisaría?*
Un señor:	*Mire usted. Suba por esta calle y la comisaría está allí enfrente, en la plaza.*

88

En la oficina de objetos perdidos

Mira los objetos que se pierden con más frecuencia:

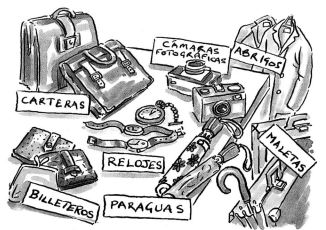

Si vas a una oficina de objetos perdidos, tendrás que entender estas preguntas:

¿Qué ha perdido usted?
¿Qué han perdido ustedes?
¿Cómo es?
¿De qué color es?
¿De qué material es?
¿Qué contiene?
¿Cuánto vale?
¿De qué marca es?
¿Es nuevo?
¿Lleva su nombre y su dirección?

Y puedes contestar:

Es de oro.

Vale 1 millón de pesetas.

Es de cuero.

Es de cuero de imitación.

Es marrón.

He perdido mi billetero.

He perdido mi cartera.

He perdido mi reloj.

He perdido mi cámara.

Es una Canon.

Imagina que estás en una oficina de objetos perdidos y tu pareja (el empleado) te hace las preguntas anteriores. ¿Puedes encontrar una respuesta (o más de una) para cada pregunta?

Es nueva.

Contiene ropa.

Lleva mi nombre y mi dirección.

He perdido mi maleta.

Ejemplo:

Tu pareja: ¿Qué ha perdido usted?
Tú: He perdido mi reloj.
Tu pareja: ¿Cómo es?
Tú: El reloj es de oro.

Luego túrnate con tu pareja.

Ahora te toca a ti

Mira estos tres objetos perdidos. Haz el papel del turista que los ha perdido, y pide a tu pareja que haga el papel del empleado. Luego túrnate con tu pareja.

Ejemplo:

Tú:	*Buenos días.*
Empleado:	*Buenos días.*
Tú:	*He perdido mi bolso.*
Empleado:	*Sí, señorita. ¿Cómo es?*
Tú:	*Es grande.*
Empleado:	*¿De qué color?*
Tú:	*Es rojo.*
Empleado:	*¿De qué material es?*
Tú:	*Es de cuero.*
Empleado:	*¿Qué contiene?*
Tú:	*Pues, toda mi ropa.*
Empleado:	*¿Lleva su nombre?*
Tú:	*Sí, mi nombre y mi dirección.*
Empleado:	*¿Dónde ha perdido el bolso?*
Tú:	*Lo he dejado en el autobús.*
Empleado:	*Vamos a ver.*

Estos señores han perdido ...

Cuando puedes describir cosas puedes ayudar a otros que no hablan español.

Mira lo que han perdido estos señores. Ayúdales. Con tu pareja haz un diálogo entre el empleado y el turista.

Ejemplo 1:

Tú:	*Buenos días.*
Empleado:	*Buenos días.*
Tú:	*Esta señora ha perdido su reloj.*
Empleado:	*Sí, ¿de qué material es?*
Tú:	*Es de oro.*
Empleado:	*¿De qué marca es?*
Tú:	*Omega.*
Empleado:	*¿Es nuevo?*
Tú:	*Sí, bastante.*
Empleado:	*¿Cuánto vale?*
Tú:	*Vale 60.000 pesetas.*
Empleado:	*A ver ...*

Ejemplo 2:

Tú:	*Buenos días.*
Empleado:	*Buenos días.*
Tú:	*Estos señores han perdido su maleta.*
Empleado:	*¿Cómo es?*
Tú:	*Es grande, negra ...*
Empleado:	*¿Lleva su nombre?*
Tú:	*Sí.*
Empleado:	*¿Qué contiene?*
Tú:	*Ropa, dinero y regalos.*
Empleado:	*Vamos a ver ...*

He perdido...

Trabajas en una oficina de objetos perdidos en Londres durante las vacaciones. Ayudas a los visitantes españoles que son incapaces de describir lo que han perdido en inglés.

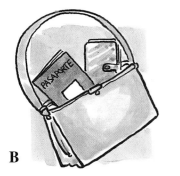

Escucha lo que dicen estas personas cuando describen lo que han perdido y mira los cuatro artículos abajo que están en la oficina. A ver si puedes emparejar algunos objetos mencionados con los que hay en las imágenes.

A

B

C

D

¿Qué diferencias hay?

A veces, cuando vas a una oficina de objetos perdidos, te ofrecen un artículo que no es tuyo, algo parecido pero no idéntico. En este caso hay que explicar las diferencias. A veces el objeto es idéntico:

Tú: **Buenos días. He perdido un reloj.**
Empleado: **¿Cómo es?**
Tú: **Es de oro.**
Empleado: **¿Es éste su reloj?**
Tú: **Sí, gracias.**

Pero a veces hay diferencias:

Tú: **Buenos días.**
Empleado: **Buenos días.**
Tú: **He perdido mi bolso.**
Empleado: **¿Cómo es?**
Tú: **Bastante grande y azul.**
Empleado: **¿Es éste su bolso?**
Tú: **No, ése no es. Mi bolso lleva mi nombre y contiene ropa.**
Empleado: **Lo siento, señora.**

Has perdido *este* bolso.

Han encontrado *éste*.

Túrnate con tu pareja para hacer diálogos.

Has perdido ...   *Han encontrado ...*

1

2

3

4

¡Es mi bolso!

Si has perdido o te han robado algo y está en la oficina de objetos perdidos, tienes que describir el artículo con muchos detalles.

Bolso negro, 3 rollos de película. No lleva dirección.

Billetero - cuero verde Sin dirección, contiene sellos

Vas a una oficina donde el empleado sólo acepta que el artículo es tuyo si lo describes muy bien y si todos los detalles son correctos. Túrnate con tu pareja para ser el turista y el empleado. Si eres el turista tienes que convencer al empleado. Si eres el empleado sólo entregas el artículo si estás satisfecho.

Maleta roja. No lleva dirección. Contiene ropa.

¿Cuándo y dónde?

Si vas a la comisaría o a una oficina de objetos perdidos tienes que decir cuándo y dónde perdiste el objeto usando estas frases para contestar estas preguntas.

> ¿Cuándo los perdió usted?
> ¿Dónde lo dejaron ustedes?

Me han robado mi cámara.
He dejado mi abrigo en el tren.
Hemos dejado la cámara en el taxi.
Estos señores han perdido sus pasaportes en el hotel.
Los perdí anoche en el autobús.
Lo dejamos en el metro esta mañana.
La robaron esta mañana en el parque.

Lee el diálogo y haz otros diálogos con tu pareja usando los dibujos abajo.

Turista: **Buenos días.**
Empleado: **Buenos días.**
Turista: **He perdido mi maleta.**
Empleado: **¿Dónde la perdió usted?**
Turista: **En el aeropuerto de Bilbao.**
Empleado: **¿Y cuándo la perdió?**
Turista: **La perdí ayer por la tarde a las ocho o a las nueve.**
Empleado: **Vamos a ver.**

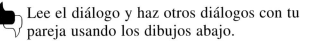

1   2   3

Escucha a unos turistas sudamericanos que han perdido estas cosas. ¿Cómo es el empleado en cada caso? ¿Es simpático o antipático?

No sé dónde lo he perdido

Ayer llegaste al aeropuerto en avión, cogiste un taxi, cenaste en un restaurante y fuiste a tu hotel. Al llegar al hotel ves que has perdido tu bolso que contiene tu pasaporte, dinero, ropa y unos regalos. Llamas al aeropuerto, a la compañía de taxis y al restaurante. Tu pareja contesta y te dice si tienen el bolso.

Tu pareja sabe que:
- En el aeropuerto hay muchas maletas y bolsos. Tienen bolsos negros pero los nombres son diferentes. Se puede llamar más tarde.
- En la compañía de taxis siempre hay muchos bolsos, billeteros y paraguas. No sabe si lo tienen. Necesita una descripción.
- En el restaurante no hay muchos bolsos pero paraguas, sí. No sabe si lo tienen. Necesita una descripción.

Haz diálogos con tu pareja. Le toca a tu pareja decir si tiene tu bolso y dónde está.

Un anuncio en el periódico

Has perdido tu bolso en la Plaza Mayor. Has ido a la oficina de objetos perdidos en la comisaría, pero no lo tienen. Quieres poner un anuncio en el periódico local. Lee estos anuncios y escribe el anuncio que tú quieres poner en el periódico. Pon anuncios para los otros objetos en la página 92.

Pérdidas

PERDIDO, reloj Omega, oro, restaurante los Remos, pasado domingo. Gratificaremos. Tel. 343 3339.

DESAPARECIDO, scottish negro, collar escocés rojo. Perdido, sábado 27 c/ de Alcalá. Tel. 135 6163.

RECOMPENSA a quien encuentre bolso blanco. Contiene monedero y pasaporte australiano. Perdido en el Sardinero el día 25 cerca del casino. Tel. 116 2431.

PERDIDA, cámara fotográfica Olympus en bolso rojo en el metro. Recompensa. Tel. 171 2931 (entre 8-3).

PERDIDA gata atigrada, gris, blanca, collar blanco, zona centro. Tel. 137 3341.

PERDIDO. Reloj de oro en el autobús Nº 23 Centro - Barrio Pesquero, entre 6-7 de la tarde, día 20. Se gratificará. Tel. 276 3776.

PERDIDA maleta de cuero y billetero. Hotel Resitur. Necesito urgentemente documentación. Gratificaré. Tel. 741 3352.

Una carta al hotel

Si descubres que has perdido algo
después de salir de un pueblo
español, puedes escribir al sitio
donde crees que lo has perdido.
Lee la carta del Señor Armstrong y
escribe una carta parecida al Hotel
Emperatriz en Madrid:

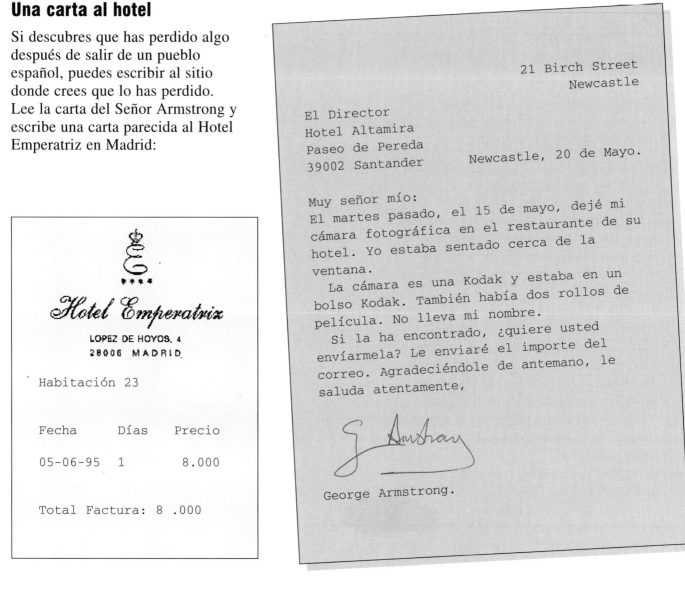

```
Hotel Emperatriz

LOPEZ DE HOYOS, 4
28006 MADRID.

Habitación 23

Fecha       Días     Precio

05-06-95    1        8.000


Total Factura: 8 .000
```

21 Birch Street
Newcastle

El Director
Hotel Altamira
Paseo de Pereda
39002 Santander   Newcastle, 20 de Mayo.

Muy señor mío:
El martes pasado, el 15 de mayo, dejé mi
cámara fotográfica en el restaurante de su
hotel. Yo estaba sentado cerca de la
ventana.
   La cámara es una Kodak y estaba en un
bolso Kodak. También había dos rollos de
película. No lleva mi nombre.
   Si la ha encontrado, ¿quiere usted
envíarmela? Le enviaré el importe del
correo. Agradeciéndole de antemano, le
saluda atentamente,

George Armstrong.

Una palabra conduce a otra

En español hay muchas palabras que son
parecidas al inglés. No va a ser difícil
adivinar lo que significan estas palabras,
¿verdad?

acompañar	criticar
aire acondicionado	diamante
afortunado	oferta
agrícola	pijama
anunciar	pasaporte
aparcar	contener
cabina	oficina
carnicería	recompensa
crimen	rollo (de película)

Ahora sé ...

ir a la oficina de objetos perdidos ●●●●●●●●●●●●●●●●●●●●●●●●●●●●●●●

¿Hay una oficina de objetos perdidos por aquí, por favor?	Is there a lost property office near here please?
Lo siento, no hay. Hay que ir a la comisaría.	Sorry, there isn't. You have to go to the Police Station.
¿Por dónde se va a la comisaría?	How do I get to the Police Station?

y describir lo que he perdido ●●●●●●●●●●●●●●●●●●●●●●●●●●●●●●

¿Qué ha perdido usted?	What have you lost?
He perdido mi pasaporte.	I have lost my passport.
Esta señora ha perdido su paraguas.	This woman has lost her umbrella.
Me han robado mi cámara.	I've had my camera stolen.
¿Cómo es?	What is it like?
Es grande.	It's big.
¿De qué material es?	What is it made of?
Es de oro.	It's gold.
¿Es de cuero o de cuero de imitación?	Is it leather or imitation leather?
Mi billetero es de cuero.	My wallet is leather.
¿De qué color es?	What colour is it?
Es blanco y amarillo.	It's white and yellow.
¿Qué contiene el bolso?	What's in the bag?
Contiene mi monedero, mis gafas y mis llaves.	It's got my purse, glasses and my keys in it.
¿De qué marca es su cámara?	What make is your camera?
Es una Canon.	It's a Canon.
¿Lleva su nombre y su dirección?	Has it got your name and address on it?
Lleva mi nombre, sí.	It's got my name on it, yes.
¿Cuánto vale el reloj?	How much is the watch worth?
Vale 10.000 pesetas. Es nuevo/viejo.	It's worth 10,000 pesetas. It's new/old.

cuándo y dónde ●●●●●●●●●●●●●●●●●●●●●●●●●●●●●●●●●●●●

¿Cuándo lo perdió usted?	When did you lose it?
Lo perdí ayer.	I lost it yesterday.
¿Dónde la dejaron ustedes?	Where did you lose it?
La dejamos en el metro.	We left it in the Underground.
¿Lo ha dejado en el tren?	Have you left it on the train?
No, lo he dejado en la estación.	No, I left it in the station.

y decir si es mío o no ●●●●●●●●●●●●●●●●●●●●●●●●●●●●●●●●

¿Es ésta su maleta? Sí, es mi maleta, gracias.	Is this your suitcase? Yes, it's my suitcase, thank you.
No, ésa no es. Mi maleta es más grande.	No, it isn't. My suitcase is bigger.

95

En esta unidad aprenderás a:

• decir cómo te sientes

• decir qué te pasa

• explicar, si es posible, cómo pasó

• pedir ayuda y visitar la consulta del médico/dentista

• entender instrucciones

• entender los problemas de otros e interpretarlos.

96

No somos todos iguales

No somos todos iguales. Unos son más valientes que otros. Mira estos dos dibujos.

1 **2**

Escucha a estas personas. ¿Son valientes 1, 2 o lo contrario?

¿Qué te pasa?

Mira a estas pacientes. Están muy enfermas, ¿verdad?

Se llama Pilar.
¿Qué te pasa, Pilar?
1 Me duele la nariz.
2 Me duele el estómago.
3 Me duele la rodilla.
4 ¡Y me duelen los pies!

Se llama Conchi.
¿Qué te pasa, Conchi?
1 Me duele el brazo derecho.
2 Me duele el cuello.
3 Me duele la espalda.
4 Me duelen los ojos.
5 ¡Y me duelen los oídos!

Se llama Beatriz.
¿Qué te pasa, Beatriz?
1 Me duele la mano derecha.
2 Me duele la pierna izquierda.
3 Me duele la cabeza.
4 Me duele la garganta.
5 Me duele el tobillo izquierdo.
6 ¡Y me duelen las muelas!

A ver si tienes una buena memoria. Mira a estas pacientes un minuto y en parejas túrnate para decir una enfermedad. La otra persona tiene el libro cerrado.

97

Ejemplo:

Tú: *Me duele el cuello.*
Tu pareja: *Eres Conchi.*
Tú: *Sí, un punto. Me duelen las muelas.*

La primera persona con diez puntos gana.

Ahora escucha la cinta. ¿Puedes decir quién habla en cada caso sin mirar el libro?

¿Quién es ... y qué dice?

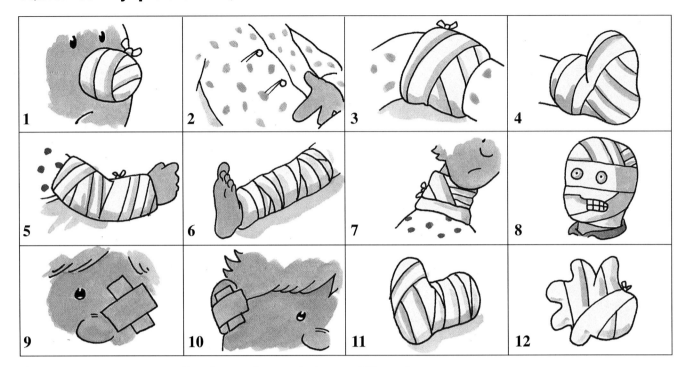

Ya conoces a esta gente. Son las pacientes de la página 97. Pero ¿las reconoces ahora? ¿Quién es, y qué dice en cada caso?

Ejemplo:

Una es Pilar. Dice: Me duele la nariz.

¿Qué les pasa a éstos?

A estos pacientes, ¿qué les pasa? Como consecuencia de sus enfermedades y heridas, no pueden hablar. Describe al médico lo que tienen. Ten cuidado con los detalles.

Ejemplo:

1 Le duele el oído y la mano derecha.

Tienes que interpretar

Estás trabajando en un hospital durante el verano y tienes que explicarle al médico qué les pasa a unos pacientes españoles que no hablan inglés. Toma algunas notas en inglés sobre cada uno para que el médico pueda entenderlo todo bien.

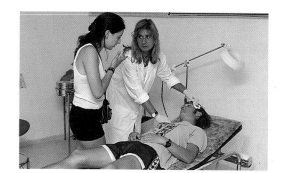

En el consultorio

Cuando llamaron estos pacientes al consultorio para pedir hora con el médico, la recepcionista apuntó unos detalles. Abajo tienes sus apuntes. ¿Puedes identificar a los pacientes en la sala de espera?

Ejemplo:

Miguel García es el numero 8.

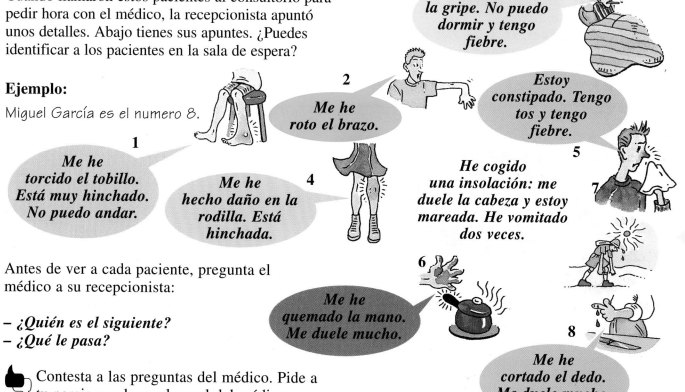

3 Tengo la gripe. No puedo dormir y tengo fiebre.

2 Me he roto el brazo.

Estoy constipado. Tengo tos y tengo fiebre.

1 Me he torcido el tobillo. Está muy hinchado. No puedo andar.

4 Me he hecho daño en la rodilla. Está hinchada.

5 He cogido una insolación: me duele la cabeza y estoy mareada. He vomitado dos veces.

6 Me he quemado la mano. Me duele mucho.

7

8 Me he cortado el dedo. Me duele mucho.

Antes de ver a cada paciente, pregunta el médico a su recepcionista:

– *¿Quién es el siguiente?*
– *¿Qué le pasa?*

Contesta a las preguntas del médico. Pide a tu pareja que haga el papel del médico. Cuando sepas describir los síntomas de cada paciente, cambia de papel con tu pareja.

Jueves		
García, Miguel	10.30	dedo cortado – le duele mucho.
Romero, Luis	10.40	tobillo torcido e hinchado; no puede andar.
Martín, Teresa	10.50	le duele la rodilla; hinchada.
Camo, Jorge	11.00	mano quemada.
Pérez, Felisa	11.10	gripe, fiebre, no duerme.
Adsuar, Laura	11.20	brazo roto.
Casado, Santiago	11.30	constipado, tos, fiebre.
Villena, Nieves	11.40	insolación.
Viernes		

¿Puede darme hora?

Aquí está la conversación que tuvo uno de los pacientes con la recepcionista:

Recepcionista: *Diga.*
Paciente: *Oiga. ¿Puede darme hora para una visita al médico?*
Recepcionista: *¿Puede venir mañana a las tres?*
Paciente: *¿No puede ser hoy? Me he cortado el dedo y me duele mucho.*
Recepcionista: *Pues, sí. A las diez y media esta mañana entonces. ¿Le va bien?*
Paciente: *Sí, me va muy bien.*
Recepcionista: *¿Y su nombre, por favor?*

Escucha ahora otras llamadas telefónicas. Imagínate que tú eres la recepcionista. Apunta los detalles de lo que le pasa a cada paciente.

Practica unas conversaciones parecidas. Túrnate con tu pareja para hacer el papel del paciente y de la recepcionista. Cuando haces el papel del paciente, invéntate muchos síntomas. Y la recepcionista tiene que apuntar todos los detalles: el nombre del paciente, lo que le pasa, y la hora que va a ver al médico.

Pedir hora no es siempre fácil

A veces es difícil pedir hora. Te duele algo y quieres ver al médico. Mira las posibilidades que hay en un diálogo con la recepcionista.

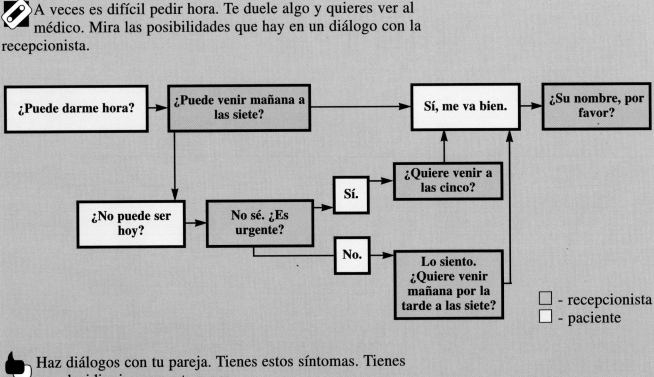

Haz diálogos con tu pareja. Tienes estos síntomas. Tienes que decidir si es urgente o no.

A Tienes fiebre, tu rodilla está hinchada, te sientes muy mal y no puedes andar bien.

A Estás constipada desde hace 2 días. No tienes fiebre.

B Te has torcido el tobillo. Te duele muchísimo y no sabes si te lo has roto.

B Te has quemado la mano. No te duele mucho pero necesitas una crema.

Contra-reloj

¿Cuántas frases puedes hacer en diez minutos?
Puedes usar las palabras más de una vez. Las
frases tienen que ser posibles.

Ejemplo:

Me he roto el brazo. ✔
Me he roto el ojo. ✗

Me he Te has Se ha	quemado cortado roto torcido hecho daño en	la cabeza el ojo la nariz el cuello el estómago la espalda el oído la garganta el dedo el brazo	la pierna el pie la rodilla el tobillo las muelas las piernas los brazos los pies los oídos
Me Te Le	duele duelen		

Una postal de un enfermo

Estás de vacaciones y escribes una postal
describiendo cómo estás. Mira primero la postal
que te mandó una amiga:

1

2

3

4

¿Insisten bastante?

Estás en una clínica en España. Escuchas a
otros enfermos. ¿Insisten poco, bastante,
demasiado? Decide y di por qué. Compara tus
decisiones con las de tu pareja.

101

Andorra 22 de diciembre.
Estoy en el hospital. Me he roto
la pierna y el brazo izquierdo.
Estaba bajando rápidamente
cuando vi a un chico en la
pista. Intenté evitarle pero me
caí. Tengo que pasar dos
días en el hospital. No me
gusta el esquí ahora. Me
siento bien pero me duelen
la pierna y el brazo. El médico
dice que puedo salir del
hospital el lunes.
Voy a volver el martes.
Un saludo   Nes

YESO, PLÂTRE
PLASTER

El médico te hace preguntas

Si vas al médico es importante que sepas contestar sus preguntas. Si vas al médico con una insolación te puede preguntar:

> *¿Qué te pasa?*
> *¿Cómo te sientes?*
> *¿Cuándo fuiste a la playa?*
> *¿Cuánto tiempo pasaste allí?*
> *¿Te pusiste alguna crema?*
> *Al volver de la playa, ¿comiste algo?*
> *Y después, ¿qué hiciste?*
> *¿Cuándo empezaste a sentirte mal?*
> *¿Has tomado algún medicamento?*
> *¿Cuántos años tienes?*

Te duele la cabeza, no puedes dormir, ni comer – tienes frío pero tienes fiebre y estás mareada.
Fuiste a la playa a las diez. Pasaste 4 horas al sol. No te pusiste nada. Fuiste a un bar pero te sentiste muy mal. Te tomaste dos aspirinas.

Escucha el diálogo y practícalo con tu pareja antes de crear los diálogos siguientes.

Tienes la gripe desde ayer. Te duele todo: los brazos, las piernas, la cabeza ... No has tomado ningún medicamento y te sientes fatal.

> *¿Qué te pasa?*
> *¿Cómo te sientes?*
> *¿Desde cuándo estás enfermo?*
> *¿Has tomado algún medicamento?*
> *¿Cuántos años tienes?*

> *¿Qué te pasa?*
> *¿Cómo te sientes?*
> *¿Desde cuándo estás enfermo?*
> *¿Qué has comido?*
> *¿Has tomado algún medicamento?*
> *¿Cuántos años tienes?*

Te duele el estómago desde por la mañana. Te sientes muy mal y has vomitado muchísimo. Tienes el estómago hinchado. Comiste marisco en un restaurante cerca del puerto.

¿Qué me aconsejas?

Durante las vacaciones haces de guía de un grupo de jóvenes españoles. Algunos de ellos se sienten mal. Escucha lo que te dicen. Primero, identifica quién habla.

Ramón

Milagros

Victor

Laura

Eduardo

¿Qué le aconsejarías a cada uno? Aquí tienes unas posibilidades:

ver al médico
llamar al médico para pedir hora
ir a la farmacia
pedir hora al dentista
sentarse un rato
tomar aspirinas o jarabe o pastillas
ir al hospital
no ponerse más al sol

Ejemplo:

A Ramón le aconsejo ir a la farmacia, o tomar unas aspirinas.

Sancho y Panza

Una palabra conduce a otra

Universidad significa university, claro. Si sabes esta regla:

Español	Inglés
-dad	-ty
-tad	

podrás decir lo que significan todas estas palabras.

variedad	dificultad	seguridad
actividad	entidad	velocidad
calidad	electricidad	identidad
cantidad	localidad	caridad
libertad	nacionalidad	

¿Me puede recomendar algo?

No es siempre necesario ir al médico. A menudo
es más fácil ¡y menos caro! ir a una farmacia. El
farmacéutico sabe mucho y te puede recomendar
o sugerir algún medicamento.
Aquí tienes una selección de lo que se vende en
una farmacia.

¿Qué dices cuando vas a la farmacia? Lee este diálogo. Contiene unas frases útiles.

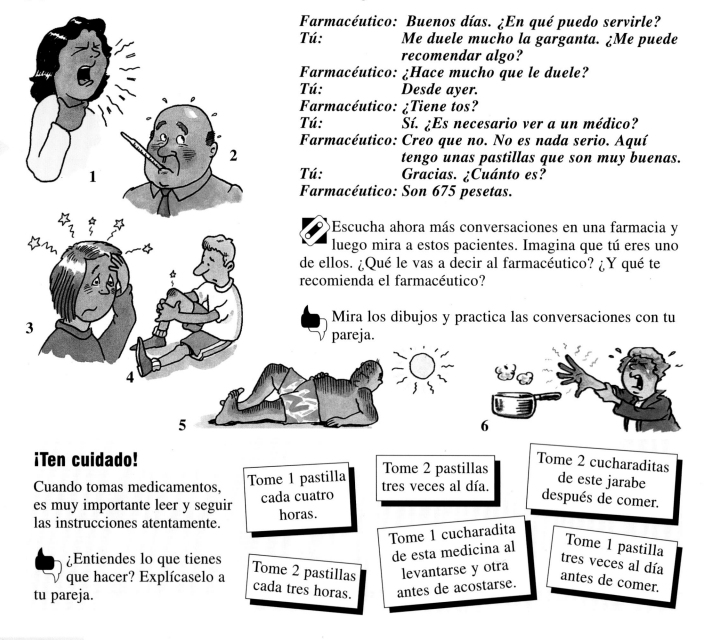

Farmacéutico: *Buenos días. ¿En qué puedo servirle?*
Tú: *Me duele mucho la garganta. ¿Me puede*
recomendar algo?
Farmacéutico: *¿Hace mucho que le duele?*
Tú: *Desde ayer.*
Farmacéutico: *¿Tiene tos?*
Tú: *Sí. ¿Es necesario ver a un médico?*
Farmacéutico: *Creo que no. No es nada serio. Aquí*
tengo unas pastillas que son muy buenas.
Tú: *Gracias. ¿Cuánto es?*
Farmacéutico: *Son 675 pesetas.*

Escucha ahora más conversaciones en una farmacia y
luego mira a estos pacientes. Imagina que tú eres uno
de ellos. ¿Qué le vas a decir al farmacéutico? ¿Y qué te
recomienda el farmacéutico?

Mira los dibujos y practica las conversaciones con tu
pareja.

¡Ten cuidado!

Cuando tomas medicamentos,
es muy importante leer y seguir
las instrucciones atentamente.

¿Entiendes lo que tienes
que hacer? Explícaselo a
tu pareja.

Tome 1 pastilla
cada cuatro
horas.

Tome 2 pastillas
tres veces al día.

Tome 2 cucharaditas
de este jarabe
después de comer.

Tome 1 cucharadita
de esta medicina al
levantarse y otra
antes de acostarse.

Tome 2 pastillas
cada tres horas.

Tome 1 pastilla
tres veces al día
antes de comer.

Ahora sé ...

decir qué te pasa ●

¿Cómo estás? ¿Qué te pasa?	How are you? What is the matter with you?
Me siento (muy) mal. Estoy mareado.	I feel (very) ill. I feel dizzy.
Estoy bien/regular/fatal.	I feel well/okay/terrible.
Me he cortado el dedo.	I have cut my finger.
Me la he quemado preparando la comida.	I burnt it preparing the meal.
Me he roto la pierna.	I have broken my leg.
Me he hecho daño. Tengo la rodilla hinchada.	I've hurt myself. My knee is swollen.
Me duele el cuello/la espalda/la nariz/la garganta.	I've got a sore neck/back/nose/throat.
Me duelen los oídos/las muelas/los ojos.	My ears/teeth/eyes are hurting.
Estoy constipado y tengo tos.	I have a cold and a cough.
Tengo la gripe y he vomitado.	I have flu and have been sick.

pedir ayuda y visitar al médico/dentista ●

¿Puede usted darme hora para una visita?	Can you give me an appointment?
Es urgente. ¿No puede ser hoy?	It is urgent. Can't it be today?
¿A qué hora vengo?	What time should I come?
¿Le va bien?	Is that alright for you?
Sí, me va bien.	Yes, that is fine.

entender al médico/farmacéutico/dentista ● ● ● ● ● ● ● ● ● ● ● ● ● ● ● ● ● ●

¿Desde cuándo estás enfermo?	How long have you been ill?
¿Has tomado algún medicamento?	Have you taken any medicine?
Tome dos cucharaditas cada cuatro horas.	Take two spoonfuls every four hours.
Toma esta medicina dos veces al día antes/ después de comer.	Take this medicine twice a day before/ after meals.
¿Qué me aconseja?	What do you advise?
¿Me puede recomendar algo?	Can you recommend something?
Le recomiendo este jarabe/esta crema.	I can recommend this cough mixture/this cream.
Le aconsejo que no se ponga al sol.	I would advise you not to go out in the sun.

entender los problemas de otros ●

Se ha torcido el tobillo izquierdo.	She has twisted her left ankle.
Ha cogido una insolación.	He has got sunstroke.
No puede andar/dormir.	He can't walk/sleep.
Tiene que quedarse en la cama.	She has to stay in bed.
Le aconseja que no se ponga más al sol.	He advises her not to go out in the sun again.

105

En esta unidad aprenderás a:

¿Me puede mandar un mecánico?

Estoy en la carretera N-632 a dos kilómetros de Ribadesella.

No vi el coche.

- pedir ayuda en caso de avería o accidente

- decir dónde estás y dar detalles

- entender y describir qué pasó

Cómo evitar los accidentes de tráfico y las averías

Lo mejor que puedes hacer con los accidentes y las averías es evitarlos. Mira unos consejos destinados a los conductores de coches y motos. ¿Los entiendes todos?

1 Revise la presión de los neumáticos.
2 No coma ni beba demasiado si conduce - no beba alcohol.
3 Póngase el cinturón de seguridad - o un casco si va en moto.
4 No adelante si hay peligro.

5 Si hace mal tiempo disminuya la velocidad, mantenga la distancia, y encienda las luces.
6 Tenga cuidado en zonas urbanas - son más peligrosas.
7 Tenga cuidado cuando se acerque a un cruce de caminos.
8 No exceda el límite de velocidad (120 en las autopistas).

¿Puedes emparejar los consejos con los dibujos?

¿Qué haces primero?

Si ves un accidente vas a necesitar estas frases:

– ¿Qué pasa?
– ¿Hay algún herido?
– ¿Está usted herido?
– ¿Es grave?
– ¿Dónde puedo llamar a una ambulancia/la policía?

La otra persona puede decir:

– Llame a la policía en la cabina de la esquina.
– Ha habido un accidente.
– Es bastante grave.
– No estoy herido.
– El conductor está herido.

¿Puedes emparejar las respuestas con las preguntas?

¿Me puede ayudar?

Si tienes una avería o sufres un accidente, tienes que pedir ayuda. Vas a la cabina telefónica y llamas.

Empleado:	*¿Dígame?*
Automovilista:	*¿Me puede ayudar? Mi coche tiene una avería.*
Empleado:	*¿Qué le pasa?*
Automovilista:	*No sé.*
Empleado:	*¿Dónde está usted exactamente?*
Automovilista:	*Estoy a cinco kilómetros al norte de Vigo en la autopista A-9.*
Empleado:	*¿Qué marca de coche es?*
Automovilista:	*Es un Peugeot 405 rojo.*
Empleado:	*¿Y la matrícula?*
Automovilista:	*N837 TUL. ¿Puede mandar un mecánico?*
Empleado:	*Sí, llegaremos dentro de algunos minutos.*

Empleado:	*¿Dígame?*
Automovilista:	*Ha habido un accidente.*
Empleado:	*¿Es grave?*
Automovilista:	*Sí, ¿puede mandar una ambulancia? El conductor está herido.*
Empleado:	*¿Dónde está usted exactamente?*
Automovilista:	*Estoy en la carretera N-550 a tres kilómetros al sur de Cambados.*
Empleado:	*¿Su nombre, por favor?*
Automovilista:	*García.*
Empleado:	*¿Tiene coche?*
Automovilista:	*Sí, coche y caravana.*
Empleado:	*¿Y la matrícula?*
Automovilista:	*M503 YXL.*
Empleado:	*Una ambulancia llegará pronto.*

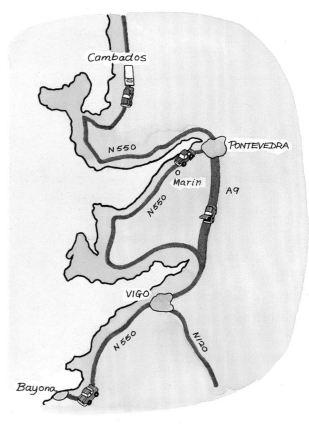

¿Qué dices en estas situaciones? Haz diálogos con tu pareja.

1 Estás en la carretera 550 entre Pontevedra y Marín a dos kilómetros de Marín. Tienes un pinchazo y necesitas la ayuda de un mecánico.

2 Estás en la carretera 550 entre Vigo y Bayona a 5 kilómetros de Bayona. Tu madre, la conductora del coche, está herida y necesita una ambulancia.

Cuando llegue la policía

Llegan los policías y ellos también hacen muchas preguntas a los conductores. ¿Sabes contestar a todas sus preguntas?

Pide a tu pareja que haga el papel del policía e imagina que tú contestas a sus preguntas, ya que tu padre y tu madre no hablan español. Cuando hayas contestado a todas sus preguntas cambia de papel con tu pareja.

¿Está Vd. herido(a)?
Su nombre por favor.
¿Cómo se escribe?
¿De dónde es Vd.?
¿Domicilio?
¿Cuál es la marca de su vehículo?
¿Y la matrícula?
Su documentación, por favor.
Quisiera ver su permiso de conducir.

Ejemplo:

Tu pareja: **Su nombre por favor.**
Tú: **Mi padre se llama ...**

¿Tiene sus documentos?

Ha habido un accidente. Uno de los conductores se llama Ignacio Puente. Lee los detalles a continuación y escucha lo que le dice al otro conductor.

Luego trabaja con tu pareja a ver si podéis hacer un diálogo utilizando los detalles siguientes.

```
Puente González
Ignacio
Avda de Portugal 86, 2°F
Salamanca
Póliza 8732/50/0
Compañía: Fénix
Asegurado: conductor
Marca: Seat
Matrícula: SA 708539.
```

```
Riera Serrano
Carlos
c/ Infante de Castilla 7, 3°, 2ª
Madrid
Póliza: 7249/21/C
Compañía: Sol
Asegurado: conductor y esposa
Marca: Seat Ibiza
Matrícula: M 205937
```

Las cosas no son siempre tan fáciles. En estas situaciones, ¿qué vas a hacer/decir? ¿Vas a llamar a la policía o no? ¿Puedes crear unos diálogos?

1	El coche de tus padres tiene un accidente con un coche conducido por un chico de quince años. No tiene póliza y claro, no tiene carnet de conducir.

2	Un camión choca con el coche familiar. El camionero te da su nombre y su dirección pero no tiene sus documentos en el camión. No sabe cuál es su compañía de seguros.

¿Qué estabas haciendo?

Si sufres un accidente o si ves un accidente es posible que alguien te pregunte: ¿Qué estabas haciendo?
Mira y lee lo que estas personas estaban haciendo cuando pasó el accidente.

¿Qué dijeron estas personas que vieron el accidente?

Yo estaba cruzando la calle.

Estaba esperando en el cruce.

Estaba escuchando mi walkman.

Yo estaba esperando el autobús.

Estaba conduciendo detrás del coche.

Estaba frenando.

1

2   3

4

Escucha lo que dijeron todos los testigos. ¿Están todos de acuerdo? ¿Qué más aprendes sobre el accidente?

Describiendo un accidente

Si ves un accidente tienes que describirlo a la policía. Vas de compras y ves a un chico que está cruzando la calle.
Lee primero lo que dijeron los conductores y el chico. Luego contesta las preguntas.

Yo estaba conduciendo y delante había un camión. Adelanté y no vi al chico que estaba cruzando la calle. Frené pero atropellé al peatón. Llamé a una ambulancia y se llevaron al chico al hospital.

Yo estaba delante de la frutería. Vi el coche que adelantó. No vio al chico que estaba cruzando la calle en el paso de peatones. Atropelló al peatón. Estaba herido y se le llevaron al hospital en una ambulancia.

Yo estaba cruzando la calle en el paso de peatones. Vi el camión delante de la frutería pero no vi el coche. Me atropelló y me llevaron al hospital.

1 ¿Dónde estaba el camión?
2 ¿Qué hizo el coche?
3 ¿Dónde estaba el chico?
4 ¿Qué estaba haciendo?
5 ¿Vio al chico el conductor del coche?
6 ¿Qué pasó?

¿Cómo pasó?

Si ves un accidente la policía va a querer saber no sólo qué pasó sino también cómo pasó y quién fue el responsable.

Mira los dibujos y lee las descripciones.

1

Llovía mucho. Yo estaba al lado de la carretera, enfrente del camión. El camión llegó al cruce y salió. El coche iba muy deprisa y el camión chocó con el coche. El coche se salió de la calzada y el camión pasó de largo. El conductor estaba herido. Fue culpa del camionero.

2

Hacía sol. Había un coche azul detrás de un coche rojo. El conductor del coche azul empezó a adelantar. Cuando estaba adelantando, el conductor del coche negro frenó, pero chocó con él. Los dos coches se salieron de la calzada y los conductores estaban heridos. Fue culpa del conductor del coche azul.

3

El taxi se paró en el cruce. Cuando estaba esperando llegó la moto. El motociclista frenó pero no pudo parar a tiempo. Chocó con el taxi. El motociclista estaba herido. La culpa fue del motociclista.

Escucha a dos personas que vieron cada accidente. ¿Quién es el mejor testigo, A o B?

Unas preguntas de un policía

Imagina que viste los tres accidentes de la página 110. ¿Puedes contestar las preguntas del policía? Túrnate con tu pareja para contestar las preguntas.

1
► ¿Dónde estaba el camión?
► ¿Qué hacía el coche blanco?
► ¿Qué pasó?
► ¿De quién fue la culpa?

2
► ¿Dónde estaba el coche azul?
► ¿Qué hizo?
► ¿Qué pasó?
► ¿De quién fue la culpa?

3
► ¿Dónde estaba el taxi?
► ¿Qué hizo el motociclista?
► ¿Qué pasó?
► ¿De quién fue la culpa?

Tú eres el testigo

Tú eres el único testigo de este accidente. El policía te dice: 'describe con tus propias palabras qué pasó y dibuja un gráfico del accidente'. Aquí está tu dibujo. ¿Puedes escribir tu descripción?

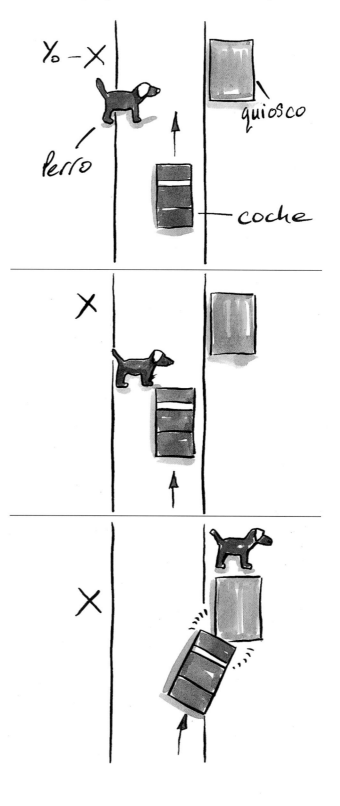

Averiado

Antes de salir de casa has verificado todo: los frenos, las
luces, la batería, el motor, los cables ... Sin embargo te
pasa lo que le pasa a todo el mundo de vez en cuando:
tienes una avería.
Estas frases te ayudarán si tienes una avería.

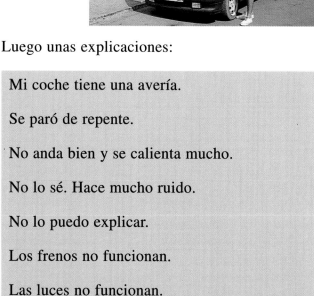

Primero algunas preguntas:

¿Hay un garaje por aquí?

¿Se puede telefonear desde aquí?

¿Es un taller Seat?

¿A cuántos kilómetros está el garaje?

¿Puede Vd. ayudarme?

¿Puede Vd. mandar un mecánico?

¿Me podría remolcar hasta el garaje?

¿Tiene piezas de recambio para un
Seat Ibiza?

Luego unas explicaciones:

Mi coche tiene una avería.

Se paró de repente.

No anda bien y se calienta mucho.

No lo sé. Hace mucho ruido.

No lo puedo explicar.

Los frenos no funcionan.

Las luces no funcionan.

Tengo un pinchazo.

Tengo el parabrisas roto.

Si no conoces algunas palabras búscalas en el diccionario.

¿Qué le pasa?

Escucha a estos conductores que tienen problemas con sus
vehículos. ¿Cuál de las imágenes corresponde a la persona
que habla?

A

C

E

B

D

G

F

Ahora toma el papel del conductor. Explica
al mecánico (tu pareja) lo que pasa en cada
situación.

Ejemplo:

Mecánico: *¿Qué le pasa al coche, señor?*
Tú: *No lo sé. Se ha calentado mucho.*
Mecánico: *Vamos a ver.*

¿Qué taller?

Aquí se ven letreros de garajes, estaciones de servicio y gasolineras.
¿Cuáles podrían prestarte ayuda en las circunstancias siguientes?:

1 Te has quedado sin gasolina cerca del pueblo.
2 Tienes un pinchazo, cambias la rueda pero te hace falta una rueda de repuesto.
3 Se rompe el parabrisas.
4 Un faro no funciona y tienes que cambiar la bombilla.
5 El coche se para de repente en el campo. Parece que se ha estropeado el motor. Son las dos de la madrugada.
6 Vas a una cita importante. El coche no anda y no puedes cambiar la cita.

7 El coche arranca con dificultad. Parece que hace falta cambiar la batería.
8 Los frenos han dejado de funcionar. No te atreves a conducir el coche y hará falta remolcar el coche a un taller.
9 Compruebas el motor y le falta aceite.
10 Se ha roto un cable. No puedes repararlo y desgraciadamente el pueblo está en fiestas.

113

En el taller

Una vez en el taller hay otras preguntas que pueden ser útiles:

¿Cuándo estará listo el coche?
¿Tiene piezas de recambio para un Fiat Panda?

¿Ha terminado ya?
¿Se puede alquilar un coche aquí?

Hablas con el mecánico en el taller. El coche no está listo y quieres saber lo que va a pasar. Mira el diálogo y haz otros con tu pareja.

Ejemplo:

Tú: *Vd. no ha terminado todavía ¿verdad?*
Mecánico: *No. Es que no tenemos piezas de recambio para un Vauxhall.*
Tú: *¿Se puede reparar hoy? Es urgente.*
Mecánico: *Lo siento. ¿Quiere Vd. volver mañana por la tarde?*
Tú: *¿Se puede alquilar un coche aquí?*
Mecánico: *No, señor, pero hay un concesionario Hertz a cien metros de aquí.*
Tú: *Vale, hasta mañana.*
Mecánico: Adiós.

1 Tu coche está en el taller. Cuando vas a recogerlo no está listo. Pero tienes que tener el coche para coger el ferry. ¿Qué dices y qué te contestan?
2 Tu coche está en el taller. No está listo porque no tienen piezas de recambio y tienen que pedirlas a Madrid. El coche estará listo en dos o tres días. Allí se alquilan coches.

Quiero alquilar un coche

El coche está averiado. Harán falta dos días para efectuar su reparación. La familia decide alquilar otro. Vais a un concesionario Atlas. Os gustan los coches con cinco puertas y radio cassette pero no queréis pagar más de 4000 pesetas al día. Escucha y mira el ejemplo y haz un diálogo con tu pareja (el empleado).

TARIFAS AUTOMOVILES 1996

Tarifa normal   Alquiler por día (24 H.) más km.   Kilometraje llimitado

Modelo	No. Puertas	Radio Cassette	Por día	Por Km.	Por día Min. 3 días	Por día Min. 7 días	Por día Min. 15 días	Semana Comercial	Fin de semana Especial
ECONOMICO									
Fiat Panda	3	–	1.900	19	4.900	4.300	3.950	17.500	9.800
PEQUEÑO									
Citroen AX 1.1i Fiat Punto 55/5 i	5	Radio	2.700	27	7.800	6.800	6.300	24.500	14.400
MEDIO									
Citroen ZX 1.4 i Fiat Tipo 1.4 i Open Astra 1.4 i	5	Cassette	3.600	36	9.300	8.000	7.500	34.400	20.000
Citroen ZX Avantage	5	Cassette	4.700	47	12.800	11.000	10.400	42.000	31.000
GRANDE									
Citroen Xantia 1.8 i D/A Ford Mondeo CLX 1.8 i D/A ABS Ford Sierra 2.0 GT D/A ABS	4/5	Cassette	5.700	55	16.000	13.300	12.600	50.400	35.500
EXECUTIVO									
Ford Scorpio 2.0 i Opel Omega 2.0 i 16V D/A ABS	4	Cassette	9.000	90	25.200	21.700	20.300	93.500	52.000
Mercedes E-220 D/A ABS	4	Cassette	14.000	140	31.000	27.000	25.300	105.500	61.000
TODO TERRENO 4 x 4									
Ford Maverick GLX 5/7 plazas D/A	5	Cassette	9.000	55	19.000	17.500	16,800	78.000	50.000
MINI BUS 9									
Ford Transit GL	–	Cassette	9.000	43	18.000	16.200	15.200	76.500	48.000

Ejemplo:

Tú: **Buenos días. Quiero alquilar un coche para cuatro días.**

Empleado: **Bien, ¿cómo lo quiere: pequeño, mediano o grande?**

Tú: **Mejor pequeño, por favor.**

Empleado: **¿Alguna marca especial?**

Tú: **Sí, un Fiat.**

Empleado: **Vamos a ver. Tenemos un Fiat Panda y un Fiat Punto.**

Tú: **Y, ¿cuánto cuestan por día?**

Empleado: **El Panda 1.900 más 19 por kilómetro y el Punto 2.700 más 27 por kilómetro.**

Tú: **Vale, el Punto.**

Empleado: **Su carnet de conducir, por favor.**

Tú: **Aquí tiene.**

Ahora sé ...

pedir ayuda en caso de accidente o avería ●●●●●●●●●●●●●●●●●●●●●●

Llame a la policía/a una ambulancia.	Call the police/an ambulance.
¿Puede usted ayudarme? ¿Dónde puedo llamar?	Can you help me?/Where can I call?
¿Puede usted mandar un mecánico?	Can you send a mechanic?
¿Me puede remolcar el coche al garaje?	Can you tow me to the garage?

describir y hacer preguntas sobre el accidente ●●●●●●●●●●●●●●●●

¿Hay algún herido? ¿Está usted herido?	Is there anyone injured?/Are you injured?
Ha habido un accidente.	There has been an accident.
El conductor está herido (de gravedad).	The driver is (seriously) injured.
No es muy grave.	It isn't very serious.
Estoy en la autopista a 2 km al sur de Avila.	I'm on the motorway 2 kms south of Avila.
Es un Peugeot negro, matrícula N731 JJW.	It's a black Peugeot, registration number N731 JJW.

hablar con la policía y describir un accidente ●●●●●●●●●●●●●●●●●●

Aquí tiene mi permiso de conducir.	Here's my driving licence.
¿Cuál es su compañía de seguros/	Which is your insurance company/
¿la marca/matrícula de su vehículo?	the make/registration of your car?
Atropelló al peatón.	It knocked down the pedestrian.
Estaba adelantando. Chocó con el coche.	It was overtaking./It hit the car.
Frenó, pero fue demasiado tarde.	It braked but it was too late.
Iba muy rápido, a más de 100 kph.	It was going very fast at over 100 kph.
Se salió de la calzada.	It left the road.
La culpa no fue mía. Fue culpa suya.	It wasn't my fault./It was his fault.

explicar qué le pasa al coche y hablar con el mecánico ●●●●●●●●●●●●●●

Mi coche tiene una avería. Se ha parado de repente.	My car has broken down.
Se calienta mucho y hace mucho ruido.	It is overheating and it is making a lot of noise.
No lo sé. No anda bien.	I don't know. It's not running well.
No lo puedo explicar. Se ha calentado mucho.	I can't explain. It has overheated.
Los frenos/las luces no funcionan.	The brakes/the lights don't work.
El motor está averiado.	The engine has broken down.
Tengo un pinchazo./Se ha roto el parabrisas.	I have a puncture./The windscreen has broken.
¿Tiene piezas de recambio para un Fiat?	Have you any spares for a Fiat?
¿Cuándo estará listo el coche?	When will the car be ready?
¿Lo pueden reparar hoy?/¿Ha terminado Vd. ya?	Can you repair it today?/Have you finished yet?

alquilar un coche ●●●●●●●●●●●●●●●●●●●●●●●●●●●●●●●●●●●●

¿Se puede alquilar un coche aquí?	Can I hire a car here?
Quiero alquilar un coche pequeño para dos días.	I want to hire a small car for two days.

115

En esta unidad aprenderás a:

Te presento a mi amigo Pablo.

Mucho gusto.

• presentar a otros y a presentarte

Mira, es mi hermana mayor. Tiene dos niños.

• hablar más de ti y de tu familia

¿Cuánto tiempo vas a estar aquí?

• hablar de tu visita o de la de tu invitado

Tu cama está aquí a la izquierda.

• enseñar tu casa a un invitado español

Sí, gracias.

¿Te hace falta un secador?

• pedir cosas que necesitas o asegurarte de que tu amigo tiene todo lo que necesita

Te presento

Cuando presentas a alguien o alguien te presenta es importante que se haga bien. ¡Las primeras impresiones cuentan! Lee y escucha.

Joanna, te presento a mi amigo Joaquín.

Mucho gusto.

Muy bien.

Encantada.

Joanna es de Edimburgo en Escocia.

Joanna, conoces a Ana María, ¿verdad?

Hola, ¿qué tal?

Sí, la conozco. Hola Ana.

No conoces a Isabel, una prima mía, ¿verdad?

No, no nos conocemos.

Bueno, te presento a mi primo Nacho.

Mucho gusto.

Encantado.

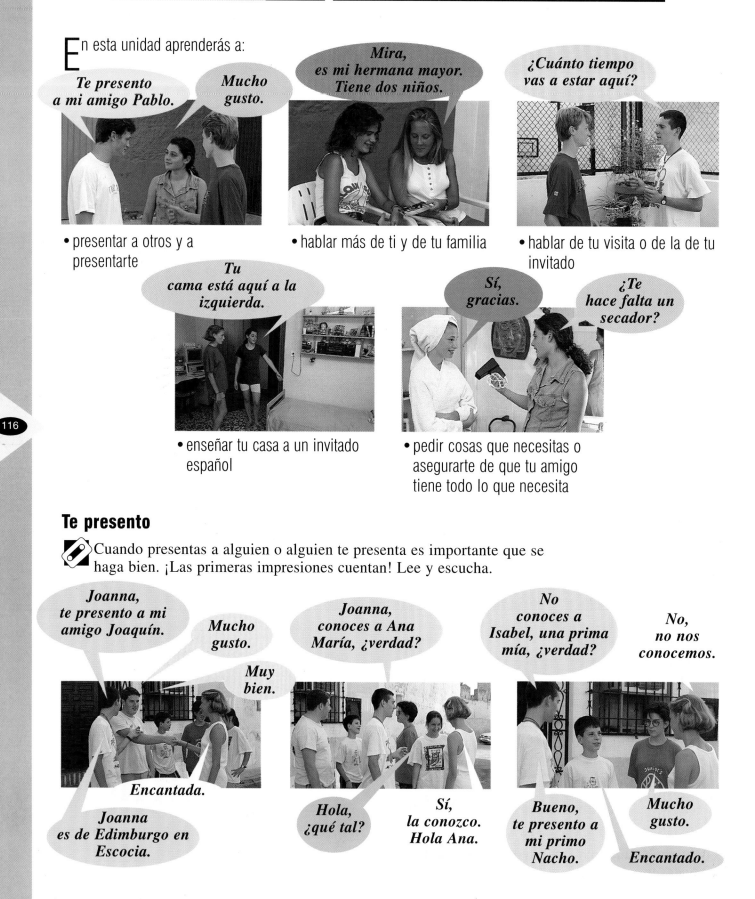

Imagina que tu amigo está en tu colegio y quieres presentarle a unos amigos. Ya conoce a algunos. Haz diálogos en grupos de tres presentando a tu pareja a tus amigos. Tu pareja puede decir sí o no cuando le preguntas si les conoce. Luego cambia de papeles.

Mark
Pete
Karen
Suzi

¿Qué tal fue el viaje?

Llegas a casa de tu amigo y toda la familia está allí esperando. Te levantaste muy temprano y el viaje fue muy largo. ¿Qué hacen los padres, los abuelos, los primos? ¡Te hacen preguntas en español!

Es importantísimo preparar las respuestas antes de llegar.

Escucha estas tres situaciones. ¿Qué invitado es el mejor preparado?

Ahora te toca a ti. Tu pareja va a escoger unas preguntas de las que están a continuación. ¿Sabes contestarlas bien? Usa respuestas largas cuando puedas.

¿De dónde eres?

¿Desde cuándo conoces a ...?

¿Cuánto tiempo vas a estar aquí?

¿Qué tal fue el viaje?

¿Has estado en España antes?

¿Cómo te sientes?

¿Cómo te llamas?
¿Eres el amigo de Paco, ¿verdad?
¿De dónde eres?
¿Cuánto tiempo vas a pasar aquí?
¿Desde cuándo conoces a Paco?
¿Has estado en España antes?
¿Qué tal fue el viaje?
¿Cómo te sientes? ·
¿Estás cansado/a?
¿Tienes hambre/sed?
¿Te gusta el español?
¿Qué vas a hacer aquí?

Te presento a ...

Escucha a estas personas españolas que te presentan a varios parientes y amigos suyos. En cada caso tienes que demostrar que entiendes lo que dicen escribiendo:

• a quién te presenta tu amigo/a.
• lo que te pregunta esa persona.

Unas fotos de la familia

Cuando vayas a visitar a un amigo, lleva unas fotos: de la casa, de la familia, de los animales, etcétera.

Escucha a unos españoles que hablan de dónde viven y de su vida en casa. ¿Cuánto entiendes? ¿Quién es más interesante?

¿Puedes hacer lo mismo con unas fotos de tu casa y de tu familia?

Estas frases pueden ser útiles:

Mi hermano es soltero.

Mi padre está en paro.

Mi hermana mayor está casada.

Mi abuelo está muerto.

Mis padres están separados/divorciados.

Mi hermano tiene un bebé.

Hablando de tu vida

👍 Túrnate con tu pareja para contestar a estas preguntas que te hacen unos miembros de la familia española. Tienes que contestar a las preguntas lo más ampliamente posible.

Conversación A

¿Dónde estudias?
¿Desde cuándo estudias español?
¿Qué hacen tus padres?
¿Tus padres han visitado España?
¿Tienes hermanos?
¿Son mayores o menores que tú?
¿Son estudiantes?
¿En qué trabajan?
¿Qué quieres hacer tú?
¿Vas a estudiar español en el futuro?

Conversación B

¿Cuántas personas sois en tu familia?
¿Tienes primos o tíos?
¿En qué trabajan?
¿Tus abuelos viven todavía?
¿Viven cerca de ti?
¿Tienes hermanos casados?
¿Cuándo terminas tus estudios?
¿En qué quieres trabajar?
¿Te gustaría trabajar en España?
¿Has estado antes en España?

Parientes, vecinos y amigos

Algunas veces es difícil recordar los nombres de todo el mundo.
Tu amigo español que se llama Antonio te enseña esta foto de su familia y de varios amigos de la familia y te indica quién es cada uno.

Mi primo, Alfredo

Nuestros vecinos, los señores de Alba.

Mi hermano Alfonso.

Mi hermana Begoña.

Nuestros viejos amigos, Carlos e Isabel.

👍 Cuando ves a estas personas en una reunión no te acuerdas muy bien de quién es todo el mundo, y tienes que preguntárselo a tu amigo. Tu amigo mira la foto de arriba y dice si tienes razón o no.

Ejemplo:

Tú: **Son tus vecinos, los señores de Alba, ¿verdad?**
Tu pareja: **No, son mis amigos, Carlos e Isabel.**

Luego cambia de papeles.

1 2 3

4 5 6

¿Qué te dicen estas personas?

Mientras estás en casa de tu amigo/a español(a), varios amigos suyos te hablan de su vida. Después de hablar con ellos, tratas de recordar lo que te han dicho. Aquí están seis personas:

Quieres escribir una carta a tus padres mencionando a unas personas que has conocido. Por eso escribes unas notas sobre ellos.

Estás en tu casa

Cuando viene un amigo español a quedarse en tu casa, quieres poder explicarle dónde se encuentran su dormitorio y los otros cuartos. Igualmente, cuando vayas a España vas a querer entender lo que te dice tu amigo/a cuando te muestre su piso o su casa.

Hace tiempo un amigo español te envió este plano:

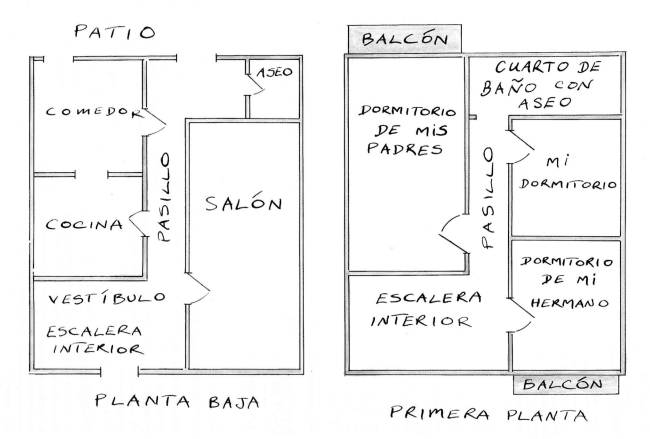

Cuando llegues a su casa tienes, sin embargo, que acostumbrarte a encontrar los cuartos que necesitas. Tu amigo va a compartir el dormitorio de su hermano mientras te deja el suyo.

Trabaja con tu pareja. Uno de vosotros hace el papel del invitado que está en el dormitorio de su amigo (tu pareja) y hace preguntas como éstas:

Ejemplo:

Tú: ***¿Dónde está el comedor?***
Tu pareja: ***Hay que bajar la escalera, pasar***
por el pasillo y torcer a la
izquierda.

Se necesitan frases como éstas:

Tu dormitorio está en el primer piso.
Está arriba, a la derecha.
Está abajo, a la izquierda.
El cuarto de baño está al final del pasillo.
Está entre el comedor y la escalera.
Para ir al jardín hay que pasar por la cocina.
El aseo está al final del pasillo.
Voy a compartir el dormitorio de mi hermana.
Hay que bajar/subir la escalera.

Hablando de donde vives tú

Aquí tienes unas fotos que te ha enviado tu amigo/a para mostrarte cómo son su dormitorio y el de su hermano.
¿Qué diferencias notas con el tuyo?

Quieres contarle estas diferencias a tu amigo/a en tu próxima carta, y para eso, apuntas unas frases que puedes incluir en la carta.

Ejemplo:

Tu dormitorio me parece más grande.
En mi dormitorio hay una alfombra.
Tu hermano tiene muchas fotos y pósteres.

Escribe otras frases para describir todas las diferencias que puedas.

Impresiones

Mucha gente emplea frases como éstas. Son muy útiles cuando expresamos nuestras impresiones de lugares y personas: ▶

Mientras está en tu casa, tu amigo español escribe una carta a sus padres describiendo tu ciudad, tu calle y tu casa. Antes de echar la carta te la muestra. ¿Tiene unas buenas impresiones?

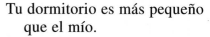

Tu dormitorio es más pequeño que el mío.
Mi familia es más numerosa que la tuya.
Nuestra ciudad es más moderna que la vuestra.
Tu casa tiene más cuartos que la nuestra.

20 de julio

Queridos mamá y papá:

Estoy bien y la familia es muy simpática. Ya me he acostumbrado a la casa y al barrio. Os voy a describir un poco cómo es esto.

La ciudad es más grande que la nuestra. Hay menos campo que en nuestro país; las ciudades parecen enormes y bastante sucias. Hay más tráfico en sus calles que en las nuestras; sin embargo, cuando uno sale al campo, es más verde y bonito que el nuestro. Casi todo el mundo vive en casas, y la casa donde estoy se parece un poco al chalet del tío Juan, aunque tiene más cuartos que el suyo. La casa tiene jardín por delante y por detrás; las casas aquí no tienen patios. La casa tiene más dormitorios que la nuestra; el que tengo es muy cómodo y un poco más grande que el mío.

La comida me pareció rara al principio, aunque me voy acostumbrando a ella y ya me parece tan buena como la tuya, mamá. Bueno, vamos a comer ahora y luego me voy de paseo con unos amigos de la familia.

Vuestro hijo,

Joselito

Hablando de las casas

Aquí está el bloque de pisos donde viven tus amigos ▼ españoles. Escucha lo que dicen sobre sus pisos y sobre los pisos en general. En cada caso, ¿tienen razón o no?

Querido amigo

Imagina que tu amigo español, que vive en uno de estos pisos, te ha mandado esta foto. ▶
Te pide que le digas cómo es tu casa y que la compares con su piso. Escribe una carta, explicándole las diferencias.

¿Te hace falta algo?

Si tienes o eres un invitado,
¿qué vas a necesitar?

 Una lámpara
 Un espejo
 Un secador
 Una toalla

 Una manta
 Una silla
 Un despertador
 Jabón
 Pasta de dientes Dos almohadas

Si no lo hay en tu dormitorio, tienes que saber pedir lo que te haga falta. Primero lee y escucha el diálogo siguiente.

Madre: ¿Te hace falta algo?
El invitado: Me hace falta una toalla, por favor.
Madre: Ah, sí. Voy a buscarte una. ¿Algo más?
El invitado: ¿Podrías darme otra almohada y otra manta, por favor?
Madre: Sí, sí. Hay mantas y almohadas en el armario.

El invitado: Gracias. Y mañana tengo que levantarme a las siete. Me he olvidado el despertador.
Madre: Te voy a prestar el mío.
El invitado: Muchísimas gracias.

Fuiste a casa de un amigo español. Cuando llegaste, tu dormitorio estaba así. Sus hermanos se habían llevado cosas a sus propios dormitorios.

Si ves que te hace falta algo, díselo a tu amigo (tu pareja).

Ejemplo:

Tú: Me hace falta una lámpara.
Tu pareja: No te preocupes, voy a prestarte la mía.

¿Quieres que te traiga algo?

Tu amigo quiere hacer todo lo posible para que estés a gusto. Te hace muchas preguntas como éstas. ¿Puedes emparejar las preguntas y las respuestas? Túrnate con tu pareja para hacer las preguntas. Puedes cambiarlas si quieres.

¿Quieres que te despierte a las ocho?
¿Quieres que te traiga más sábanas y mantas?
¿Quieres que llame al médico?
¿Quieres que te prepare un bocadillo?
¿Quieres que llame al cine a ver a qué hora empieza?

No gracias. Es una tos nada más.
No gracias. No tengo hambre.
No. Está en el periódico.
No, no tengo frío por la noche.
No gracias. Tengo un despertador.

Un poco de diplomacia

A veces, si hay un problema, lo puedes
solucionar con un poco de tacto o de
diplomacia.

¿Qué haces, por ejemplo, si no te gusta la
comida y la familia no sabe qué hacer?
¿Qué haces si el hermano no está contento
porque tú estás durmiendo en su cama y él tiene
que compartir el dormitorio de tu amigo?

¿Qué se puede hacer en estas situaciones?
Lee primero y decide qué harías. Luego
escucha los diálogos. ¿Qué tal resuelven el
problema en cada caso?

Finalmente haz diálogos con tu pareja.
¿Los puedes hacer mejor?

Situación 1
Pasas quince días en casa de una amiga
española. La familia ha decidido que vas a
tener el dormitorio grande de la hermana
mayor de tu amiga mientras tu amiga y la
hermana comparten un dormitorio más
pequeño. Ves que a la pobre hermana mayor
no le gusta en absoluto. ¿Qué haces?

Situación 2
Eres vegetariano. La familia con quién estás
no entiende por qué no te comes las chuletas,
el bistec y las salchichas. Tomas productos
lácteos (queso, leche) y huevos pero no
comes ni pescado ni carne. ¿Qué haces?

Situación 3
Sueles dormir con las ventanas cerradas y a tu
amiga le gustan las ventanas abiertas. No
puedes dormir con el ruido de la calle. ¿Qué
haces?

Situación 4
A tu amiga le gusta salir siempre 'en
pandilla', es decir, con un grupo de amigos y
amigas. No entiendes nada y a veces te
sientes incómoda y aislada. ¿Qué haces?

Una palabra conduce a otra

Muchas palabras en español e inglés
empiezan con **in-**. A veces significan lo
contrario de la palabra sin ello: indisputable,
inevitable.

Español	Inglés
in-	**in-**
	un-
	-less

A ver cuántas palabras entiendes de la lista
siguiente:

infeliz	independiente
inadecuado	inmóvil
incapaz	inútil
incómodo	inolvidable
increíble	ingrato

Ahora sé …

presentar a otros y presentarme ●●●●●●●●●●●●●●●●●●●●●●●●●●●●

Encantado/a. / Mucho gusto (en conocerle).	Pleased to meet you.
Me presento. Soy … Te presento a …	I'm … Can I introduce you to …

qué decir cuando te hacen preguntas ●●●●●●●●●●●●●●●●●●●●●●●●●

¿Cuánto tiempo vas a estar aquí?	How long are you going to stay?
¿Has estado en España antes?	Have you been to Spain before?
He estado una vez en España	I've been to Spain once
¿Desde cuándo conoces a …?	How long have you known …?
Le conozco desde un año	I've known him for a year
¿Qué tal fue el viaje?	How was the journey?
El viaje fue muy largo/cómodo.	The journey was very long/comfortable.
Me siento bien/un poco cansado/a.	I feel well/a little tired.

dar más información sobre tu familia y su casa ●●●●●●●●●●●●●●●●●●

Mi hermano es soltero.	My brother is a bachelor.
Mi prima es secretaria. Tiene un niño.	My cousin is a secretary. She has a child.
Mi hermana es mayor que yo.	My sister is older than I am.
Mi abuelo está muerto.	My grandfather is dead.
Mis padres están divorciados/separados.	My parents are divorced/separated.
Mi padre no tiene trabajo; está en paro.	My father hasn't got a job; he's out of work.
Tu dormitorio está en el primer piso.	Your bedroom is on the first floor.
Está arriba/abajo, a la derecha.	It's upstairs/downstairs on the right.
El cuarto de baño está al final del pasillo.	The bathroom is at the end of the passage.
Está entre el comedor y la escalera.	It's between the dining room and the stairs.
Hay que subir/bajar la escalera.	You have to go up/down the stairs.

comparar el pueblo y la casa de un amigo con los tuyos ●●●●●●●●●●●●●●

Tu dormitorio es más grande que el mío.	Your bedroom is bigger than mine.
Tu piso tiene más dormitorios que el nuestro.	Your flat has more rooms than ours.
Nuestra ciudad es más moderna que la vuestra.	Our city is more modern than yours.

pedir cosas que te hacen falta y ofrecer cosas a un invitado ●●●●●●●●●●

¿Te hace falta algo?	Do you need anything?
Voy a buscarte uno/a.	I'll get you one.
Te voy a prestar el mío.	I'm going to lend you mine.
Me hace falta una almohada, por favor.	I need another pillow, please.

125

Un poco de historia

1492

El 12 de octubre Cristóbal Colón, navegante italiano, llegó a San Salvador. Había navegado al oeste para encontrar una ruta a Asia. Los Reyes Católicos habían financiado su expedición. Hizo cuatro viajes en total y exploró la costa de América Central, el Caribe y, en su tercer viaje, la costa de Venezuela. Murió sin saber que había descubierto un nuevo continente.

Cristóbal Colón y sus viajes

1521

Hernán Cortés conquistó Méjico con unos quinientos soldados. Moctezuma, líder de los aztecas, le dio muchos regalos y le dejó entrar en la ciudad Tenochtitlán sin resistencia. Los españoles demolieron todos sus edificios y monumentos y construyeron una ciudad nueva sobre sus ruinas. La ciudad es la actual Ciudad de Méjico.

La visita de Cortés a Moctezuma

1532

Llegaron los conquistadores españoles a Perú.
Pizarro desembarcó y aunque Atahualpa, el
último emperador de los incas, le ofreció una
habitación llena de oro, fue condenado a muerte.
En esa época, los incas dominaban la costa
occidental de Sudamérica. El imperio se extendía
unos 3.000 kilómetros y tenía una población de 3
a 7 millones. En Méjico, en Perú y en otros países
que conquistaron los españoles, impusieron su
religión y sus costumbres y redujeron a los indios
a la esclavitud y la pobreza.

Pizzaro con Atahualpa

1813-1821

El siglo diecinueve era la época de las
independencias. A diferencia de los territorios
ingleses de América del Norte que llegaron a ser
una nación, las colonias americanas se
fragmentaron en estados independientes. Entre
1813 y 1821 se independizaron los países de
Venezuela, Colombia, Chile, Argentina y Méjico.

Las banderas nacionales

1910

En Méjico, en el año 1910, el noventa por ciento
de la tierra estaba en manos del cinco por ciento
de la población. Desde hacía muchos años los
campesinos mejicanos sufrían mucha represión.
Líderes revolucionarios como Pancho Villa y
Emilio Zapata buscaban la justicia y organizaron
a los campesinos que luchaban contra el gobierno
y a favor de la reforma. En 1914 los hombres de
Zapata y de Villa tomaron la capital. La guerra
civil duró mucho tiempo. En siete años hubo diez
presidentes - ¡uno por un récord de 46 minutos!

Pancho Villa

En esta unidad aprenderás a:

> *¿Hay una estación de metro cerca de aquí?*

• entender información sobre el transporte público

> *Quisiera un billete de ida y vuelta a Torrelavega, por favor.*

• comprar billetes

> Sala de Espera

• entender letreros y avisos

> *¿A qué hora llegará el tren, por favor?*

• hacer preguntas sobre salidas y llegadas

> *Llegaré a las 8.20.*

• informar a otros cuándo llegarás

> *Prefiero el autobús. Es barato y bastante rápido.*

• dar tu opinión sobre el transporte público

¿Cómo vamos a ir?

Si estás en una ciudad como Barcelona tienes muchas posibilidades. Aparte del metro hay autobuses, taxis (que no son caros) y trenes.

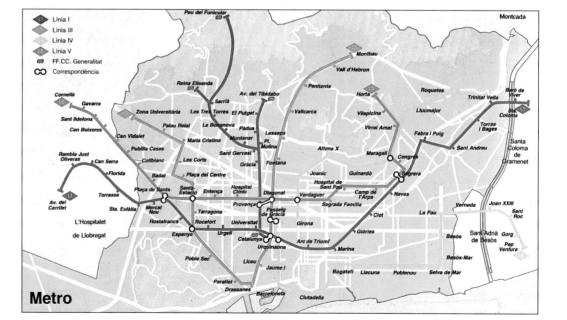

Metro

Transportes Urbanos
Información: Tel. 336 00 00

Metro
Horario: de 5,00 a 23,00 (Sábados, Domingos y Festivos hasta la 1,00.)

Autobús
Horario: 5,30 o 6,30 h. hasta las 21,30 o 22,30 h. Algunas líneas hasta las 4,30 h.

Taxis
De color amarillo y negro, están localizados por toda la ciudad.
Taxis por teléfono 358 11 11.

RENFE
Estación Central
Barcelona – Sants.
Información permanente 24 horas.
Tel. 490 02 02

Trenes al aeropuerto
Cada 30 minutos desde las 6,50 hasta las 22,20.

Aerobús
El nuevo servicio de transporte que conecta el centro de la ciudad con las terminales del aeropuerto: Internacional, Nacional y Puente Aéreo.
Cada 15 minutos.

Trabajas en la oficina de turismo en la Gran Vía. Lee esta información. ¿Puedes contestar estas preguntas de turistas que no conocen la ciudad?

- ¿Cómo puedo ir al aeropuerto?
- ¿A qué hora sale el primer metro por la mañana?
- ¿Tiene el número de teléfono de RENFE, por favor?
- ¿A qué hora sale el último tren del aeropuerto?
- ¿Tiene el número de teléfono de los taxis?

- ¿A qué hora sale el primer tren al aeropuerto?
- ¿Cuánto tiempo dura el viaje entre el aeropuerto y la Plaza Cataluyna?

Cercanías Barcelona ⊖

Aeroport → B.Sants
HORAS DE SALIDA LABORABLES
HORES DE SORTIDA DIES FEINERS

6.13	9.43	13.13	16.43	20.13
6.43	10.13	13.43	17.13	20.43
7.13	10.43	14.13	17.43	21.13
7.43	11.13	14.43	18.13	21.43
8.43	11.43	15.13	18.43	22.13
8.43	12.13	15.43	19.13	g. 22.43
9.13	12.43	16.13	19.43	

Horarios sábados y festivos consultar murales informativos.
Horaris disabtes i festius consulteu murals informatius.

g. Circula sólo hasta B.Sants / Circula fins a B.Sants

Duración del viaje / Duració del viatge:
B.Sants	18'
Pl.Catalunya	23'
Arc De Triomf	27'
El Clot Aragó	31'

¿Dónde está la estación de metro?

Primero hay que localizar el metro más cercano.

Estás en la Casa de Campo en Madrid cerca del Parque de Atracciones. Quieres ir a la Plaza de España. Mira el plano y escucha el diálogo con alguien que ha visitado el zoo, y haz un diálogo parecido con tu pareja.

Ejemplo:

Tú: **Buenos días. ¿Me puede decir dónde está la estación de metro más cercana? Quiero ir a la estación Alonso Martínez.**

Hombre: **Sí, señor. La estación es Batán. Por allí.**

Tú: **¿Es directo o hago correspondencia?**

Hombre: **Es directo, línea 10.**

Tú: **Gracias.**

Hombre: **De nada.**

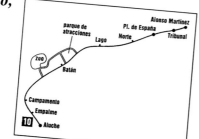

Tomamos el metro

Si quieres viajar en metro estas frases serán útiles:

– ¿Se puede ir a la Avenida del Carrilet?
– Sí, coja la línea 1. Es la última parada.
– ¿Es directo o hago correspondencia?
– Hay que cambiar en Espanya y tomar la dirección Av. del Carrilet.

Mira el plano del metro en la página 128 y sigue las indicaciones. Estás en Drassanes cerca del puerto.

Punto información

El metro en perspectiva
El más antiguo (primer tramo abierto el 10 de enero de 1863) y uno de los más extensos de los 67 del mundo es el metro de Londres. Consta de 390 km (de los cuales 130.3 son túneles). Tiene 276 estaciones.
El más utilizado del mundo es el de Nueva York (primer tramo abierto el 27 de octubre de 1904) con 369.76 km y 458 estaciones.

Avisos

En el metro hay muchos letreros y avisos. Estás viajando en el metro con una amiga que no habla español. ¿Puedes explicarle lo que significan?

1 INTRODUZCA SU BILLETE

5 DEJEN SALIR

BILLETES DEVUELVE CAMBIO

9
AVISO QUEDA PROHIBIDO TERMINANTEMENTE
1º Subir o bajar de los coches en marcha.
2º Permanecer junto al borde del andén.
3º Cruzar las vías.
La Compañía declina toda responsabilidad en los accidentes que pudieran ocurrir por el incumplimiento de este Aviso.

2 Billetes Manual → Automático ↓

7 EL VIAJERO SIN BILLETE SERÁ SANCIONADO CON UNA MULTA DE 5.000 PTAS.

10 RECOJA SU BILLETE

11 **BILLETES** PRECIO EXACTO

3 ATENCIÓN AL ENTRAR O SALIR, TENER CUIDADO PARA NO INTRODUCIR EL PIE ENTRE COCHE Y ANDÉN

8 AVISO ESTE ACCESO SE CIERRA A LAS 22

4 CORRESPONDENCIA

12 No entren ni salgan después del toque de silbato

Taxi

Si no te gusta ir en metro ni en autobús o si tienes prisa puedes viajar más tranquilamente y más fácilmente en taxi. Es más caro pero más seguro y cómodo. En una ciudad grande hay muchas paradas de taxis cerca de estaciones, de almacenes, en las plazas y delante de hoteles grandes. Además si un taxi está libre sólo falta levantar el brazo. El taxista tiene que parar.

Aquí tienes unas frases que serán útiles si quieres coger un taxi: ➤

¿Hay una parada de taxis por aquí?
¿Está libre el taxi?
¿Cuánto cuesta ir desde aquí hasta el aeropuerto?
Lléveme al hotel Conde Duque, por favor.
Pare Vd. aquí, por favor.

Quieres coger un taxi para volver a casa de tu amigo. Vive en la calle Claudio Coello 114, bastante cerca de la estación de metro Núñez de Balboa. Mira el diálogo y haz otro parecido con tu pareja. Luego túrnate con él/ella.

Ejemplo:

Cliente: Buenos días. ¿Está libre el taxi?
Taxista: Sí, señor. ¿Adónde quiere Vd. ir?
Cliente: ¿Me lleva a la calle Goya, 90?
Taxista: ¿Dónde está exactamente en la calle?
Cliente: Está cerca del metro Goya.
Taxista: Vale. Suba Vd.

Otro día llamas por teléfono para reservar un taxi para ir al aeropuerto.
Quieres ir a las cinco de la mañana y quieres saber cuánto costará (2.000 pesetas). Vives en la calle Tiziano 62, cerca de la estación de metro Alvarado.

La RENFE

La empresa que se ocupa de los trenes en España se llama RENFE - Red Nacional de los Ferrocarriles Españoles. En España hay trenes de todos los tipos: hay trenes Expresos y Rápidos, que son, digamos, los trenes normales. Luego hay los trenes Talgo, Intercity,

Electrotén, TER y Estrellas, que son los trenes especiales de largo recorrido. Son muy cómodos, pero hay que pagar un suplemento. Finalmente, hay los trenes más lentos, normalmente de cercanías: los trenes Tranvía, Ómnibus, Automotor, Semidirecto y Ferrobús.

En la estación

En una estación de Ferrocarril (o de autocares) sueles ver pictogramas como éstos.
A ver si entiendes todos estos pictogramas.
¿Cuáles de éstos te parecen importantes en una estación de ferrocarril? Haz una lista en español, empezando con el que te parece más importante y terminando con el que te parece menos importante.

 Información

 Teléfono

 **Señoras**

 **Caballeros**

Salida

Entrada

Despacho de billetes

 **Cambio de moneda**

 Consigna automática

Paso subterráneo

Sala de espera

Cantina

¿Qué hay en la estación más cerca de tu casa? Haz una lista y compara tu estación con lo que hay en la primera lista que hiciste.

Escucha a estas personas que hacen preguntas. ¿Qué símbolo va con cada diálogo?

¿Cómo se hace una reserva?

Lee esta conversación; contiene unas frases útiles si quieres reservar un asiento.

Viajero: **Quisiera un billete para Santiago para el día 15, con reserva de asiento.**
Taquillero: **¿Primera o segunda clase?**
Viajero: **En segunda.**
Taquillero: **¿Ida y vuelta?**
Viajero: **Sí, ¿cuánto vale?**
Taquillero: **3.876 pesetas. ¿Fumador o no fumador?**

Viajero: **No fumador. Quisiera sentarme cerca de la ventanilla, si puede ser.**
Taquillero: **Vale; el día 15 me dijo, ¿no?**
Viajero: **Eso.**
Taquillero: **Bueno, aquí tiene Vd. Coche número 21, asiento número 86, cerca de la ventanilla. Sale a las 10.36.**
Viajero: **¿Cuándo llegará?**
Taquillero: **A las 15.20.**

Ahora trabaja con tu pareja y practica las siguientes conversaciones. Túrnate con tu pareja para hacer el papel del viajero o de la viajera en este dibujo:

Tengo que ir a Bilbao mañana por la tarde. Quiero un billete de ida y vuelta de segunda clase en coche de no fumadores.

Quiero ir a San Sebastián mañana. Voy solo y me hace falta un billete de ida y vuelta de segunda clase en coche de no fumadores. Me gustaría sentarme cerca de la ventanilla. Quiero saber a qué hora sale el tren y a qué hora llega a San Sebastián.

Queremos ir a La Coruña el día 12. Necesitamos billetes de ida y vuelta de segunda clase en coche de no fumadores. Queremos saber a qué hora llega el tren a La Coruña.

Voy a Madrid el día 23. Quiero un billete sencillo de segunda clase en coche de no fumadores. Me gustaría sentarme cerca de la ventanilla.

TAQUILLA

131

En la taquilla

Se ve mucha información en un billete.

Da el precio,
la clase
la hora
y la fecha.

También indica que el
billete se compró en
Salou y el viajero iba
a Barcelona. Es un
billete de ida y vuelta
y Barcelona está a 100
kilómetros.

```
SALOU                    RENFE
● 10:11 5B01MY 19609
● 11-ABR-1995 K:100 C:02
NIÑOS I/R
REGIONAL
05124  S:_019
● PTAS: *750*           RENFE
PARTICIPE DE VUELTA
VUELTA PTAS: *375*

Validez vuelta 15 dias.
Formalizar vuelta en       RENFE
taquilla en caso de:
otro dia, clase o tren.
VUELTA IGUAL A IDA
BNA-P.GRA.
```

Imagina que hiciste este viaje. Haz un
diálogo con tu pareja (el taquillero).

Tú:	*Un billete para Segovia, por favor.*
Taquillero:	*¿De primera o de segunda?*
Tú:	*De segunda.*
Taquillero:	*¿Ida y vuelta, o ida solo?*
Tú:	*Ida solo. ¿Cuánto es?*
Taquillero:	*Son mil seiscientas noventa pesetas.*
Tú:	*Tenga.*
Taquillero:	*Gracias. Adiós.*
Tú:	*Adiós.*

¿Qué dijo?

En las estaciones se oyen muchos anuncios.
A menudo es muy difícil entender lo que dicen,
¡sea el idioma que sea! Normalmente, anuncian
que un tren está a punto de salir o de llegar.
Lee los anuncios abajo. ¿Anuncian la llegada o
la salida de un tren?

1.
*Atención. Tren rápido
Talgo, procedente de Oviedo, que
tiene su llegada a las 22.20,
efectuará su entrada por vía
10.*

2.
*Atención. Expreso Costa
Verde, con destino a Oviedo - Gijón -
Avilés, estacionado en vía seis. Faltan
cinco minutos para que efectúe su
salida.*

3.
*Atención. Tren
rápido TER,
procedente de Madrid,
efectuará su entrada
por vía siete.*

4.
*Tren
rápido.Talgo con
destino a Málaga está
estacionado en vía 15.
Faltan dos minutos para
que efectúe su salida.*

5.
*Tren ómnibus
procedente de
Salamanca que tiene su
llegada a las 13.43 está
efectuando su entrada
por vía cinco.*

Ahora escucha otros anuncios. ¿Cuánto entiendes?

Más preguntas

Después de comprar tu billete te diriges hacia los andenes. Si no estás seguro/a de algo, vale la pena preguntar.

Ejemplo:

Viajero: ¿Es éste el tren para Santiago?
Empleado: Sí señor, éste.

Viajero: El tren de Oviedo llega por vía 11, ¿verdad?
Empleado: No, por vía 1.

Te toca a ti emparejar las frases siguientes para hacer unos diálogos parecidos.

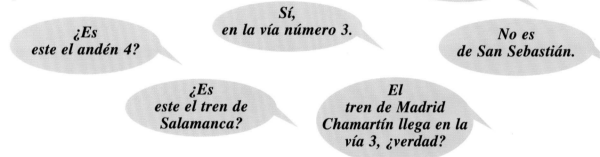

VIA 1 TALGO MADRID CHAMARTIN 15.40

Acceso Andenes

Es verdad, sí.

¿Es este el andén 4?

Sí, en la vía número 3.

No es de San Sebastián.

¿Es este el tren de Salamanca?

El tren de Madrid Chamartín llega en la vía 3, ¿verdad?

133

¿Está libre?

Estás en un coche de segunda clase. Es un coche de no fumadores. En este coche hay tres departamentos y en cada departamento hay ocho asientos. Dos de los departamentos están ya completos: todos los asientos están ocupados. Pero en el otro departamento todavía quedan asientos libres.

Escucha ahora unas conversaciones. Si está ocupado el asiento, dibuja una persona así:
Si el asiento está libre, no dibujes nada.

Una palabra conduce a otro

Aquí hay una manera fácil de adivinar las palabras. Di lo que significa cada palabra en esta lista, buscando palabras inglesas que empiezan con **un-**, **des-**, o **dis-**.

Español	Inglés
des-	un- des- dis-

desembarcarse   descubrir   destrozar
desvestirse   desagradable   descolgar
desesperado   desastre   destruir
despacho   describir   desfavorable
desobedecer   desafortunado   descuento

desaparecer
desconocido

Un viaje en autocar

 Quieres ir de Santander a Oviedo en autocar por la tarde. Haz un diálogo con tu pareja (el empleado) para comprar tu billete.

IRUN - GIJON (1)

																		(1)	(2)	(3)	(1)		(4)
										(1)			(1)							16,30		18,30	19,30
IRUN						08,15	09,30	--	10,30	--	--	13,30	--	--	--	--	--	--	--	16,50		18,50	19,50
S. SEBASTIAN	--	--				08,35	09,55	--	10,50			13,50												
ZARAUZ	--	--					10,20																	
DEVA	--	--					10,50																	
EIBAR	--	--					11,10																	
BILBAO	07,30	08,30	09,30	10,30	11,55	11,30	12,30	13,30	14,30	15,30	16,30	17,30	18,30	19,30	20,30	21,30								
BARACALDO			09,40											19,00	20,00	21,00								
SANTURCE			09,50				12,00	13,00	14,00	15,00	16,00	17,00		19,30	20,30	21,30	22,15							
CASTRO	08,00	09,00	10,15	11,00			12,30	13,30	14,30	15,30	16,30	17,30		19,55										
LAREDO	08,30	09,30	10,45	11,30				13,55					19,00	20,30	21,20	22,30	23,00							
SOLARES	08,55			11,10			13,20	14,30	15,20	16,20	17,30	18,20		20,50		22,50								
SANTANDER	07,30	09,30	10,20	11,35	12,30			14,50			17,50			21,10										
TORRELAVEGA	07,50	09,50			12,50			15,10						21,30										
CABEZON	08,10	10,10					13,10	15,30			18,25			21,40										
S. VICENTE	08,30	10,30					13,30	15,40																
UNQUERA	08,40	10,40					13,40	16,00			19,00													
LLANES	09,00	11,00					14,00	16,20																
RIBADESELLA		11,20						16,35			19,30													
ARRIONDAS	09,30	11,35						16,50						20,20	21,45									
INFIESTO	09,45	11,50	--				15,20	17,30			20,40			22,05										
OVIEDO	10,30	12,30	--				15,40	17,50																
GIJON	10,50	12,50																						

(1) Los Domingos no circula (2) Los Sábados no circula. SERVICIO SUPRA (3) Los Domingos termina en Santander
(4) Domingos y festivos 20,00 NOTA: Los días 25 de Diciembre y 1 de Enero [no circula ningún servicio].

Imagina que tu amigo español te espera en Oviedo. Pierdes el autocar. ¿Qué dirás a tu amigo? Llámale siguiendo el ejemplo de alguien que ha perdido el autocar de las 12.30 de Santander a Oviedo.

El amigo español:	*Dígame.*
El viajero:	*Oye Pedro. No llegaré a las 15.20 en Oviedo.*
El amigo español:	*¿Por qué?*
El viajero:	*He perdido el autocar de las 12.30.*
El amigo español:	*¿Qué autocar cogerás?*
El viajero:	*Cogeré el de las 14.30.*
El amigo español:	*¿A qué hora llegarás a Oviedo?*
El viajero:	*Llegaré a las cinco y media.*
El amigo español:	*Te esperaré en la estación.*
El viajero:	*Gracias, adiós.*

 Túrnate con tu pareja para hacer otros diálogos. No son todos tan fáciles.

1 Te levantas tarde y pierdes el 07.30 de Bilbao a Castro. Cogerás el próximo.

2 Pierdes el 19.00 de Santander a Oviedo. No hay otro autocar. Hay un tren a las 20.15 que llega a Oviedo a las 22.33.

3 Es domingo y el autocar de Irún de las 16.30 no va a Torrelavega. Para en Santander. Tienes amigos en Santander donde puedes pasar la noche.

4 Pierdes el 09.30 de Irún a Zarauz. No hay otro autocar directo. No sabes ni cómo viajarás ni cuándo llegarás. La madre de tu amiga vendrá a Irún o a San Sebastián a encontrarte. Tendrás que decir cuándo y dónde.

El contestador automático

Tu hermana se casa con un español y muchos familiares vienen de España. Cuando llegas a casa hay muchos recados en el contestador. Toma notas de los detalles importantes para decirles a tus padres.

Te veré en julio

Vas a ir de vacaciones a casa de un amigo Alfredo en Tarragona. Tu hermano no te acompañará porque viene más tarde. Cogerás el autocar de Londres a Barcelona el 21 de julio y llegarás a Barcelona a las 14.50 el día 22. No sabes si la familia vendrá a buscarte o si tendrás que coger el tren a Tarragona. Tu hermano llegará una semana después en avión y quieres ir al aeropuerto a encontrarle.

Escribe una carta a Alfredo según el ejemplo.

Barcelona, 3 de abril.

Querido amigo:

Espero que estás bien. Estaré pronto en tu casa. Saldré el día 14 de abril y cogeré el avión a las 9.30. Llegaré a Glasgow a las 11.40. No sé si estarás en el aeropuerto o si tendré que coger el autobús.

Sabes que mi amigo está en Escocia y llegará dos días después. Te llamará cuando llegue a Glasgow.

Nos veremos pronto.

Un saludo,
Paula.

¿Cuál prefieres?

2.
Siempre que puedo voy en taxi. No me cuesta demasiado, es limpio, rápido y no tengo que cambiar de trenes, estar de pie en el autobús, esperar largo rato el próximo tren.

1.
Yo cojo siempre el autobús; es barato, me lleva directamente a casa. No tomo nunca el metro. La gente me molesta mucho, empujando, haciendo mucho ruido.

3.
Para mí el metro es lo mejor. Me gusta el ambiente. Los autobuses tardan demasiado y no tengo dinero para un taxi.

4.
Yo no utilizo el transporte público generalmente. Tengo un parking subterráneo en las oficinas y en el bloque de pisos donde vivo. Me gusta ser independiente. Me molesta la gente en el metro, sobre todo por la noche. A veces me da miedo.

5.
Si no voy lejos, voy andando o en bicicleta. Quizás sea más peligroso pero de esta manera no pierdo demasiado tiempo esperando. Me mantengo en forma y no me cuesta nada. No cambiaré nunca.

 Haces una encuesta sobre el transporte en España. Aquí están unas grabaciones hechas en un instituto madrileño. Apunta cómo viajan los alumnos y por qué.

Medio	Razón
andando	más sano

Compara los resultados con tu pareja a ver si estáis de acuerdo.

Ahora sé …

pedir información sobre el transporte ●●●●●●●●●●●●●●●●●●●●●●●●●●●●

¿Hay una boca del metro cerca de aquí?	Is there a metro entrance near here?
¿Dónde está la estación de autocares/trenes?	Where is the coach/train station?
¿Dónde está la parada de taxis más cercana?	Where is the nearest taxi rank?
¿Se puede ir al Palacio en metro?	Can you get to the Palace by tube?
¿A qué hora sale el primer/último metro?	What time does the first/last metro train leave?
¿Cuánto tiempo dura el viaje?	How long does the journey last?
¿A qué hora sale el tren para Madrid?	What time does the Madrid train leave?
¿A que hora llegará el tren?	What time will the train arrive?
¿Es directo o hay que cambiar?	Is it direct or do I have to change?
¿De qué andén sale?	What platform does it leave from?
Coja la línea 2, dirección Ventas.	Take line 2, direction Ventas.
Hay que bajar en Callao. Es la cuarta parada.	You have to get off at Callao. It's the fourth stop.
¿Cuánto cuesta desde aquí al aeropuerto?	How much does it cost from here to the airport?
¿Es éste el tren para Madrid?	Is this the Madrid train?
¿Está libre el asiento? ¿Está ocupado?	Is this seat free? Is it taken?

137

entender letreros y anuncios en las estaciones ●●●●●●●●●●●●●●●●●●

el despacho de billetes, la cantina	the ticket office, the stafion café
el paso subterráneo, la sala de espera	the underground passageway, the waiting room
la oficina de información	the information office
la consigna (automática)	the (automatic) left luggage office
la entrada, la salida	the entrance, the exit
correspondencia	connections
Tren rápido Talgo, procedente de Oviedo, efectuará su entrada por vía 10.	Talgo express, coming from Oviedo, will be stopping at platform 10.
Atención. Faltan cinco minutos para que efectúe la salida del Expreso Costa Verde.	Attention. The Costa Verde Express will be leaving in five minutes.

comprar billetes ●●

Un billete de ida y vuelta para La Coruña	A return ticket for La Coruña
Quisiera un billete sencillo para Santiago con reserva de asiento para el 15 en coche de no-fumadores cerca de la ventanilla.	I would like a single ticket for Santiago with a reserved seat for the 15th in a non-smoking compartment near the window.

informar a otros cuando llegarás ●●●●●●●●●●●●●●●●●●●●●●●●●●●●●

Llegaré a las dos.	I will arrive at 2.00.
Cogeremos el autocar de las 9.50.	We will catch the 9.50 coach.
Saldrá a las tres. Te llamará cuando llegue.	He'll leave at 3.00. He'll ring you on arrival.

La televisión y los medios de comunicación

En esta unidad aprenderás a:

> *Me gustan mucho las películas.*

> *Es una comedia americana muy divertida.*

> *El Rey Juan Carlos se reunió ayer en Madrid con el primer ministro británico.*

- hablar de programas que te gustan y que has visto recientemente

- entender información sobre programas que dan en la televisión

- entender lo que ha pasado en las noticias

> *Los Picapiedra cuenta la historia de una familia prehistórica.*

- entender y narrar los puntos principales de una emisión televisiva (o de radio)

> *Prefiero la televisión. La radio no es muy interesante.*

- dar tu opinión sobre los medios en general

¿Cuánto tiempo pasas delante de la televisión?

¿Cuánto tiempo pasas delante de la pequeña pantalla? Haz este pequeño test para saber si la ves un poco, mucho o demasiado. La respuesta está en la página 139.

Ahora escucha a unos jóvenes que hablan de cuánto tiempo pasan delante de la televisión. ¿En qué categoría están según las descripciones en la página 139?

1 Los días de colegio ¿ves la televisión
A menos de 2 horas ☐
B 2-3 horas ☐
C más de 3 horas? ☐

2 Los fines de semana ¿ves la televisión (al día)
A menos de 2 horas ☐
B 2-3 horas ☐
C más de 3 horas? ☐

3 Si no hay nada de interés en la televisión
A ¿continúas viendo? ☐
B ¿no haces nada? ☐
C ¿apagas la televisión? ☐

4 Si un amigo te invita a salir y estás viendo la televisión
A ¿dices que no quieres salir? ☐
B ¿sales? ☐
C ¿dices que vas a salir después del programa? ☐

5 Si la televisión no funciona
A ¿escuchas la radio tranquilamente? ☐
B ¿vas a casa de un amigo a ver su televisión? ☐
C ¿te compras otra televisión para tu dormitorio? ☐

¿Qué te gusta ver?

Si hablas con jóvenes españoles sobre la televisión van a preguntarte qué te gusta o no, cómo es y por qué te gusta. Estas frases serán útiles.

Los documentales me gustan muchísimo. Son interesantes.

Me encantan las películas de acción.

Prefiero las comedias americanas. Son divertidas.

Los programas de actualidad son regulares. No me interesan tanto.

Me gusta ver las emisiones deportivas. Son emocionantes.

Las telenovelas son buenísimas - ¡estupendas! Me gustan los personajes.

No me gustan las noticias. Suelen ser aburridas.

Detesto los dibujos animados.

Los concursos son malísimos y muy tontos.

Escucha unas entrevistas con unos jóvenes que hablan de los diferentes tipos de programas. ¿Estás de acuerdo con ellos? Apunta información sobre sus gustos.

Respuesta

	A	B	C
1	5	10	15
2	5	10	15
3	15	10	5
4	15	5	10
5	5	10	15

Respuesta

25-40 No ves demasiado y sabes discriminar entre lo bueno y lo malo.

40-60 Ves mucha televisión y tienes que considerar tus prioridades.

60-75 Eres teleadicto. Ves demasiado la televisión y tu vida es aburrida.

Te toca a ti

👉 Haz diálogos con un amigo español (tu pareja) sobre qué te gusta ver en la televisión y por qué. ¿Tenéis mucho en común?

Ejemplo:

Tú:	*Oye, ¿qué te gusta ver en la televisión?*
Tu amigo:	*Me gustan las comedias y las telenovelas.*
Tú:	*¿Por qué te gustan las telenovelas?*
Tu amigo:	*Son emocionantes. Me gustan los personajes.*
Tú:	*¿Hay cosas que no te gustan?*
Tu amigo:	*Las noticias.*
Tú:	*¿Por qué?*
Tu amigo:	*Porque son aburridísimas.*

¿Qué vamos a ver?

👉 Vas a pasar la tarde en casa con tu amigo español (tu pareja). A ti te gustan el deporte y los concursos. A tu amigo le gustan las aventuras policíacas y los dibujos animados. Discutid para decidir qué vais a ver entre las siete y las doce.

1ª Cadena

19.00	Atletismo
21.00	El tiempo
21.15	El precio justo
22.25	Canción triste de Hill Street
23.30	Yankis (película)
01.30	Telediario 3

2ª Cadena

19.00	Dibujos animados
19.30	Cine: película de la tarde
21.30	Noticias
22.00	Sólo goles
22.30	Cine: Silkwood
00.15	Noticias y Meteo

Ejemplo:

Tú:	*¿Qué te gustaría ver esta noche?*
Tu amigo:	*A mí me gustan los dibujos animados. ¿Te gustaría ver los dibujos animados a las siete?*
Tú:	*A mí me gusta el deporte. Hay atletismo a las siete. Pero, si quieres ver los dibujos, vale ...*

140

¿Qué tal fue el programa?

👍 Estás en casa de un amigo español. Anoche te quedaste en casa viendo la televisión. Otro amigo quiere saber qué tal fueron los programas que viste. Puedes hablar de los programas en la página 140. Estas frases pueden ser útiles.

> *No me gustó la película. Fue malísima.*

> *No me gustaron las noticias.*

> *Me encantó la comedia. Fue divertidísima.*

> *El programa deportivo fue regular.*

> *Las telenovelas fueron buenísimas – ¡estupendas!*

Ejemplo:

Tu amigo: *Oye. ¿Qué viste en la televisión anoche?*
Tú: *Vi el atletismo.*
Tu amigo: *¿Qué tal fue?*
Tú: *Muy bien. Me gustó mucho.*
Tu amigo: *¿Viste la película?*
Tú: *No la vi. ¿Y tú?*
Tu amigo: *Sí, la vi. Me encantó.*

¿Qué tipo de programa es?

👎 Miras el horario en el periódico pero no sabes siempre qué tipo de programa es. Si tienes un invitado español te preguntará, por ejemplo:

> *'Neighbours', ¿qué es?*

Y tú contestarás:

> *Es una telenovela australiana. La dan cinco días a la semana en la televisión, lunes, martes, miércoles, jueves y viernes.*

Haz una lista de programas: documentales, noticias, actualidades, dibujos animados, comedias, concursos ... y túrnate con tu pareja para decir qué tipo de programa es y cuándo lo dan.

¿Qué pasó en las noticias?

Se dice que no hay nada nuevo en las noticias:

guerras

asesinatos

robos

reuniones de
políticos

incidentes en la
carretera

Escucha una emisión de la cadena Estar. ¿Qué categoría de
noticias son? ¿Hablan de otras cosas?

¿Qué película viste?

Unos amigos te cuentan las historias de películas que han visto en
las cadenas de satélite. ¿Puedes describir una película que has
visto?

«Ayer vi *Mujercitas* en la televisión. Cuenta la historia de
cuatro chicas: Jo, Meg, Beth y Amy. Tres chicas quieren casarse
y una, Jo, quiere ser escritora. Me gustó mucho. Es muy
romántico.»

«En casa de Miguel vi *Una insolita aventura*. Es una comedia
negra. La acción tiene lugar en el teatro. Una joven actriz, Stella,
se enamora del cruel director de la compañía y después del guapo
y dinámico O'Hara. Es un poco triste y no me gustó mucho.»

«El fin de semana pasado vi *Niño Rico*. Es una película muy
divertida. Cuenta las aventuras de un niño inmensamente rico
que se llama Richie. Cuando sus padres están fuera de casa se
enfrenta con unos ejecutivos intrigantes. Me encantó.»

«Ayer en casa vi *El jardín secreto*. la película cuenta las
experiencias de tres niños que se refugian en un jardín
abandonado y allí viven experiencias fantásticas y divertidas.
Fue emocionante.»

«Anoche vi una película muy tonta que se llama *Caraconos*.
Cuenta la historia de un extraterrestre que quiere conquistar la
tierra.»

El árbol genealógico de una telenovela

Las telenovelas son muy populares en España. Hay telenovelas americanas y australianas, claro, y también de países hispanoamericanos como Méjico. Las familias suelen ser complicadas y las historias también. Normalmente hay dos (o más) familias importantes.

Mira un ejemplo:

Don Simón Carrasco

Doña Elena Carrasco

María

Andrés

Cristina

Eduardo

Miguel Torres

Angelina Torres

Pablo   **Nuria**   **Juana**

Don Simón Carrasco: sesenta años. Director de unos grandes almacenes. Muy rico y arrogante. Andrés tiene 35 años y trabaja con su padre. No le gusta Eduardo que se casó con su hermana Cristina hace dos años, pero le gusta mucho María.

Miguel Torres: cincuenta años. Trabaja en los grandes almacenes. Es simpático y modesto. Su hijo mayor, Pablo, es impulsivo y violento.

Pablo se ha enamorado de María Carrasco.

En el último episodio Andrés descubrió que María y Pablo se habían enamorado. Se lo contó a su padre. Don Simón dijo a Miguel Torres que no quería ver a su hija con Pablo. Cristina y Eduardo hablaron con Andrés y dijeron que María tenía 20 años y podía decidir qué quería hacer. Andrés contestó que iba a matar a Pablo.

¿Puedes inventar una telenovela? Haz un árbol genealógico de las dos familias principales y describe los personajes. Los personajes pueden ser: ▼

simpáticos	pobres
antipáticos	inteligentes
(in)pacientes	estúpidos
ricos	

Unas opiniones muy diferentes

Estás escuchando una emisión en la radio sobre los medios de comunicación. Las opiniones de los jóvenes son muy diferentes. Escucha la cinta y di si estás de acuerdo o no con su punto de vista.

Cuenta la historia de las dos familias. En las telenovelas los personajes suelen reunirse, enamorarse, casarse, separarse y morir ¡pero no en el mismo episodio! Estas frases pueden ser útiles: ▼

En el último episodio Conchita se separó de su marido.
El abuelo murió.
El padre descubrió que su vecino había matado su perro.
Alonso se casó con su novia en la catedral.
Los hermanos se reunieron después de veinte años.

143

Una carta de una amiga

Una amiga te escribe desde España sobre los medios de comunicación. Está estudiando el tema en España y quiere saber tu opinión. Lee su carta y contesta.

Zaragoza, 19 de mayo

Querida amiga:

Espero que estás bien. A mí me interesan los medios de comunicación: televisión, radio, periódicos y revistas. Estoy haciendo un estudio sobre cuál prefiere la gente y si creen más lo que ven en la televisión o lo que leen en el periódico. ¿Cuál prefieres tú: la televisión o la radio? ¿Crees más en las noticias de radio o de televisión? ¿Dicen la verdad en la televisión, en los periódicos, en los dos o en ni uno ni otro? En España hay periódicos nacionales como El País, pero son muy importantes los periódicos locales y regionales: El Diario Montañés (de Santander), La Voz de Asturias (de Oviedo). ¿Cómo se llaman los periódicos nacionales en tu país? ¿Hay muchos periódicos regionales y locales? ¿Lees mucho el periódico o revistas o prefieres ver la televisión? Es más fácil ver la televisión pero aburrido a veces, ¿verdad?

Ayer me compré dos revistas - de informática y de cine. Son caras las revistas pero me gustan. ¿Gastas mucho dinero en revistas o prefieres alquilar o comprar vídeos?
Nada más por hoy. Escríbeme pronto.

Un abrazo,

Mercedes

Sancho y Panza

Una palabra conduce a otra

Hay muchas palabras españolas que escritas se parecen a palabras inglesas, por ejemplo:

publicidad, base, higiene, circuito, pausa

Pero cuando oyes estas palabras sin poder verlas, ¡es mucho más difícil adivinar lo que significan!

Escucha la cinta; una persona española va a decir unas frases con algunas palabras que probablemente no conoces. ¡A ver si adivinas lo que significan!

Ahora sé ...

hablar de programas que me gustan ●●●●●●●●●●●●●●●●●●●●●●●●●●●

Los programas de actualidad me gustan muchísimo.	I like current affairs very much.
Me encantan las telenovelas. Son buenísimas.	I love soaps. They are great.
Prefiero las comedias americanas. Son más divertidas.	I prefer American comedies. They are more entertaining.
Me gusta ver las emisiones deportivas.	I like watching sports programmes.
No me gustan ni las noticias ni los documentales.	I don't like either the news or documentaries.
Los concursos son emocionantes.	The game shows are exciting.

decir qué he visto y escuchado y cómo fue ●●●●●●●●●●●●●●●●●●●●●●

Vi el atletismo anoche. Fue estupendo.	I watched the athletics last night. It was great.
La película fue regular – un poco tonta.	The film was just okay – a bit stupid.
Escuché un concierto en la radio. Fue aburridísimo.	I listened to a concert on the radio. It was very, very boring.

entender información y narrar los puntos principales de la historia ●●●●●●●●

Es una telenovela. La dan tres veces a la semana.	It's a soap opera. It's on three times a week.
Cuenta la historia de un hombre rico que se enamora de una mujer pobre.	It tells the story of a rich man who falls in love with a poor woman.
Es la historia de las experiencias de tres niños.	It is the story of the experiences of three children.
La hija mayor se casó con el director.	The older daughter married the manager.
La mujer se separó de su marido.	The woman separated from her husband.
La abuela murió.	The grandmother died.
La familia se reunió en casa.	The family met at home.
Descubrió que no era su padre.	She discovered that he wasn't her father.

dar mi opinión sobre los medios ●●●●●●●●●●●●●●●●●●●●●●●●●●

Creo que la televisión es muy mala.	I think television is very bad.
Me gustaría ver más películas y menos publicidad.	I would like to see more films and less adverts.
No tengo mucho tiempo para ver la televisión.	I haven't got a lot of time to watch television.
No suelo verla a menudo.	I don't usually watch it often.
Me encanta la televisión. La veo cuatro o cinco horas diarias.	I love television. I watch it four or five hours a day.
Creo más en las noticias de radio.	I believe in the news on the radio more.

145

En esta unidad aprenderás cómo:

> **¿A qué hora llegará a Sao Paulo?**

• hacer preguntas sobre tus viajes

> **El viaje durará dos horas.**

• informar a otros de los detalles

> **Quisiera reservar un camarote doble en el ferry de mañana.**

• reservar tu billete y verificar los detalles

> **Pronto llegaremos al aeropuerto de Barcelona. El cielo está despejado y la temperatura es de 17°.**

• entender información sobre el viaje

> **Me gustó el viaje en ferry. Prefiero viajar en barco.**

• describir tu viaje y comparar el viajar en barco y en avión

España abre sus puertas

Cuando vayas a España es muy probable que cojas el avión. Sin embargo, como península, España está rodeada, casi por completo, de agua y es posible ir allí en ferry o crucero. También es posible, una vez en España, trasladarte a una de las Islas Baleares o a la costa norte de África en barco.

Si tienes que organizar un viaje o cambiar tus proyectos cuando estás allí será útil saber hacerlo en español. Además, si tu amigo por correspondencia y tú estáis concretando unos planes para un intercambio, será mejor poder comunicarse en español - sobre todo si tu amigo no domina bien el inglés.

España abre sus puertas a unos 43 millones de visitantes cada año.

Aquí se ve un mapa de España que muestra los aeropuertos principales de España. España es un país marítimo y no le faltan puertos. También se indican los puertos principales. Hay muchos cruceros que hacen escala en los puertos principales rumbo a las Islas Canarias o Baleares y a otros países del Mediterráneo. Y hay ferrys también, claro, a las Islas y a otros países.

En la agencia de viajes

Cuando hayas decidido adónde quieres ir, visitarás a lo mejor una agencia de viajes para pedir información.

Aquí tienes muchas preguntas y respuestas. ¿Puedes emparejarlas y decir quién va a hacer la pregunta – el empleado o el cliente y si se trata de un viaje en avión o en barco, o posiblemente los dos?

¿Quiere Vd. un camarote individual, de dos o de cuatro?

¿Cuánto tiempo dura la travesía?

No, quiero dos billetes de ida y vuelta.

¿Cuántos vuelos hay al día?

¿En qué fecha(s)?

¿Viaja Vd. solo(a)?

Llegará a las 19.10.

¿A qué hora llegará a Madrid?

En un camarote individual hay que pagar un suplemento.

Hay dos.

¿Quiere Vd. reservar un asiento?

El barco sale a las ocho mañana por la mañana.

Dura veinticuatro horas.

El vuelo a Santiago es directo.

¿Hay un barco para Ibiza esta tarde?

¿Es directo o hace escala en Bilbao?

Hay un descuento del 10 por ciento para estudiantes.

El día 12.

Quisiera reservar un asiento de no fumador.

¿Hay un descuento para jóvenes?

Quiero un camarote doble, por favor.

¿Hay que pagar un suplemento?

Estás en una agencia de viajes. Escuchas a la gente delante de ti hablando con el empleado. Te interesa por curiosidad saber adónde quieren ir, cómo y cuándo.

MEXICANA
Primera Línea Aérea de Latinoamérica

BRITISH AIRWAYS

IBERIA
LINEAS AEREAS DE ESPAÑA

swissair

Lufthansa
Líneas Aéreas Alemanas

AIR FRANCE

Quiero ir a ...

👍 Ahora te toca a ti pedir información al empleado. Haz un diálogo con tu pareja como el del ejemplo.

Mallorca, martes 21

16.30

Gerona, sábado 18 — 14.15

Menorca, lunes 12 — 22.30

Santa Cruz de Tenerife, domingo 13 — 11.20

Ejemplo:

Empleado: **Buenos días, señora.**
Cliente: **Buenos días.**
Empleado: **¿Qué desea?**
Cliente: **Quiero ir a Mallorca en avión.**
Empleado: **¿Cuándo quiere Vd. viajar?**
Cliente: **El martes próximo, el 21.**
Empleado: **Vale.**
Cliente: **¿A qué hora sale el avión?**
Empleado: **Hay un vuelo a las 16.30.**
Cliente: **De acuerdo.**

Quisiera reservar ...

👍 Quieres reservar un billete. Haz unos diálogos con tu pareja según los ejemplos.

Tú: **Buenos días.**
Tu pareja: **Quisiera reservar un billete de ida solamente para el vuelo de Londres el jueves próximo.**
Tú: **Sí, señor. ¿Viaja Vd. solo?**
Tu pareja: **Sí.**
Tú: **¿Quiere un billete de primera o turista?**
Tu pareja: **De primera. ¿Cuánto es?**
Tú: **48.000 pts. Sale a las 13.50.**
Tu pareja: **¿Cómo se llega al aeropuerto?**
Tú: **En autobús o en taxi.**
Tu pareja: **¿A qué hora tengo que estar allí?**
Tú: **Una media hora antes.**

Tú: **Buenos días.**
Tu pareja: **Quisiera reservar un camarote con ducha para el ferry a Plymouth el martes.**
Tú: **Sí, señor. ¿Quiere un camarote doble o individual?**
Tu pareja: **Individual.**
Tú: **¿Cuándo quiere volver?**
Tu pareja: **Quiero volver el jueves 22.**
Tú: **Vale.**
Tu pareja: **¿Cuánto es? y, ¿a qué hora sale?**
Tú: **22.000 pts. Sale a las 15.00 horas.**
Tu pareja: **¿Por dónde se va a la estación marítima?**
Tú: **Hay que ir en taxi.**
Tu pareja: **¿A qué hora tengo que estar allí?**
Tú: **Una hora antes de la salida.**

Tu pareja (el viajero)
1 Pide un billete de ida y vuelta a Málaga para el vuelo del lunes 23 de abril. Quieres volver el 2 de mayo. Pregunta el precio, a qué hora sale y cómo llegar al aeropuerto. No quieres un billete de primera clase.

Tú (el empleado)
1 Pregunta cuándo quiere volver, si quiere viajar en primera clase. Dile que el avión sale a las 15.35. El billete cuesta 40.000 pesetas.

Tú (el viajero)
2 Pide un billete de ida sólo para el ferry a Ibiza para mañana. Quieres un camarote individual con baño. Quieres saber cuánto cuesta, a qué hora sale y a qué hora tienes que estar en el puerto.

Tú pareja (el empleado)
2 Pregunta si quiere cuarto de baño y dile el precio. Dile también que sale a las 24.00 y que hay que estar en el puerto una media hora antes.

La vida no es siempre tan fácil

👎 Haz los mismos diálogos pero esta vez hay problemas y decisiones que hay que tomar.

1 a No hay vuelo el 2 de mayo. Hay un vuelo el día 1 a las once de la noche y el día 4 al mediodía.
b No hay vuelos a Málaga entre el 21 y el 25. Hay un vuelo a Alicante el 23 y está el tren a Málaga que es muy rápido.

2 a No hay camarote individual con baño pero hay un camarote doble con baño y hay que pagar un suplemento de 3.000 pesetas. Hay camarotes individuales con lavabo.
b No hay billetes para el ferry. Puedes llegar a ver si hay sitio o ir pasado mañana en el ferry que sale a la misma hora.

Hasta pronto

Tu amiga española te escribe para darte la información que te hace falta respecto a su visita a Inglaterra. Tus padres quieren saber lo siguiente: ▶

- los detalles del vuelo
- cómo la reconocerán
- si da más información sobre su viaje.

Unos meses más tarde te toca a ti dar los detalles de tu visita a tu amiga en Madrid, a quien vas a visitar. Aquí tienes apuntados los hechos más importantes y una lista de preguntas.

Manchester - Madrid
Sat 2nd Nov.
Dep: 13.45
Arr: 17.55
1 black case
blue coat
red trousers
Will parents be there?
If not, how will I get to Segovia?
Best wishes to all.

Segovia, 13 de julio

Querida amiga:

Dentro de dos semanas estaré en Inglaterra. El lunes iré a buscar el billete y cogeré los cheques de viaje en el banco. Me imagino que querrás saber cuándo llegaré, ¿verdad? Bueno, el vuelo del lunes estaba completo - por eso voy el martes 27 de este mes. El avión sale de Barajas a las 8.10, (mis padres me llevarán en coche al aeropuerto) y llegará, si todo va bien, a las 11.35 - hora inglesa. El vuelo es el número IB 439.
Tienes una foto que te mandé hace tiempo pero me he cortado el pelo y, a lo mejor, no me reconocerás. Llevaré vaqueros, camiseta roja y una chaqueta azul. No traeré mi maleta que pesa más que yo - sólo unos bolsos deportivos, ya sabes cómo son, uno marrón y otro verdegris. Si no nos vemos iré al punto de encuentro que suele haber en los aeropuertos. Me has dicho que tus padres nos llevarán a vuestra casa. Me alegro mucho de ello.
Si pasa algo, o hay algún problema os avisaré desde Madrid. Recuerdos a tus padres. Te escribiré la semana que viene si he olvidado decirte algo.

Hasta pronto,

Marta

Marta

¡Qué pena!

A veces no van bien las cosas. Tú trabajas en Inglaterra para una organización que organiza unos intercambios personales entre españoles y extranjeros. Si hay una emergencia te llaman y a ti te toca explicar el problema a la familia inglesa. Escucha estas llamadas telefónicas y apunta los detalles más importantes.

En el aeropuerto

Hay un grupo de turistas que quieren ir a diferentes sitios, pero no saben dónde están. Preguntan y tú les diriges. Tu pareja hace el papel de los turistas y sin mirar los letreros te pregunta sobre diversos servicios. Si no está indicado tienes que decir simplemente - No sé.

Ejemplo:

– ¿Por dónde se va a la oficina de cambio?
– Mire, todo recto.

llegadas nacionales ←

información →

llegadas ←

botiquín ↑

guardería ←

restaurante →

aseos ←

puertas 1-3 ↑

salidas ←

oficina de cambio ↑

venta de billetes →

cafetería ←

Atención sres. pasajeros

Estás con un grupo de turistas en la sala de embarque del aeropuerto de Barajas. Vas a Roma. Se oye una serie de avisos. Escucha con atención y apunta la información referente a tu vuelo.

Si puedes apuntar lo que se dice acerca de otros vuelos, tanto mejor. Así podrás ayudar a otros que no lo hayan cogido.

CIA	VUELO	DESTINO	SALIDA
AV	103	BARCELONA	13.10
SA	672	BRUSELAS	13.15
AL	343	ROMA	13.20
BA	476	LONDRES	13.30
AF	117	LYON	13.40
IB	567	NUEVA YORK	14.00
IB	312	PARÍS	14.10
AF	231	SEVILLA	14.30

¡Qué desastre!

Hace muy mal tiempo. Todos los vuelos tienen un retraso de una hora o más. Tienes que llamar a tu amigo español que te espera. Por desgracia ha salido ya hacia el aeropuerto. Hablas con su madre. Haz un diálogo con tu pareja (la madre).

Ejemplo:

Tú: **Oiga, señora, ¿está Mariluz? Soy Debbie.**

La madre: **Lo siento, ha salido ya. ¿Quieres dejar un recado?**

Tú: **Sí. El avión lleva una hora y media de retraso y no llegaré antes de las doce de la noche.**

La madre: **¿Qué pasa?**

Tú: **Hace muy mal tiempo, está nevando.**

La madre: **No te preocupes. Mi hija estará en el aeropuerto esperándote.**

Tú: **Gracias. Llamaré otra vez si tengo más noticias.**

Ahora túrnate para ser el viajero.

El viajero

1 di quién eres y pregunta por tu amigo; que el avión lleva 3 horas de retraso; que llegará a las dos.

2 di quién eres y pregunta por tu amiga; que hay niebla y el avión saldrá de Londres; que no sabes cuándo y que llamarás.

3 di quién eres y pregunta por tu amigo; que has perdido el avión; que cogerás el proximo que llegará a las 15.45.

4 di quién eres y pregunta por tu amiga; que el avión tiene problemas técnicos; que hay un retraso de 4 horas; que llegarás a las siete de la mañana.

El padre/la madre

1 di que ha salido y pregunta qué pasa; pregunta a qué hora llegará; dile que no se preocupe.

2 di que ha salido y si quiere dejar un recado; pregunta a qué hora llegará; dile que no se preocupe.

3 di que está en el jardín y pregunta qué pasa; pregunta qué avión cogerá; dile que no se preocupe.

4 dile que está en la cama y pregunta qué pasa; pregunta qué retraso lleva; pregunta cuándo llegará; dile que no se preocupe.

¿Qué tiempo hará?

Como ya se ha visto, el tiempo tiene un papel importante en los viajes y en las vacaciones. Los periódicos suelen publicar previsiones meteorológicas muy detalladas como la que se encuentra a continuación.

El tiempo

Ligera mejoría en nuestra zona

Hoy el cielo continuará con precipitaciones, algo más débiles que las de ayer, en Galicia, Asturias, Cantabria, Pirineo, oeste de Castilla-León y sistema Ibérico y Central. Muy nuboso con lluvia en el resto de la península. Las temperaturas subirán en toda la mitad oriental y habrá mucho sol en Mallorca.

Despejado	Casi despejado	Poco nuboso	Nuboso	Muy nuboso	Cubierto	Chubasco	Llovizna	Lluvia	Tormenta

Viento	Marejadilla	Marejada	Fuerte marejada	Mar gruesa	Niebla	Calina	Helada	Nieve	Granizo

Estás pasando las vacaciones en Madrid con unos amigos. Por la tarde cogeréis el avión a Mallorca. Lee el periódico y contesta a las preguntas de tus amigos que no lo entienden. Quieren saber
• qué tiempo hace en Madrid
• qué tiempo hará en Mallorca.

Escuchas también las previsiones meteorológicas en la radio. ¿Qué información te da sobre el tiempo para hoy y mañana?

A bordo del avión

Antes de y durante el vuelo se dan los avisos normales. La persona que está sentada a tu lado no los entiende. Al oír cada uno di a tu pareja qué significan.

¿En barco o en avión?

Después de leer la publicidad sobre unas vacaciones en Inglaterra los padres de tu amigo por correspondencia deciden ir a Londres. Pero no pueden ponerse de acuerdo: el padre quiere llevar el coche en el ferry y la madre prefiere ir en avión. Tú hablas con tu amigo (tu pareja) y entre vosotros discutís las ventajas e inconvenientes.

Ejemplo:

Tú: **Bueno, el avión es más rapido.**
Tu pareja: **Sí, pero es más caro.**
Tú: **De acuerdo, y tienes más libertad en el barco.**
Tu pareja: **Pero te aburres ¿no?**

¿Cuál recomendáis a los padres al final?

Una palabra conduce a otra

En el avión te dirán la veloci**dad** del avión.
En el control de pasaportes necesitan un carné de identi**dad** que indique tu nacionali**dad**.
Estas palabras son fáciles de entender. Si sabes esta regla:

Español	**Inglés**
-dad	-ty
-tad	

podrás decir lo que significan todas estas palabras:

variedad	electricidad
actividad	localidad
calidad	universidad
cantidad	seguridad
libertad	facultad
dificultad	caridad
entidad	

Ahora sé …

hacer preguntas y reservar tu viaje ●●●●●●●●●●●●●●●●●●●●●●●●●●●

¿Cuántos vuelos hay al día? — How many flights are there a day?
¿Cuánto tiempo dura la travesía? — How long does the crossing take?
¿A qué hora llegará a Santiago? — What time will it arrive in Santiago?
¿Es directo o hace escala en Londres? — Is it direct or does it stop over in London?
¿Hay descuento para jóvenes? — Is there a discount for young people?
¿Hay que pagar un suplemento? — Do you have to pay a supplement?
¿Quiere Vd. un camarote con baño? — Do you want a cabin with a bathroom?
¿Cuándo quiere volver? — When do you want to come back?
Quisiera reservar un camarote individual para el ferry de hoy. — I would like to reserve a cabin for one for today's ferry.

entender letreros y anuncios en el aeropuerto ●●●●●●●●●●●●●●●●●●●●●

Se ruega a los sres. pasajeros embarquen urgentemente. Es el último aviso. — Passengers are requested to board immediately. This is the final call.
Mexicana anuncia la salida de su vuelo con destino a Roma. — Mexicana announces the departure of its flight to Rome.
Se anuncia la llegada del vuelo 547 procedente de Málaga. — We announce the arrival of flight 547 from Malaga.
El vuelo de Iberia con destino a Bruselas tiene un retraso debido a problemas técnicos. — The departure of the Iberia flight to Brussels is delayed due to technical problems.

entender información sobre el viaje y el tiempo ●●●●●●●●●●●●●●●●●●●●

El avión lleva una hora de retraso. — The plane is running an hour late.
Llegaremos en 20 minutos. — We shall be arriving in 20 minutes.
El cielo en Barcelona está despejado. — The sky over Barcelona is clear.
Vientos flojos soplarán del norte. — There will be light winds from the north.
Cielo cubierto, nieblas persistentes con algunos chubascos. — Overcast sky, persistent fog with some showers.
Habrá lluvias débiles y neblina. — There will be a light rain and mist.
Habrá vientos fuertes con precipitaciones. — There will be strong winds with rain.

describir el viaje y comparar el viajar en avión y en barco ●●●●●●●●●●●●

El avión llegará a las 23.00. — The plane will arrive at 11.00 p.m.
Mis padres te llevarán a casa. — My parents will bring you home.
Llevaré vaqueros y una camiseta. — I shall be wearing jeans and a tee-shirt.
Iremos a un restaurante en el aeropuerto. — We will go to a restaurant in the airport.
Prefiero el avión; es más cómodo. — I prefer the plane; it is more comfortable.

En esta unidad aprenderás a:

> *Fuimos a Suiza a esquiar.*

Hola,
Estamos en Lima.
Mañana cogeremos el
avión a Machu Picchu
en los Andes. Allí hay
ruinas de los Incas.

> *Ayer llovió mucho y hubo una tormenta. Me quedé en casa.*

• describir tus vacaciones

• entender a otros que hablan de sus vacaciones

• describir el tiempo

Extra vacaciones

A ver primero cómo pasaron las vacaciones estas personas. En una revista española salió este artículo donde invitaron a sus lectores a hablar de sus vacaciones. Lee el artículo. ¿Cuál te gustaría más? ¿Por qué?

Nuestros lectores hablan

Después de tanto trabajo nos encantó la idea de alquilar un "cottage" en Cornualles. Buscamos la tranquilidad y la encontramos en un pequeño pueblo cerca de la bahía de Saint Ives. Sacamos fotos de St Michael's Mount e hicimos una excursión a Land's End.

Concha Velázquez

Fui por primera vez a México. Primero viajé a la capital y visité el Castillo de Chapultepec construido por los conquistadores sobre un palacio de Moctezuma. También vi las ruinas aztecas en Teotihuacán. En la avenida principal de la ciudad hay la Pirámide del Sol donde se hacían sacrificios humanos. Al final pasé unos días en Acapulco. Fueron unas vacaciones estupendas. Hizo un tiempo maravilloso.

Jaime González

Siempre he querido ir a Egipto. Esta primavera nos decidimos a visitar el país. Fuimos al Cairo en avión y cogimos otro avión hasta Luxor. Viajamos en barco por el Nilo. Visitamos las pirámides por la noche – son muy hermosas a la luz de la luna. Dimos una vuelta en avión para ver las maravillas del Egipto faraónico. Todo fue fascinante. Los tesoros que hay en el Museo de Cairo – ¡fabulosos!

Jorge Murillo

Las Navidades en España

Enviaste una tarjeta de Navidad a tu amigo en España. Recibes esta carta en que te describe cómo pasó las Navidades. Es muy diferente en España y hace falta que tu profesor(a) te explique las costumbres. Lee la carta y mira los dibujos de tu amigo. Apunta información sobre qué hizo.

1

Reyes Magos

2

Nochevieja, 31 de diciembre

3

Nochebuena, 24 de diciembre

4

el belén

5

el árbol de Navidad

Madrid, 6 de enero

¡Feliz año nuevo!

Estoy escribiendo esta carta para darte las gracias por la tarjeta que me enviaste. Espero que hayas recibido el mío. Estamos aquí celebrando la fiesta de los Reyes Magos. Toda la familia está aquí: los padres, los abuelos, los tíos bebiendo champán, comiendo turrón - lo normal. Mis hermanos menores y mis primos están jugando con los regalos. Me parece que no se suele celebrar esta fiesta en tu país. Se ofrecen regalos el día de Navidad, ¿verdad?

Anoche fuimos al Parque del Retiro. Hubo una cabalgata de los Reyes Magos en carroza. Los camellos llevaban los paquetes. Mis hermanos se divirtieron muchísimo. Después no querían dormirse pero estaban tan cansados que sí durmieron bien. Aquí los padres suelen dejar las llaves fuera de tal manera que los Reyes puedan entrar, dejar los regalos y salir.

¿Qué tal pasaste las Navidades? Nosotros adornamos la casa unos pocos días antes de Navidad. Pusimos el belén y el árbol de navidad. En Nochebuena cenamos todos en familia y después fuimos a la misa del Gallo. El día de Navidad lo pasamos, como siempre, cantando villancicos, y comiendo bastante. En Nochevieja fuimos a la Puerta del Sol después de cenar. La gente suele traer champán y uvas. Cuando son las doce comen las doce uvas de la suerte. Volvimos a casa a las tres. Dime algo sobre tus fiestas navideñas. Me interesa saber cómo las pasas y también lo que hacías cuando joven.

Un fuerte abrazo de tu amigo,

Jorge

Jorge

¡Felices Pascuas!

Lee lo que dijeron unos jóvenes sobre las Navidades. ¿Las pasaron en España o en Gran Bretaña, o podría ser en los dos sitios?

> Mis padres me regalaron un reloj el día de Navidad.

> Comimos pavo y turrón.

> Toda la familia cenó en casa en Nochevieja.

> Vimos la cabalgata de los Reyes Magos en el Parque del Retiro.

> Comimos pollo y pudín de Navidad el día de Navidad.

> Pusimos el belén y el árbol de Navidad unos días antes de Navidad.

Ahora escucha a unos jóvenes. ¿Qué dicen de las Navidades?

Una carta de una amiga

Recibes una carta de tu amiga. Te interesa saber algo de cómo pasó sus vacaciones de Semana Santa. En tu última carta hiciste preguntas sobre:

- adónde fue
- dónde se quedó
- qué hizo
- si lo pasó bien.

Lee la carta a ver si hay respuestas a tus preguntas. Tus padres ven las fotos. ¿Qué les puedes decir?

Santander, 15 de mayo

¡Hola Joanne!

¿Qué tal fueron tus vacaciones de Semana Santa? Me dijiste en tu última carta que normalemente te quedas en casa. ¿Qué hiciste entonces? ¿Fuiste a algún sitio? Este año mis padres decideron ir a Asturias en coche. Fuimos todos y pasamos ocho días allí. Primero fuimos a la capital, Oviedo, y nos alojamos en un hostal. Nos gustó pasear por las calles antiguas.

Fuimos a los bares y conocimos a muchos chicos asturianos. Pasamos largos ratos charlando con ellos y jugando a los futbolines. Luego fuimos a Gijón, el centro turístico de la región. Hacía buen tiempo y bajamos a la playa. Nos bañamos y tomamos el sol. Nuestros padres descansaron; leyeron libros y durmieron bastante.

Por la tarde cenamos en un restaurante. Yo pedí fabada y sidra y mis hermanos pidieron lo mismo. No pude terminar la fabada; se la comió Pepe. El pobre comió demasiado y se puso enfermo. Volvimos el miércoles. Por el camino tuvimos un pinchazo. Mi padre tuvo que cambiar la rueda. Sin embargo, fueron unas vacaciones estupendas. Sólo llovió un día.

Escribe pronto y cuéntame cómo pasaste las vacaciones. Tuviste dos semanas de vacaciones, ¿verdad? ¿Qué tiempo hizo?

Un abrazo de tu amiga,

Luisa

P.D. Te envío unas fotos de las vacaciones.

Unas fotos de las vacaciones

Tu amigo Manolo, su amiga María y tú, estáis hablando de las vacaciones. Manolo os enseña unas fotos y María le hace preguntas. Escucha lo que dicen y trata de descubrir cosas que no están en las fotos.

Ahora te toca a ti. Enseñas las siguientes fotos de tus vacaciones a tu amigo español. Pide a tu pareja que haga el papel del amigo. Te hace preguntas como:

¿Adónde fuisteis?

¿Qué hicisteis?

¿Dónde os alojasteis?

¿Dónde comisteis?

¿Qué visitasteis?

¿Lo pasasteis bien?

Tienes que decir todo lo que puedes. Luego túrnate con tu pareja.
Aquí están las fotos:

1

2

3

4

¿Qué tal fue el viaje?

Llegas con tus padres al Hotel Sardinero en Santander. Un representante de la compañía Brittany Ferries hace una encuesta sobre el viaje que habéis hecho. (Muchos pasajeros se quedan algunos días en este hotel.) Primero hace preguntas a una pareja española.

Ahora te toca a ti. Tu pareja hace el papel del representante y te hace las siguientes preguntas sobre tu viaje. Luego túrnate con él o ella.

- ¿De dónde son ustedes?
- ¿Cuándo empezaron ustedes el viaje?
- ¿Cómo fueron al puerto?

- ¿Cuánto tiempo duró el viaje al puerto?
- ¿Cómo fue el viaje en barco?
- ¿Cómo pasaron ustedes el tiempo?

- ■ Sois de Londres.
- ■ Salisteis de casa a las nueve.
- ■ Fuisteis al puerto en coche - un viaje de ocho horas.
- ■ Os gustó el viaje en barco. Cenasteis bien, visteis una película y charlasteis con otros pasajeros.

- ■ Sois de Nottingham.
- ■ Salisteis de casa a las cinco.
- ■ Fuisteis al puerto en tren - un viaje de 7 horas - dos horas de retraso.
- ■ No os gustó el trayecto - demasiado cansados.
- ■ No cenasteis.
- ■ Comprasteis un bocadillo y fuisteis a la cama.
- ■ Dormisteis 11 horas.

¿Qué hicisteis?

Durante una visita a Santander has escrito una agenda de la semana. Mira la agenda:

lunes 16	Hicimos una excursión en autocar. Visitamos unas cuevas.
martes 17	Comimos en un restaurante típico y vimos un partido de pelota.
miércoles 18	Encontramos a unos amigos después de visitar el museo.
jueves 19	Dimos un paseo por el parque. Vimos los barcos en la bahía.
viernes 20	Jugamos al tenis. Yo gané. Fuimos a una cafetería con amigos.
sábado 21	Estuvimos en casa de unos amigos. Comimos allí y vimos una película.
domingo 22	Vimos un partido de fútbol en el estadio. Ganó el Santander.

Después del fin de semana, tu amigo está hablando de lo que habéis hecho. Escucha la cinta, mira la agenda y di si tiene razón o no. Toma notas de cualquier diferencia, o sea, más información o información contradictoria. ¡Tienes que estar seguro de que tú tienes razón!

Ahora escribe una agenda como la de arriba, de una semana fabulosa que pasaste en Cantabria con tu amigo/a español(a).

Una palabra conduce a otra

Conoces ya muchas palabras que tienen **ue** o **ie** en medio, por ejemplo: puerto, diente. Si utilizas esta regla es más fácil adivinar lo que significan las palabras siguientes:	**Español**	**Inglés**		
	ue	**o**	concierto	hierba
	ie	**e**	comienzo	recuerdo
			escuela	grueso
			acuerdo	fiesta
			miembro	cuerpo

¿Qué tal el tiempo?

Todo el mundo tiene su
propia opinión sobre el
tiempo. Si a uno le gusta el
calor, a otro le molesta.
Cuando se habla de
vacaciones el tiempo es de
suma importancia. El
tiempo puede significar la
diferencia entre unas
vacaciones estupendas y
unas vacaciones malísimas.

| 1 | 2 | 3 | 4 | 5 | 6 | 7 |

Mira lo que dijeron unos españoles acerca del tiempo. Adivina
cuál de las personas en los dibujos dijo estas cosas. Es posible
que las opiniones se puedan aplicar a más de una persona.

*¡Qué
desastre!
Volvimos sin nada.
Hubo niebla y una
tormenta.*

*¡Qué
bien! Anoche
llovió mucho y ahora
mira mis flores.*

*¡Estupendo!
Ayer hizo mucho
viento y no llovió.*

*Hizo
un tiempo
maravilloso en la
playa. Pasé todo el
día allí.*

*Ayer
hizo mucho calor.
Vendí mis helados en
dos horas.*

*Nevó
demasiado por la
noche. No pude salir
esta mañana.*

*Me
siento mal. Hizo
demasiado calor en
las cocinas ayer.*

Unas tarjetas postales

Durante tus vacaciones quieres escribir tarjetas
postales a otros amigos en España.
Mira primero estos ejemplos:

Martes, Laredo
Llegamos ayer por la tarde.
Esta mañana me bañé en
el mar y esta tarde di-
mos un paseo. Ayer llovió
un poco pero hoy hace calor
y mucho sol. El hotel es
cómodo y la comida muy
buena. Un abrazo, Pedro.

Srta Maribel
Calle Santa Julia
Madrid

Reinosa, jueves
Llegamos el martes por la
mañana. Ayer subimos a
Los Picos de Europa y por
la tarde cenamos en un
restaurante típico. Hizo
buen tiempo ayer pero esta
mañana nevó. El hostal es
pequeño pero bueno.
Saludos, Rosa

Felipe Serrano
Barceloneta 7
18009 Barcelona

Escribe una tarjeta parecida sobre tus
vacaciones o unas vacaciones imaginarias.

Unas vacaciones malísimas

Miguel dijo a Paul en su última carta que las vacaciones de sus padres habían sido un desastre a causa del hotel. Paul le escribió para saber lo que había pasado. Miguel le ha enviado otra carta con una copia de la publicidad del hotel.

Lee primero la publicidad y trata de adivinar lo que les pasó a los padres de Miguel.

Ahora lee la carta de Miguel:

Hotel de las Playas
Para unas vacaciones inolvidables

- equipamiento moderno, habitaciones con baño
- ambiente tranquilo
- vistas al mar, playas bonitas
- restaurante con cocina internacional

Santillana, 13 de julio

Querido amigo:

Muchísimas gracias por tu carta. Me alegro de que lo pasasteis bien de vacaciones. Me dijiste que te interesaba saber lo que les había pasado a mis padres. Es una larga historia.

Mis padres escribieron al Hotel de las Playas y reservaron una habitación doble con baño para siete noches. Cuando llegaron les dijeron que sólo había una habitación sin baño. Mis padres aceptaron y subieron a la habitación. Intentaron abrir la puerta y nada, no pudieron entrar. Bajaron otra vez y se lo explicaron a la recepcionista quien les ofreció otra habitación, en el primer piso.

Se acostaron y pronto oyeron el ruido de la discoteca que había en el sótano del hotel. No pudieron dormir, claro. Hablaron con el director del hotel y les dio otra habitación en el octavo piso.

Al mediodía fueron a comer pero descubrieron que la cocina estaba cerrada por obras. Fueron a pie a la playa – ¡a un kilómetro del hotel y la playa estaba tan sucia que volvieron en seguida. Al día siguiente hicieron la maleta y se pusieron en camino para volver a casa.

Ahora, Paul, ¿entiendes por qué están furiosos? Escribieron al hotel ayer y esperan recibir una parte del dinero que han gastado. Fíjate cuando ponga "de las playas" ¡mucho ojo!

Bueno, nada más por hoy.

Tu buen amigo,

Miguel.

Tus padres te preguntan qué pasó. Explícales lo que había en la publicidad y lo qué pasó en el hotel.

Ahora sé ...

describir unas vacaciones ●

Comieron calamares.	They ate squid.
Mis padres vieron el mar por la mañana.	My parents saw the sea in the morning.
Dimos una vuelta en barco.	We went for a boat trip.
Tuve que llamar a la estación de servicio.	I had to call the garage.
No pudimos comerlo todo en el restaurante.	We couldn't eat everything in the restaurant.
Mi hermano hizo una excursión en autocar.	My brother went on a coach trip.
Estuvieron en lo más alto de las montañas.	They were at the top of the mountains.
Nos pusimos el bañador.	We put on our swimming costumes.
Llegaron el 23 de abril.	They arrived on 23 April.

hablar con otros sobre sus vacaciones ●

¿Fuisteis a Ibiza?	Did you go to Ibiza?
¿Qué dijeron tus padres cuando volviste a las tres?	What did your parents say when you returned at three?
¿Os alojasteis en un hotel?	Did you stay in the hotel?
¿Viste una película?	Did you see a film?
¿Hicisteis una excursión?	Did you go on a trip?
¿Qué fue lo más interesante?	What was the most interesting?
¿Cómo viajaron tus padres?	How did your parents travel?
Celebramos las Navidades en casa bebiendo champán y comiendo turrón.	We spent Christmas at home drinking champagne and eating turrón.
Adornamos la casa: pusimos el belén y el árbol de navidad.	We decorated the house: we put up the crib and the Christmas tree.
En Nochebuena fuimos a la misa del Gallo.	On Christmas Eve we went to midnight mass.
En Nochevieja fuimos a la Puerta del Sol.	On New Year's Eve we went to the Puerta del Sol.
Recibimos los regalos el seis de enero - en la festividad de los Reyes Magos.	We receive our presents on 6 January – the feast day of the Three Wise Men.

describir el tiempo ●

El martes llovió mucho e hizo mucho viento.	On Tuesday it rained a lot and was very windy.
Ayer hubo niebla y una tormenta.	Yesterday it was foggy and stormy.
Hizo demasiado calor anoche.	It was too hot last night.
Nevó el sábado, y el domingo hizo sol otra vez.	It snowed on Saturday and on Sunday it was sunny again.
Hizo mucho frío ayer por la tarde.	It was very cold yesterday evening.

163

En esta unidad aprenderás a:

- entender unas reglas y señales

- describir un crimen y a los que lo han cometido

ROBOS EN VEHÍCULOS

Los dueños del turismo Seat M–0578–A2 denunciaron el robo de un radio cassette de su automóvil ...

- entender información en la prensa sobre crímenes

Cuando llegué, dos hombres habían salido del banco. Subieron al coche gris y se fueron.

a

Las reglas del tráfico

 Si vas a España en coche tienes que saber lo que se puede hacer y lo que está prohibido.

Mira primero los dibujos. En cada situación, ¿qué va a decir el policía? Escoge una frase o dos de la lista para cada uno. Luego escucha al policía a ver si tenías razón. ¿Cómo reaccionan los automovilistas?

b

 c

 d

 e

1 La calle está bloqueada.
2 El límite de velocidad es 90.
3 Acceso prohibido.
4 Iba Vd. a una velocidad excesiva.
5 El coche está aparcado en lugar prohibido.
6 Estacionamiento prohibido.
7 Hay que dar la vuelta.

f

g

¡Pues, no lo sabía!

Algunas veces el conductor no sabe que existe cierta norma de circulación, o no ha visto una señal. La culpa es suya, pero si explica que no lo sabía, ¡el policía puede ser más indulgente!

Ahora, escucha a estos policías para saber cuál de las siguientes respuestas corresponde a lo que dice cada uno.

1 *Lo siento, no sabía que estaban prohibidas.*

2 *¿No se permite aparcar aquí? Yo no lo sabía.*

4 *¿Dónde se puede dar la vuelta, entonces?*

3 *Yo no creía que era zona reglamentada.*

5 *Lo siento mucho; creía que estaba permitido aquí en la plaza.*

6 *¡Pero yo iba a ciento quince!*

7 *Oh, ¿no se puede pasar? Entonces voy a tomar por aquí.*

8 *Lo siento mucho; es que soy inglés.*

Ahora escucha la cinta otra vez y contesta por ti mismo/a a lo que dicen los policías, sin mirar el texto.

El policía te explica

Puedes ayudar a los conductores que no entienden el español cuando un policía les explica una infracción de las normas de tráfico. Después de escuchar al policía en cada caso tienes que decir:

* lo que ha hecho el conductor;
* si el conductor recibe una multa, la cantidad que tiene que pagar;
* si no tiene que pagar una multa, lo que tiene que hacer.

Sancho y Panza

Más excusas

Cuando el policía te habla de la infracción que has cometido es posible que quieras justificarte. Mira lo que dijeron estos automovilistas. ¿Qué piensas de sus argumentos?

Mi marido había olvidado sus gafas.

No había visto los semáforos.

Mis padres no habían visto antes estas señales.

No habíamos comprado un mapa y por eso no sabíamos que el acceso estaba prohibido.

Había alquilado el coche y no sabía que iba a esa velocidad.

👍👎 Imagina que estás en una de las situaciones abajo. Estás en la comisaría. Haz un diálogo con tu pareja e incluye o adapta los argumentos arriba. Si el policía no está convencido hay que pagar una multa.

1 Habías aparcado delante de un hospital en un lugar prohibido.
2 Tus padres habían dejado su coche en la autopista porque no quedaba gasolina en el depósito.
3 Tus padres y tú habíais bajado por una calle donde ponía acceso prohibido.
4 El coche había ido a más de 200 kilómetros por hora en la autopista. Os habíais levantado muy tarde para coger el ferry.

Ejemplo:

Policía: **Señor, usted iba a una velocidad excesiva.**
Tú: **No lo sabía. Había olvidado mis gafas y no había visto la señal.**
Policía: **El límite de velocidad es 90 kilómetros por hora. Vd. iba a 160.**
Tú: **Mi coche está en el garaje. Había alquilado otro y no lo sabía.**
Policía: **Tiene que pagar una multa de 10.000 pesetas.**

¡Atención por favor!

🔖 Hay instrucciones que se dan al público en las estaciones de ferrocarril, los aeropuertos y los estadios.
Escucha estas instrucciones y apunta la información más importante.

¡Más reglas!

Por todas partes encuentras reglas e instrucciones. ¿Puedes averiguar lo que significan éstas?

👍 Trabaja con tu pareja. Uno de vosotros hace el papel de un turista que no entiende el español. El otro explica en inglés el significado de los letreros. Cambia de papel después de cada letrero.

1 Totalmente prohibido hacer ruidos o tener televisores, radios o coches en marcha después de las 23h hasta las 8 del día siguiente.

2 Se prohibe lavar platos en las duchas o en el mar.

3 Antes de entrar dejen salir. El viajero sin billete será sancionado con una multa de 5.000 pts.

4 NO ARROJAR BASURA. Utilizar los recipientes apropiados. Los perros no deben estar sueltos.

5 PROHIBIDO BAJAR A LA VÍA. NO ASOMAR LA CABEZA POR LA VENTANILLA.

Breves

Un amigo tuyo estudia para ser policía. Tiene que hacer un proyecto sobre la criminalidad en varios países europeos. Para ayudarle, prometes analizar todos los artículos breves sobre infracciones de la ley que aparecen en periódicos españoles en un solo día. Los artículos que recoges están aquí.

Se quedó sin las cámaras Un joven de unos 20 años sustrajo el pasado domingo, un equipo fotográfico completo valorado en 750.000 pesetas, según informa la Jefatura Superior de Policía. El propietario del material fotográfico se encontraba en el estadio del Rayo Vallecano realizando un reportaje sobre la actuación del grupo de rock Motorhead.

'Punks' ante el juez Un total de cuatro jóvenes de los 12 punks detenidos en la madrugada del sábado en la plaza Real de Barcelona pasaron ayer a disposición judicial. Los jóvenes protagonizaron enfrentamientos con la Policía Nacional y la guardia urbana en los que resultaron heridas 11 personas.

ATRACO EN UN BAR
Según informaron ayer fuentes policiales, poco después de las 02.40, tres individuos armados con una escopeta de cañones recortados, penetraron en el interior de un establecimiento de comidas y bebidas en la avenida del Cid y bajaron la puerta metálica de este establecimiento para sustraer los objetos de su interior sin que fueran vistos por nadie desde el exterior. Sin embargo, en el interior de este bar se encontraban los dos dueños y un cliente. Tras intimidar con el arma a las tres personas, los tres atracadores consiguieron apoderarse de más de 30.000 pesetas, joyas, relojes, cazadoras y la documentación personal del dueño del establecimiento, así como de las llaves de su domicilio particular. Cuando ya habían conseguido estos efectos y el dinero, los tres atracadores abandonaron el bar, aunque no sin antes bajar nuevamente la persiana metálica, impidiendo de esta forma que los tres asaltados pudieran observar la dirección de la huida o la forma en la que se fugaron.

Acusados de manipular tragaperras
Dos hombres de 20 y 23 años fueron detenidos por la policía el pasado lunes en un bar situado en el número 30 de la calle de Augusto Figueroa, acusados de manipular máquinas tragaperras con un encendedor electrónico de cocina, según informó ayer la Jefatura Superior de Policía.

Intentaron robar a un policía Un policía que acababa de extraer dinero de un cajero automático se enfrentó a dos delincuentes que intentaron atracarlo con navajas. El hecho sucedió el domingo por la tarde en una sucursal de la Caja de Ahorros de Madrid de la Ronda de Valencia. El policía efectuó varios disparos intimidatorios y los dos asaltantes lograron huir.

1 ¿Cuántos crímenes estaban cometidos por personas de menos de 25 años?

2 ¿Cuántos crímenes eran robos?

3 ¿En cuántos casos había heridas personales?

4 ¿En cuántos casos se utilizaban armas?

167

He oído en la radio

Algunas veces oyes relatos en la radio de incidentes que has visto descritos en la prensa. Lee estos artículos:

VANDALISMO EN UN COLEGIO

Seis menores, de edades comprendidas entre los nueve y los diez años, causaron grandes destrozos en el laboratorio del colegio nacional Luis de Góngora, situado en la calle de Chantada. Cuatro de ellos eran alumnos del citado centro. El director del colegio ha estimado los daños en unas 500.000 pesetas.

Robo de joyas

Un robo de brillantes, collares y sortijas de oro por valor de casi tres millones de pesetas fue denunciado el domingo en la comisaría de Chamartín por el titular de una empresa de joyería situada en la calle de Costa Rica, en el número 11. La sustracción debió de cometerse entre las 14.30 y las 16 horas, al forzar la puerta de acceso a las oficinas, según la policía.

Herido por arma blanca

Pedro Luis Buiza Fernández, de 18 años, herido por arma blanca, acudió el pasado domingo a un bar situado en la avenida de Entrevías, número 156, en demanda de ayuda. Una ambulancia recogió al herido y le trasladó al Equipo Quirúrgico de Vallecas, desde donde pasó al Hospital Provincial. Pedro Luis manifestó que había sido atacado por dos desconocidos en las proximidades de la vía del tren. Examinado dicho lugar, fue hallada una navaja con la hoja rota y manchada de sangre, informa la Jefatura Superior de Policía.

ROBA LA MOTO QUE IBA A COMPRAR

Una motocicleta marca Yamaha, valorada en 200.000 pesetas, fue robada ayer por un joven que, con la excusa de probarla, se la llevó. El denunciante había insertado un anuncio en la Prensa para su venta, informa la policía.

Ahora escucha la cinta otra vez y contesta a lo que dicen los policías, sin mirar el texto.

Finalmente, imagina que un amigo español, que vive fuera de la región, ha escuchado el reportaje en la radio pero no ha visto el periódico. Quiere más detalles. Escríbele unas frases en español para cambiar o completar lo que dice la radio.

El testigo

Tu amigo te ha dicho que tiene algo
extraordinario que decirte. Te preguntabas qué
podría ser la cosa cuando leíste esta carta:

El viernes pasado como hacía buen tiempo, habíamos decidido mi hermano y yo ir a pasar el día a San Lorenzo de El Escorial. Bueno, estábamos allí y mi hermano se fue para buscar información sobre la visita del monasterio. Yo me quedé en la calle principal y mientras estaba mirando el escaparate de una joyería, un coche se paró junto a mí con cuatro hombres dentro. Yo iba a preguntarles qué querían cuando tres de ellos bajaron.

Unos minutos más tarde dos salieron corriendo de la joyería. Uno tenía una bolsa en la mano y el otro tenía una escopeta recortada. Subieron al coche que partió a toda velocidad. El último hombre salió un poco más tarde con las manos arriba, vigilado por un guardia armado del banco de al lado, que estaba comprando algo en la tienda en aquellos momentos. Cuando llegó la policía yo, como fui testigo, tuve que decirles todo lo que había visto. Sólo recuerdo que uno de los hombres tenía el pelo corto y rubio, otro llevaba una chaqueta de cuero y el que fue capturado era bajo y moreno. Al conductor no le vi bien. ¡Claro que con todo esto no vimos el monasterio!

¿Por qué estaba tan emocionada la chica?
¿Qué había pasado?

 Explícalo a tu pareja en inglés.

El atraco

El año pasado habías ido a un parque de atracciones con una amiga. Cerca de la entrada había un grupo de jóvenes que os detuvieron. Os pidieron dinero y os amenazaron con navajas. Les dijisteis que no teníais dinero; buscaron en vuestros bolsillos pero no encontraron nada porque en ese momento dos hombres se acercaron y los jóvenes se fueron. Fuisteis a la comisaría y el día siguiente cogieron a los jóvenes.

Este año mencionas este incidente a otros amigos españoles que te hacen preguntas. Trabaja con tu pareja para contestar estas preguntas:

- ¿Dónde estabais exactamente?
- ¿Con quién habías ido?
- ¿Dónde os detuvieron los jóvenes?
- ¿Qué os dijeron?
- ¿Qué dijisteis vosotros?
- ¿Trataron de robar algo?

- ¿Tuvisteis miedo?
- ¿Pudieron tomar algo?
- ¿Por qué no?
- ¿Fuisteis a la policía?
- ¿Cogieron a los jóvenes?

¿Y si eres tú la víctima?

¿Podrías hacer un relato detallado de los hechos? Los rateros son personas que roban cosas de los bolsillos de la gente en lugares concurridos; aquí hay un diálogo que podría tener lugar en la comisaría:

Turista: *Vengo a presentar una denuncia. He sido la víctima de un robo.*
Policía: *¿Qué ha pasado?*
Turista: *Un ratero me ha robado la cartera; contenía mi dinero, mis tarjetas de crédito ...*
Policía: *¿Dónde estaba su cartera?*
Turista: *En mi habitación del hotel (Hotel Los Cisnes) habitación 206, en la mesilla de noche.*
Policía: *Y cuando Vd. descubrió esto, ¿qué hora era?*
Turista: *Eran las siete de la tarde, después de volver de la piscina.*
Policía: *¿Vio al ladrón o a alguien sospechoso?*
Turista: *No, no vi a nadie.*
Policía: *Bueno, si Vd. quiere rellenar este formulario, le avisaremos.*

Ahora, imagina que has sido la víctima de un robo. Trabaja con tu pareja. Uno de vosotros hace el papel del policía, el otro hace el papel del turista que ha tomado unas notas sobre el incidente:

Finalmente, haz una denuncia escrita en español de cada incidente; escribe lo que podrías contestar a la pregunta: ¿Qué pasó?

1

Robo - bolsa - en la calle - ratero - 15h - después de salir del banco - ratero alto, moreno, chaqueta negra.

2

Robo - radio cassette - coche aparcado c/Quevedo delante de panadería - 11.30 - ladrón - tendero: vi al hombre alto, 30 años, pelo largo, rubio.

La cuarta persona

Como no viste al conductor del coche, te interesa leer en el periódico del día siguiente una descripción de éste:

> El cuarto miembro de la banda era un joven de unos diecinueve años que tenía el pelo largo y negro, que vestía una chaqueta clara y una camiseta blanca.

Unas semanas más tarde apareció esta foto del delincuente. ▶

¿Tienes la impresión de que se parece a la descripción dada anteriormente? Escribe en español las diferencias.

El retrato robot

Tienes que dar a la policía el retrato de un ratero. Aquí hay el retrato robot que hicieron. ¿Qué dijiste tú para hacer este retrato?

Una palabra conduce a otra

Muchas veces, cuando conoces una palabra española, vas a poder adivinar fácilmente lo que significa otra que tiene una terminación distinta. De este modo vas a poder entender muchas palabras que encuentras por primera vez. Por ejemplo, si sabes la regla:

Español	Inglés
-ador(a)	-er
-edor(a)	-or
-idor(a)	

podrás decir lo que significan estas palabras:

comprar	comprador
atracar	atracador
lavar	lavadora
calcular	calculadora
matar	matador
vender	vendedor
consumir	consumidor

Ahora sé ...

entender unas reglas y señales ●●●●●●●●●●●●●●●●●●●●●●●●●●●●

Paso de peatones.	Pedestrian crossing.
Peatón: en carretera circula por tu izquierda.	Pedestrians: Keep to the left.
Ceda el paso.	Give way.
Prohibidas las señales acústicas.	No horns.
Hay que pagar una multa.	You have to pay a fine.
Disco obligatorio.	Parking disc compulsory.
No aparcar/Estacionamiento prohibido.	No parking.
Acceso prohibido.	No access.
Límite de velocidad.	Speed limit.
Desvío.	Diversion.

hablar con el policía ●●●●●●●●●●●●●●●●●●●●●●●●●●●●●●●

No había visto el letrero. Lo siento.	I hadn't seen the sign. I'm sorry.
No sabía que estaba prohibido.	I didn't know it wasn't allowed.

entender información en la prensa sobre crímenes ●●●●●●●●●●●●●●●●

crímenes	crimes
el vandalismo	vandalism
un atraco/un robo	a break in/a robbery
un enfrentamiento con la policía	an altercation with the police
criminales	criminals
un ladrón/un atracador/un ratero	a thief/a burglar/a pickpocket

describir un crimen y a los que lo han cometido ●●●●●●●●●●●●●●●●●●

Soy un testigo.	I am a witness.
Tengo que presentar una denuncia.	I have to make a statement.
Me han robado el dinero.	My money has been stolen.
El sospechoso era alto, moreno y tenía el pelo negro.	The suspect was tall, dark and had black hair.
Yo estaba en la calle principal cuando vi al ladrón.	I was in the main street when I saw the robber.
Eran las diez de la mañana.	It was ten o'clock in the morning.
Pasábamos el día en San Lorenzo.	We were spending the day at San Lorenzo.
Los hombres robaban un banco.	The men were robbing the bank.
Yo miraba el escaparate de una tienda.	I was looking in the shop window.
El ladrón estaba robando un piso.	The thief was robbing a flat.
El hombre tenía un bolso en la mano.	The man had a bag in his hand.

En esta unidad aprenderás a:

Me gusta el colegio sobre todo los domingos.

• expresar tus opiniones sobre el instituto y entender a otros

Los exámenes empiezan en dos semanas.

• hablar de los exámenes

SE NECESITA CHICO PARA TRABAJO DE CAMARERO.

• entender los anuncios sobre puestos de trabajo

Me gustaría ser fotógrafo y viajar mucho.

• hablar del futuro

Estudiar o trabajar; ésa es la cuestión

La primera decisión que hay que tomar a tu edad es si vas a continuar con tus estudios o si vas a trabajar. Mucho depende de tu actitud hacia el colegio donde estás, si te adaptas bien, si te relacionas bien con los profesores y con los otros alumnos.

Para identificar lo que buscas en el profesorado y, ¿por qué no? lo que buscan en ti, lee el artículo siguiente sacando las características que te parecen más importantes para los dos.

 Luego ponlas en orden y compara tu lista con tu pareja.

Ejemplo:

A: Para mí lo más importante es tener un profesor divertido.

B: No estoy de acuerdo. Yo preferiría un profesor simpático y comprensivo.

A: Y el alumno debe ser inteligente, desde luego.

B: Yo creo que más vale ser participativo que inteligente.

El profe ideal ...

UN PROFESOR

El chico y la chica no se conforman hoy con lo que el profesor enseña, sino que buscan además relacionarse con él. Por eso todas las respuestas coinciden en unos aspectos básicos, pero se inclinan por características diferentes según el tipo de escuela y ambiente cultural al que pertenecen.

Algunos alumnos muestran sus preferencias por un profesor que sea *atlético, fuerte, guapo y elegante*. Los alumnos de escuelas donde el rendimiento es alto no señalan estas características y centran más bien su ideal en un tipo *divertido, gracioso, con sentido del humor*. La dimensión de *persona optimista, original, abierta, cercana y democrática* la valoran otros.

NO AL PROFESOR AUTORITARIO

El retrato robot, aquel en que todos los alumnos coinciden, respondería a estas cualidades:
Comprensivo, que se relacione con los alumnos, que confíe en ellos, que les ayude y sepa reconocer sus errores.
Por otra parte que explique bien, que sepa enseñar, que califique con justicia y no tenga favoritismos. Que no sea autoritario y sí capaz de motivar y orientar el trabajo.
Ante diferentes tipos de profesor, los alumnos prefieren en primer lugar al profesor didáctico (32%), seguido del afectivo, cordial, entusiasta ... El organizador sólo ha tenido un 3% de aceptación y el autoritario un 0.5%. La cifra es elocuente.

... y el alumno perfecto

EL PROFE VE ASÍ AL ALUMNO PERFECTO

El alumno perfecto, ese ser extraño y poco frecuente, tiene su imagen en la mente del profesor y de los compañeros. Así es el retrato robot del estudiante, según unas encuestas hechas a varios profesores de diferentes facultades:

Un joven normal, equilibrado, que sepa conciliar el deseo de formación con la convivencia.

También hay quien lo define como *aquel sujeto sincero, inconformista, participativo, inteligente, simpático, comprometido y vinculado con su entorno para mejorarlo. O como aquel que se dedica, durante cinco años, de forma responsable, a estudiar la carrera elegida para el día de mañana poder responder de ella; y es, asimismo, una persona con grandes inquietudes, pero que sigue conservando y amando su entorno social.*

Amable con los compañeros, interesado en la clase, inquieto y preguntón. No tiene que estar siempre de acuerdo con el profesor. Tiene los apuntes perfectos y por supuesto, está siempre dispuesto a dejarlos. Inteligente, que disfrute con lo que hace, que le guste su carrera y, por supuesto, que se divierta.

Unas preguntas

Mira el diálogo entre un chico español y un alumno inglés.

¿Estás estudiando idiomas este año?

Sí, español.

¿Cuántos años llevas estudiándolo?

Llevo casi tres años.

¿Y continuarás estudiándolo el año que viene?

No lo sé porque el año que viene sólo se pueden estudiar 3 o 4 asignaturas.

¿Y cuántas estás estudiando ahora?

Nueve.

¿Tienes mucho tiempo libre?

Muy poco.

¿Cómo pasas el tiempo libre?

Saliendo con amigos, jugando, escuchando música, lo normal, vamos.

Y, ¿te gustaría continuar tus estudios el año que viene?

Sí.

Haz un diálogo con tu pareja (el chico español) y contesta a las mismas preguntas. Luego cambia de papeles.

La letra con sangre entra

Has escrito a tu amigo preguntándole lo que va
a hacer el año que viene. Quieres saber si va a
continuar en el colegio, si va a dejar sus
estudios y lo que le apetece hacer en el futuro.
Aquí está su respuesta:

Madrid, 13 de junio

Querida amiga:

Faltan dos semanas para el fin de curso, menos mal. ¡Ya estoy hasta las narices! Mis profesores me están fastidiando y mis padres me están preguntando constantemente lo que voy a hacer el año que viene. A decir verdad no estoy decidida. Si me quedo en el instituto los profesores seguirán castigándome como siempre; si no hago los deberes, si no asisto a las clases, si no presto atención... Sin embargo, para tener una carrera, me hace falta aprobar BUP. Eso significa dos o tres años más en el instituto. Además, el paro hoy día es tal, que no quiero encontrarme sin trabajo.

Y tú, ¿qué vas a hacer? ¿Continuar con tus estudios o dejarlos? ¿Te resulta fácil estudiar y presentarte a los exámenes? A propósito ¿a qué edad tienes exámenes? Y dime una cosa, ¿qué pasa si te portas mal en el colegio? ¿Te castigan los profesores? A nosotros nos retienen una hora o nos quitan el recreo. Es una pena.

Para nosotros los exámenes son muy importantes porque si suspendes tienes que repetir el año. A mí no me ha pasado hasta ahora...

Dime qué piensas hacer y cómo van las cosas actualmente en tu colegio.

Un fuerte abrazo,

Paca

Escribe una carta contestando a las preguntas
de tu amigo.

Unos jóvenes de categoría

Antes de decidir lo que vas a hacer es importante descubrir lo que piensan otros de tal o cual trabajo. Una revista española ha publicado un artículo sobre unos jóvenes que ya tienen una carrera y que hablan de su trabajo y de sus ambiciones. Lee los tres o cuatro que te llaman más la atención y busca respuesta a las preguntas que te has hecho.

- ¿Cómo y cuándo empezaron?
- ¿Qué han hecho hasta ahora?
- ¿Qué piensan de la carrera elegida?
- ¿Qué piensan hacer en el futuro?

MARIETA TORIJA, BAILARINA

A los nueve años empezó a dar clases de ballet y a los trece fue seleccionada entre más de mil candidatos para estudiar en una de las tres mejores escuelas de ballet clásico del mundo, el centro Balanchine, de Nueva York. Marieta, a sus diecisiete años, considera que la vida de una bailarina es muy dura y esclava. "No tienes tiempo para pensar en ti mismo como persona. Apenas tienes un día para descansar y relajarte. Esto te puede originar una gran tensión nerviosa."

DAVID LAVEDAN, DIBUJANTE

Tiene diecinueve años. Dibuja, hace comics y grabados. Sigue la escuela underground estadounidense. Este joven dibujante que a los tres años de edad pintó su primera figura en blanco y negro no se considera, de momento, lo suficientemente preparado para publicar sus trabajos.

JULIAN ORTIZ, DEPORTISTA

Nació hace diecinueve años, en Toledo. Estudia Ingeniería Técnica. Habitualmente sólo lee publicaciones deportivas. Le gusta el cine de aventuras y la música romántica. "En estos momentos estoy dedicado por completo al baloncesto. Espero llegar lejos en este deporte." El poco tiempo libre que tiene lo pasa con sus amigos.

PACO MENENDEZ, INVENTOR

Tiene veinte años. Ha inventado junto con tres amigos un videojuego que es el número uno de ventas en el Reino Unido. En octavo de EGB ya hizo un curso de electrónica por correspondencia. Desde entonces tenía pensado estudiar Telecomunicaciones. Ahora está en tercero de "teleco". En la época de exámenes aprovecha el tiempo para leer libros especializados y revistas de informática. No le cuesta mucho esfuerzo aprobar los cursos sin ir a clase.

MANUEL SANCHIS, FUTBOLISTA

Desde los once años está jugando al fútbol. Jugar en el Real Madrid es uno de sus objetivos. Ahora, cuando tiene veinte años, quiere mantener la titularidad en su equipo, buscar un puesto en la selección nacional y terminar su carrera. Estudia segundo de Empresariales. No quiere depender exclusivamente del fútbol. "Soy un privilegiado, porque trabajo en lo que me gusta, ganando mucho dinero, mientras que otras personas ni siquiera pueden trabajar."

ANGEL HUIDOBRO, MÚSICO

Tiene dieciocho años. Dedica todo su tiempo a tocar el piano y el acordeón, instrumentos que su familia le ha comprado con grandes esfuerzos económicos. Ahora, con su padre en el paro, se dedica a dar clases particulares de música para aportar algo de dinero a la familia. El pasado mes de diciembre ganó el premio Reina Sofía de acordeón y en los años 92 y 93 consiguió el primer premio del certamen nacional de acordeón. "Quiero elevar el acordeón a la categoría del piano."

Después de leer lo que dicen los jóvenes puedes decir si te interesaría hacer lo que hacen algunos de ellos. Haz un diálogo con tu pareja.

Ejemplo:

A: ¿Te gustaría ser deportista?
B: No, me gustaría más ser músico.
A: ¿Por qué?
B: Porque me encanta la música.

Hablan tus amigos

Te interesa saber lo que piensan tus amigos españoles. Escucha lo que dicen y además de tratar de averiguar lo que quieren hacer, intenta a la vez determinar si te parece probable que consigan lo que buscan. ¿Tienen una idea fija? ¿Son ambiciosos? ¿Saben lo que hace falta para alcanzar su meta?

Cada oveja ...

A algunos amigos tuyos les interesa trabajar en España aunque no sepan mucho español. Lees anuncios en un periódico español e intentas emparejar los anuncios con tus amigos cuyas fotos están aquí.

AU PAIR
Se busca chica inglesa para cuidar niños.
Interesados escribir al apartado 134.

Se necesita chico para trabajo de camarero en el Restaurante San Antonio. Edad entre 18-30.

Interesados preséntense Calle Alfonso XIII, 29, Madrid.

NECESITAMOS PARA ESTACIÓN SERVICIO LAVACOCHES ENGRASADOR.
Se valorarán conocimientos mecánicos electricidad.
Apartado 102.

Necesito cocinero.
Restaurante El Canario.
Buenos informes.
Tel. 314.27.49.

Se necesitan chicas inglesas que hablan perfectamente español para caja y recepción en un restaurante en Ibiza.
Edad entre 20-40.
Interesados escribir al apartado 721.

Sala bingo de primera categoría necesita cajero con experiencia y buenos informes.
Tel. 714. 33. 21.

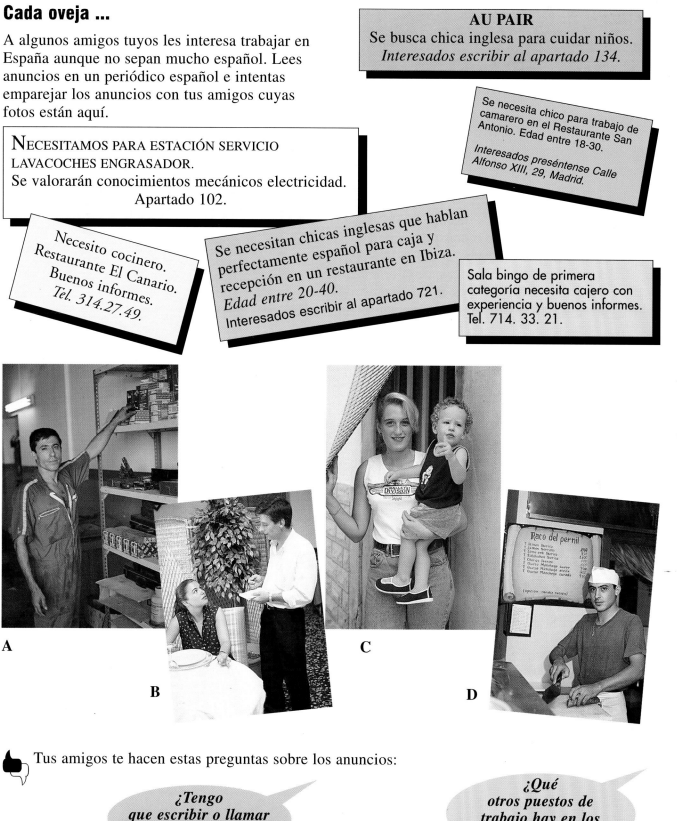

A

B

C

D

Tus amigos te hacen estas preguntas sobre los anuncios:

¿Tengo que escribir o llamar por teléfono?

¿Es un buen trabajo?

¿Qué otros puestos de trabajo hay en los anuncios?

Quiero ser ...

Si quieres hablar con un amigo español sobre sus ambiciones y el porvenir estas frases serán útiles:

- ¿Cómo quieres ganarte la vida?
- ¿En qué quieres trabajar?
- ¿Qué harías si fuese posible?
- ¿Qué tipo de trabajo te interesa?

- No tengo ganas de trabajar.
- Voy a casarme y tener hijos.
- Trabajaría en una fábrica.
- Espero ser independiente.
- Me gustaría trabajar al aire libre.

En el colegio español que visitas hay un ordenador con un programa que ayuda a los alumnos a orientarse hacia una carrera apropiada. Se trata de contestar a tres preguntas y, a base de la combinación de respuestas, el ordenador identifica ciertos puestos de trabajo. No es un ordenador muy sofisticado, pero a lo mejor sirve para ayudarte un poco.

Contesta a las preguntas y tu profesora te dará las respuestas que te hubiera dado el ordenador. Por ejemplo, si pusieses **A**, **A**, **A**, el ordenador daría: **pintor, jardinero**.

1 ¿Te gustaría trabajar ...
  A al aire libre?
  B en un lugar preciso?
  C en varios lugares?

2 ¿Te gustaría trabajar ...
  A solo?
  B con un equipo?
  C con gente?

3 ¿Te gustaría más ...
  A un trabajo creativo o intelectual?
  B un trabajo en que hay que seguir órdenes?
  C un trabajo rutinario?

¿Te gustaría hacer lo que el ordenador te aconseja?

Habla con tu pareja y trata de llegar a un acuerdo según lo que os gustaría hacer.

Ejemplo:

A: ¿Qué has contestado tú?
B: He dicho que me gustaría trabajar en varios lugares, solo, y que me gustaría hacer un trabajo creativo o intelectual.
A: ¿Y qué ha dicho el ordenador?

B: Pues ha sugerido escritor, artista, fotógrafo, carpintero.
A: ¿Qué te parecen?
B: Pues me gusta la fotografía. Sí, es una idea. Podría ser fotógrafo. ¿Y tú?

Unas aspiraciones

Para elegir bien lo que mejor te convendría es preciso identificar y exponer tus propios puntos fuertes y tus aspiraciones. Aquí hay unas sugerencias.

 ¿Qué aconsejarías a estos jóvenes? Haz un diálogo con tu pareja aconsejándole un empleo.

Ejemplo:

A: Podrías ser profesor(a).
B: No tengo ganas de ser profesor.
A: ¿Azafata, entonces, si te gusta estar con mucha gente?
B: Pues sí, mejor.

Me encanta estudiar. Estoy muy a gusto con mucha gente a mi alrededor, sobre todo los niños. No me importa la responsabilidad.

1

Yo creo que me llevo bien con la gente. Busco un trabajo variado lejos de la rutina diaria: horarios fijos, la misma oficina...

Me interesan más las asignaturas creativas como el dibujo y la musica.

3

179

Lo que a mí me da mucha satisfacción son las máquinas.

2

Quiero hacer algo útil en la vida; trabajar con la gente. Se me dan bien las ciencias y me parece que podría ejercer una carrera en este terreno.

Pues, lo que busco es un trabajo fijo, que me dé tiempo libre y un buen sueldo. A mí me interesa divertirme.

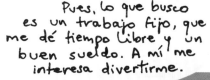

4

6

modelo

profesor(a)

diseñador(a)

5

representante

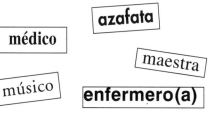

médico

azafata

ingeniero(a)

fotógrafo(a)

músico

maestra

enfermero(a)

¿Qué dices tú?

El padre de tu amigo te hace unas preguntas sobre lo que te gustaría hacer. A base de lo que han dicho los jóvenes en la página anterior, ¿qué dices tú? Haz el diálogo con tu pareja y luego túrnate con él o ella.

A: *¿Cuáles de las asignaturas te gustan más en el instituto?*
B: ....
A: *¿Se te dan bien estas asignaturas?*
B ....
A: *¿Estás a gusto con la gente o preferirías trabajar a solas?*
B: ....
A: *¿Te interesaría tener un trabajo fijo, rutinario o variado?*
B: ....
A: *¿Qué te parece más importante; ganar dinero o tener satisfacción en tu trabajo?*
B: ....
A: *¿Tienes alguna idea de lo que te gustaría hacer?*
B: ....

¿Qué harías tú?

A veces la vida no es tan fácil. Por falta de salidas o medios no es posible hacer lo que te gustaría. Sin embargo si pudieras escoger cualquier puesto de trabajo, ¿cuál elegirías? Escucha a este grupo de jóvenes españoles entrevistados en un colegio. Apunta lo que a cada uno le gustaría hacer si pudiese escoger cualquier puesto. ¿Han elegido lo mismo que tú?

¿Qué haría él o ella?

A ver si conoces bien a tu pareja. Si se hiciesen estas preguntas a tu pareja ¿qué diría él o ella? Apunta lo que tú crees que diría tu pareja.

1 Si pudieras hacer cualquier trabajo, ¿qué harías?
2 Si pudieras vivir en cualquier parte del mundo, ¿dónde vivirías?
3 Si fueras rico, ¿qué harías ?
4 Si ganases la lotería, ¿tendrías ganas de trabajar o pasarías el tiempo viajando?
5 Si no hubiese trabajo en tu pueblo, ¿adónde iríais a buscarlo?, ¿a otra ciudad o al extranjero?
6 En ese caso, ¿aceptarías cualquier trabajo o esperarías a encontrar algo que te gustara?
7 Si te suspendiesen en tus exámenes, ¿continuarías estudiando o dejarías tus estudios?

Ahora habla con tu pareja para averiguar lo que ha dicho sobre ti y viceversa.

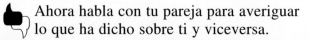

Ahora sé ...

hablar del colegio y dar tus opiniones ●●●●●●●●●●●●●●●●●●●●●●●●●

Los profesores son simpáticos/comprensivos.	The teachers are nice/understanding.
Llevo tres años estudiando español.	I've been studying Spanish for three years.
¿Cómo te castigan los profesores?	How do the teachers punish you?
Si te portas mal los profesores te retienen o te quitan el recreo.	If you behave badly the teachers keep you back or take away your break time.
¿Cuánto tiempo llevas estudiando inglés?	How long have you been studying English?
¿Qué pasa si te suspenden en los exámenes?	What happens if you fail your exams?
¿Y continuarás estudiándolo el año que viene?	Will you carry on studying it next year?

hablar del futuro y hacer preguntas a otros ●●●●●●●●●●●●●●●●●●●●●●●

Me gustaría continuar mis estudios.	I would like to carry on with my studies.
Querría hacer una carrera en letras.	I would like to have a career in Arts.
Yo quiero seguir estudiando.	I want to carry on studying.
Me gustaría ser deportista y viajar.	I would like to be a sportsperson and travel.
Me encantaría trabajar al aire libre.	I would like to work in the open air.
No tengo ganas de trabajar en un equipo.	I don't want to work in a team.
Me apetecería estudiar diseño gráfico.	I would like to study graphic design.
¿Eres ambicioso?	Are you ambitious?
¿En qué quieres trabajar?	What do you want to do for a living?
¿Te interesaría trabajar en un banco?	Would you be interested in working in a bank?
¿Buscas un trabajo rutinario?	Are you looking for a routine job?
¿Qué te apetecería?	What would interest you?
¿Estás más a gusto trabajando solo?	Are you happier working alone?
¿Qué harías si pudieras vivir en España?	What would you do if you could live in Spain?
¿Dónde vivirías si fueras rico?	Where would you live if you were rich?
¿Qué pasaría si te encontrases en paro?	What would happen if you found yourself unemployed?
Trabajaría en cualquier sitio. Pasaría el día buscando trabajo.	I would work anywhere. I would spend the day looking for work.

entender anuncios sobre puestos de trabajo ●●●●●●●●●●●●●●●●●●●●●

Se busca cajera/recepcionista.	Wanted cashier/receptionist.
Se valorará inglés y francés.	A knowledge of English and French is an advantage.
Buenos informes y buena presencia.	Good references and good appearance.
Interesados preséntense o escriban al apartado.	Applicants come in person or apply to the box number.

UNIDAD 2 ¡Que aproveche!

Prepositions and pronouns

1 To help you say whom things are for, you need the words underlined in these examples:

– <u>Para mí</u>, el gazpacho. ¿Y <u>para ti</u>?

<u>For me</u>, *gazpacho*. And <u>for you</u>?

You are choosing a meal in a Spanish restaurant. For each course, say what you are going to order and suggest something for your Spanish friend (your partner).

Ejemplo:

Tú: **Para mí, sopa de pescado; para ti, ensalada, ¿no?**

Tu pareja: Sí, para mí, ensalada,

o bien

No, para mí, sopa de pescado también.

Menú del día
1100 ptas

Sopa de pescado
o
Ensalada de lechuga
–
Bistec
o
Tortilla francesa
–
Tarta helada
o
Fruta
–
Pan

Agua mineral o Vino de la casa

While in Spain you are talking to your Spanish friend about the presents you are going to buy for your friends and relatives:

Tú: **Voy a comprar unos regalos para mi padre y mi hermana.**

Tu amigo: ¿Qué vas a comprar para él?

Tú: **Para él, un monedero.**

Tu amigo: ¿Y para ella?

Tú: **Para ella, una camiseta.**

So *para él* is 'for him' and *para ella* is 'for her'.

2 Who is most likely to ask these questions in a restaurant?

¿Y para usted?

¿Y para ustedes?

When you are speaking to someone you don't know very well use *para usted* 'for you' and *para ustedes* 'for you' when you are talking to several people you don't know well. So the waiter or waitress is most likely to say these things in a restaurant.

3 Ask your partner very politely what he or she would like:

¿Y para usted, señor/ita?

Your partner must reply

Para mí, ...

then add an item to eat or drink from the menu on the left. Repeat this for each part of the meal. Then change over.

Now ask your partner what he or she would like, but this time he or she is answering on behalf of a group or people, so you say

¿Para ustedes?

and your partner replies

Para nosotros ...

Then change over.

4 A group of Spanish students is in your school on an exchange visit. You compare the daily routine of the two schools. You will need the words underlined in these examples:

Para <u>vosotros</u> en España la primera clase empieza a las nueve. Pero para <u>nosotros</u>, empieza a las nueve menos cuarto.

When you are speaking to several friends, 'for you' is *para vosotros*, or *para vosotras* if they are all female.

Now complete these sentences:

Ejemplo:

Para vosotros, las clases empiezan a las nueve, pero <u>para nosotros empiezan a las nueve menos cuarto.</u>

1 Para vosotros, el recreo es a las once, pero …
2 Para vosotras, la comida es a las dos, pero …
3 Para vosotras, la primera clase de la tarde empieza a las cuatro, pero …
4 Para vosotros, las clases terminan a las seis, pero …

Which sentences were said to girls only?

A Ser Detective

5 Now look at this sentence.

¡Para ellos, las clases empiezan a las ocho!

You were surprised by some of these Spanish times, and to report these facts to your friends, you needed to use **para ellos** ('for them').

Now report the other four facts from the fourth exercise, but remember to change *ellos* to *ellas* where the original sentence had *vosotras*.

So, the complete sequence is:

> para mí = for me
>
> para ti = for you
>
> para él = for him
>
> para ella = for her
>
> para usted = for you
>
> para nosotros(as) = for us
>
> para vosotros(as) = for you
>
> para ellos(as) = for them
>
> para ustedes = for you

Be sure to learn the words (strong personal pronouns) which come after *para* in this table. You can put each of them after words (prepositions) which talk about position:

¡Siéntate **delante de** mí!
Sit down in front of me!

¿Dónde están los servicios?
¡Detrás de ti!
Where are the toilets?
Behind you!

6 You are part of an exchange visit to a Spanish school, and you are sitting in class, next to your penfriend. You are anxious to make sure you know the names of at least some of the people in the room. The seating plan looks like this.

Señor Ríos, el profesor		

Yo	Miguel	Cristina
Juan	Carmen	Carlos

You try to remember their names and practise your Spanish by asking yourself these questions:

> ¿Quién está detrás de mí?
>
> ¿Quién está junto a mí?
>
> ¿Y quién está junto a él?
>
> ¿Y quién está delante de nosotros?
>
> Juan y Carlos, ¿quién está entre ellos?

How do you answer these questions in Spanish?

7 Sometimes you need to talk about the position of a thing, not a person.

Es un bolso blanco; <u>dentro de él</u> hay un billetero.
Es una maleta negra; <u>dentro de ella</u> hay mucha ropa.

Él and *ella* can also mean 'it'. Can you find examples of these words in the following conversation which took place in the customs hall?

Aduanero: *¿Dónde está su maleta?*
Turista: *Aquí, delante de mí.*
Aduanero: *¿Qué hay dentro de ella?*
Turista: *Mi chaqueta.*

Aduanero: *Su chaqueta, sí, y ¿qué es esto debajo de ella?*
Turista: *Es mi radio. La compré en los Estados Unidos.*
Aduanero: *¿Su radio? ¿Cuánto pagó usted por ella?*
Turista: *Cuarenta dólares.*
Aduanero: *¿De veras? Un buen negocio. Puede pasar.*
Turista: *Adiós.*

8 The words underlined in the following sentences help you to give and accept invitations:

> *¿Quieres ir a la discoteca <u>conmigo</u>?*

> *Sí, me gustaría mucho ir <u>contigo</u>.*

Conmigo means 'with me'.

Contigo means 'with you' when you are speaking to a friend.

Take turns with your partner to answer these questions, using **conmigo** and **contigo**.

¿Quieres ir a la discoteca conmigo?
¿Quieres comer en la cantina conmigo?
¿Te gusta trabajar conmigo en esta clase?
¿Voy a ir a la próxima clase contigo?
¿Sería posible hacer mis deberes contigo?

UNIDAD 3

Los grandes almacenes

Pronouns

1 Look at this sentence. Can you see how the word underlined helps to make the sentence shorter?

- ¿Quiere usted comprar el cinturón?
- No, no lo compro, gracias.

It would be longer and clumsier to say, for example:

- ¿Quiere usted comprar el cinturón?
- No, no compro el cinturón, gracias.

You probably know that **lo** and **la** are two words which mean 'it'. Called pronouns, they are used in place of the noun (or 'thing') when it has already been mentioned. Did you see when to use lo and la? Lo refers to a masculine noun or thing, and la to a feminine noun or thing.

Show you can use lo and la by saying you will buy certain things.

Ejemplo:
¿Compra usted el disco?
Sí, lo compro.

> ¿Compra usted la camiseta?
>
> ¿Compra usted el libro?
>
> ¿Compra usted la cámara?
>
> ¿Compra usted el pantalón?

Now say you will not buy these things:

Ejemplo:
¿Compra usted la blusa?
No, no la compro.

> ¿Compra usted la guitarra?
>
> ¿Compra usted el estéreo?
>
> ¿Compra usted el sombrero?
>
> ¿Compra usted el ordenador?

As you can see, **lo** and **la** ('it') go immediately in front of the verb.

2 What do you notice about the position of lo and las in these sentences?

Busco un bolso de piel; ¿dónde puedo encontrarlo?
Quiero comprar unas corbatas; ¿dónde puedo comprarlas?

When lo, la, los and las are with an infinitive, they are joined on to the end of it.

You ask the shop assistant whether she can wrap up your purchase:
Tú: **¿Puede usted envolverme la bolsa?**
Dependienta: *Sí, puedo envolvérsela.*

Work out the assistant's answers to your questions about whether she can wrap things up, turn on electrical things, look for certain things, and whether you can try clothes on.

Ejemplo:
Tú: **¿Puede envolverme el billetero?**
La dependienta: *Sí, puedo envolvérselo con mucho gusto.*
Tú: **¿Puedo probarme estos pantalones?**
La dependienta: *Sí, puede usted probárselos.*

1 ¿Puede usted envolverme el monedero?
2 ¿Puede usted ponerme la cinta?
3 ¿Puede usted envolverme la muñeca?
4 ¿Puede usted poner la radio?
5 ¿Puede usted buscarme un jersey más grande?
6 ¿Puedo probarme este sombrero?
7 ¿Puedo probarme esta chaqueta?
8 ¿Vas a comprar los guantes?
9 ¿Se va a probar estos pantalones?
10 ¿Quiere usted probar estos zapatos?
11 ¿Compras estas camisas?
12 ¿Puedo probarme estas chaquetas?

Superlatives

1 When you want to say that something or someone beats all others in some respect, you need language like this:

Este cuadro es el más bonito.
This picture is the prettiest.

Este ordenador es el más avanzado.
This computer is the most advanced.

Can you see how to make '-est' or 'most' words? You put **el más** or **la más** in front of the adjective according to whether it is masculine or feminine.

A Ser Detective

With these words you can make something or someone the greatest in the world:

> El reloj es barato.
>
> ¡Es el más barato del mundo!
>
> Esta cámara es la más cara.
>
> ¡Es la más cara del mundo!

How do you say that these things are the greatest in the world?

1 El jersey es bonito.
2 La chaqueta es sensacional.
3 La camisa es elegante.
4 El bistec es delicioso.
5 La vista es estupenda.
6 La cama es cómoda.

2 Now look at what happens when several things are involved:

Estas manzanas son las más deliciosas.
These apples are the most delicious.

Estos trenes son los más rápidos.
These trains are the fastest.

When several things are the 'greatest' you need **los más** or **las más** in front of the adjective.

Here is a claim which a restaurant makes about its food:

Nuestros platos son deliciosos, ¡son los más deliciosos de la ciudad!

Help them to make more claims like that using the phrases below.

1 Nuestros pescados son frescos.
2 Nuestros entremeses son variados.
3 Nuestras sopas son sabrosas.
4 Nuestros bocadillos son ricos.
5 Nuestras sillas son cómodas.
6 Nuestros vinos son baratos.

3 ¿Por qué son famosos?

¿Puedes escoger el verdadero récord?
Escribe la que crees que es la frase verdadera.
¿Y para saber si tienes razón? ¡Pregúntaselo a tu profesor!

1 El Amazonas es …
   a el lago más grande del mundo.
   b el mar más profundo del mundo.
   c el río más largo del mundo.
   d el país más grande del mundo.

2 El Everest es …
   a la isla más grande del mundo.
   b la montaña más alta del mundo.
   c el volcán más caliente del mundo.
   d el desierto más seco del mundo.

3 La Antártica es …
   a el lugar más húmedo del mundo.
   b el continente más grande del mundo.
   c la isla más grande del mundo.
   d el lugar más frío del mundo.

4 En Europa el 21 de diciembre es …
   a el día más corto del año.
   b la noche más corta del año.
   c el día más frío del año.
   d el día más largo del año.

UNIDAD **4** *Ratos libres*

The present continuous

1 In this unit you have come across phrases similar to the following examples. What do they all have in common regarding their meaning?

Estamos preparando la cena.
Mis hermanos menores están jugando con sus regalos.
Estoy haciendo los deberes.
Estoy escribiendo esta carta …

They all tell us what is happening at the present time.

The tense is similar to the English, for example:

¿Qué estás haciendo? Estoy estudiando.
What are you doing? I am studying.

In place of '-ing' you write **-ando** or **-iendo**.

Which verbs take **-ando** and which take **-iendo**? Look at the infinitives of the verbs in the examples above and see if you can work out the pattern of endings.

preparar   jugar   hacer   escribir

You can see that with:

-ar verbs you add -ando e.g. *hablar = hablando*

-er verbs you add -iendo, e.g. *comer = comiendo*

-ir verbs you add -iendo, e.g. *vivir = viviendo*

2 Look at the picture below. Your penfriend's father (your partner) wants to know what everybody is doing. You tell him as much as you can.

Ejemplo:

– ¿Qué está haciendo María?

– María está llamando por teléfono. Está hablando con su novio.

Felipe

Mariá

Dolores

Ana

3 Now look at the following examples and see what differences there are from the previous section.

> Estoy lavándome el pelo.
> Estamos divirtiéndonos mucho.
> Estás afeitándote.
> Estás pasándolo muy bien.
> Está escuchándolas.

You notice that a reflexive or object pronoun has been added to the end of each verb. What is unusual about this? Object pronouns normally go in front of the verb e.g.:

Me lavo

Lo pasamos bien.

But when the verb is in the continuous form the pronoun is usually added to the end of the verb: e.g.:

Estoy escuchándo**lo** ahora.

You notice too that the addition of an extra word affects the spelling of the verb. Why is this?

The stress on the word would normally be shifted by adding another syllable. In order to show that the stress stays the same, an accent is added.

4 Answer the following questions using the visual cues to help.

Ejemplo:

¿Qué está haciendo Jaime? Está peinándose.

¿Qué está haciendo Juan?

¿Qué está haciendo Marta?

¿Qué está haciendo Julia?

¿Qué estás haciendo tú?

Now compare the sentences you have just seen with the following.

Me estoy lavando aquí.
Se está divirtiendo mucho.
Le está ayudando ahora.

Here you can see that the same pronouns can also be put before the verb (in these cases the auxiliary verb *estar*). Obviously there is no need for accents here since no change has been made to the verb ending in **-ando** or **-iendo**.

Both ways of putting in the pronoun are correct.

Sometimes one way sounds better than another.

¿**Te** estás lavando?
¿Estás lavándo**te**?

5 During your visit to Spain your hosts ask you how you spend your time. You answer as fully as you can.

Ejemplo:

– ¿Cómo pasáis el tiempo el día de Navidad?

– Lo pasamos cantando villancicos, comiendo nueces, dátiles, viendo la televisión …

¿Cómo pasas
• la Nochebuena?
• la Nochevieja?
• la Semana Santa?
• las vacaciones de verano?
• tu cumpleaños?

A Ser Detective

UNIDAD 5 · De compras

Este, esta, estos, estas and esto

1 What happens to the word for 'this' in these sentences?

> ¿Cuánto vale **este** pastel?
> … y medio kilo de **este** queso …
> Escucha **esta** conversación.
> Llegaron **esta** mañana.

As you can see, you use **este** in front of a masculine singular noun and **esta** in front of a feminine singular noun. You can use these words to point out things nearby.

Ejemplo:
¿Qué pastel quiere usted comprar?
Este pastel de aquí.

¿Qué botella de agua mineral quiere?
Esta botella de aquí.

Answer these questions using *este* or *esta*:

1 ¿Qué chorizo quiere usted comprar?
2 ¿Qué tarta quiere usted?
3 ¿Qué jamón le gusta más?
4 ¿Qué queso le gustaría comprar?
5 ¿Qué limonada quiere?

2 Now see what happens when referring to more than one thing near you.

> Deme medio kilo de **estos** melocotones.
> **Estos** huevos son los más frescos.
> Tomo media docena de **estas** tartas.
> **Estas** peras son deliciosas.

Este and *esta* become *estos* and *estas*.

Answer these questions using *estos* or *estas*:

Ejemplo:
¿Qué manzanas quiere usted comprar?
Estas manzanas de aquí.

1 ¿Qué naranjas quiere usted?
2 ¿Qué plátanos le gustan más?
3 ¿Qué peras quiere usted comprar?
4 ¿Qué melocotones quiere usted?
5 ¿Qué tomates te gustaría comprar?

3 Here is a fifth group of the *este/esta/estos/estas* group; what do you think its purpose is?

¿Qué es esto?   What is this?
¿Esto es todo?   Is that all?

Esto gives you a word for 'this' when you don't know what the thing is, or when you are referring to something general or an idea.

If, for example, you are showing your school uniform to your Spanish penfriend, your friend might ask:

– ¿Y *esto* qué es?

You want to describe your uniform. How do you say in Spanish:

'This is my uniform. I have to wear this jacket, this skirt (or this pair of trousers), this jumper, and this tie in school. What do you think of all this?

So, the pattern for 'this' and 'these' is:

this	these
este	estos
esta	estas
+ esto	

Ese, esa, esos, esas, and eso

1 Here are the words to translate 'that' and 'those'. What do you notice about them?

¿Puede mostrarme **ese** abrigo?
Quiero comprar **esa** chaqueta.
Quiero un kilo de **esos** plátanos.
Dos kilos de **esas** manzanas, por favor.

It's very simple. They change in exactly the same way as *este, esta, estos,* and *estas.*

You can use these words to point out things that are near the person you are speaking to:

Tú: *Quisiera comprar esa camiseta.*
Tendera: *¿Esta camiseta?*
Tú: *Sí, esa camiseta de ahí.*

Practise asking for all clothes in this picture using dialogues like the last one. Take turns to be the shop assistant.

2 If you need a word for 'that' and you don't know what the thing is, or you are talking about a mixture of things or an idea you use **eso**.

¿Qué es eso?   What's that?

Vamos a ver; las aspirinas, las tiritas, los pañuelos de papel; ¿eso es todo? Let's see, the aspirins, the plasters, the tissues, is that all?

So, **eso** does the same job for 'that' as *esto* does for 'this'.

So, the pattern for 'that' and 'those' is:

that	those
ese	esos
esa	esas
+ eso	

Aquel, aquella, aquellos and aquellas

1 These sentences have a different word for 'that'. Why do you think this is?

Deme medio kilo de **aquel** queso.
¿Cuánto vale medio kilo de **aquellas** uvas?

If you guessed that these are used for pointing out things further away than *ese* or *esa*, you were right. They point out things away from both you and the person you are speaking to.

Can you ask for these things, which have all been placed on a high shelf?

Ejemplo:
Quiero **aquella** guitarra, por favor.

So the pattern for 'that' and 'those', when further away, is:

that	those
aquel	aquellos
aquella	aquellas

2 To prove you can use all these words to point out accurately things that are near, quite near, or far away, look at the table below and take turns at asking for the different items.

Ejemplo:
Quiero **estas** sardinas, por favor.

	this/ these	that/ those	that/ those
sardinas	●		
queso		●	
barras de pan			●
chorizo	●		
botellas de gaseosa		●	
caramelos	●		
aceitunas			●
mantequilla		●	
paquete de arroz			●

Keep on your toes; see how many you can do without making a mistake. If you do make a mistake, it's your partner's turn.

A Ser Detective

Negatives

1 But what if there is none at all?

Look at this example:

No tengo ningún dinero español. ¡Ninguno!
I have no Spanish money. None!

Did you spot that the word for 'no' (when it means 'not any') is **ningún** in front of a masculine singular noun, that it needs 'no' in front of the verb? And on its own, the word for 'none', still referring to that masculine singular noun is **ninguno**. The feminine form is **ninguna**.

No tengo ninguna dificultad. ¡Ninguna!
No queremos pagar ninguna comisión. ¡Ninguna!

Say that you have none of these:

1 paquete de arroz

2 billete de mil pesetas

3 manzanas

4 cepillo de dientes

5 sello

El juego de las diferencias

¿Cuantas diferencias encuentras entre estos dibujos?
Explica las diferencias así:
En el primer dibujo no hay ningún/ninguna …
En el segundo dibujo no hay ningún/ninguna …

Imperatives (familiar)

1 You have seen many examples of how to ask a friend to do something, and should find it easy to sort them out.

Here are some requests you will easily recognise.

> **Trabaja** con tu pareja …
> **Pregunta** a un amigo …
> **Decide** cuál es la mejor respuesta …
> **Escoge** la contestación apropiada …
> **Pide** a tu profesor que te diga …
> **Piensa** en más ejemplos …

Can you see how they are made?

You simply take off the **s** on the end of the question form of the **tú** part of the verb:

¿**Trabajas** lentamente? ¡**Trabaja** más de prisa!
¿**Comes** patatas fritas? ¡**Come** paella!
¿**Decides** adónde ir? ¡**Decide** ir a España!

You have seen that this rule works for **-ar**, **-er**, and **-ir** verbs; it works for radical-changing verbs as well:

¿**Cierras** la ventana? ¡**Cierra** la puerta también!
¿**Duermes** en la clase? ¡**Duerme** en tu cama!

Show you can give orders to a friend or a child using all sorts of verbs. Take turns with your partner to ask these questions. He or she must answer *sí*, and you then make a suggestion indicated in brackets.

Ejemplo:
Tú:　　　*¿Compras revistas inglesas? (españolas)*
Tu pareja: Sí.
Tú:　　　*¡Compra revistas españolas!*

1 ¿Lees periódicos ingleses? (españoles)
2 ¿Alquilas un coche italiano? (aléman)
3 ¿Buscas una cámara barata? (más cara)
4 ¿Juegas al baloncesto? (voleibol)
5 ¿Llegas siempre con retraso? (puntualmente)
7 ¿Escribes tus cartas en inglés? (en español)
8 ¿Duermes en clase? (en la cama)
9 ¿Proteges tu piel con aceite? (con crema)

2 Can there really be a rule which has no exceptions? You know that is too good to be true!

The text on page 190 is what you overheard your penfriend's mother saying to her youngest daughter one morning. How many commands can you spot which do not obey the rules?

189

'¡Luisita! ¡Luisita! Pon tus cosas en tu bolsa y ven aquí un momento. Escucha, cuando llegues a la escuela, ve a la oficina y dile a la secretaria que tienes que salir después del recreo porque vas al dentista … oye, ten la bondad de escucharme, ¿quieres? Deja eso … dile que tienes que salir a las once; sal a las once en punto porque te voy a esperar. Haz lo que te digo y sé buena. Vale, ponte el abrigo porque llueve …'

You should have spotted nine:

pon	= *put/put on*	ten	= *have*
ven	= *come*	sal	= *come out*
ve	= *go*	haz	= *do*
di(le)	= *tell*	sé	= *be*
oye	= *listen*		

It should now be an easy matter to work out which infinitives these requests come from, for example, *pon* from *poner*.

3 Show you can make requests to a friend or child by using both regular and irregular verbs in a different way.

Take turns with your partner to pretend not to have heard the requests, like this:

- *¿Puedes pasar la sal?*
- *¿Cómo?*
- *Pasa la sal, por favor.*

- *¿Quieres cerrar la puerta?*
- *¿Cómo?*
- *Cierra la puerta, por favor.*

1 ¿Puedes hablar un poco más despacio?
2 ¿Puedes hacer menos ruido?
3 ¿Quieres poner esto en la mesa?
4 ¿Quieres lavar la ropa?
5 ¿Quieres venir aquí un momento?
6 ¿Puedes traer una botella de limonada?
7 ¿Puedes tener en cuenta que estoy cansado?
8 ¿Quieres abrir la ventana?
9 ¿Puedes pensar en otras personas?
10 ¿Me haces el favor de jugar fuera de la casa?
11 ¿Puedes recordar que tratamos de dormir?
12 ¿Me haces el favor de cerrar la ventana?

4 What happens when you are making requests to more than one friend? In these examples you will be able to see what happens with **-ar**, **-er** and **-ir** verbs.

Notad el precio del plato más barato.
Dad una explicación de cada plato.
Haced una lista de precios.
Escribid una carta a un hotel.

You can see that this time there are different endings for all three types of regular verbs. The endings are **-ad**, **-ed**, and **-id**, and they simply replace the **-ar**, **-er** or **-ir** of the infinitive. This time there are no exceptions!

You are inviting a group of young Spanish people to a party at your house. You want them to arrive at about nine o'clock, so you say:

– Llegad sobre las nueve.

To help them, you also ask them to do these things. What do you say in Spanish?

Take the second street on the right.
Go as far as the park.
Turn left.
Find the third house on the right.
Go up to the third floor.
Bring a bottle.
Tell your parents you will be back very late.

5 Sometimes an object pronoun accompanies a request to a friend or some friends. This may be a reflexive pronoun. Look at these examples and tell your partner where the pronoun goes in relation to the verb, and what other change sometimes takes place:

Perdóname.
Siéntate aquí.
Túrnate con tu pareja.
Ponlos en la mesa, por favor.
Pregúntale cómo lo hace.
Buscadlo en el aula.
Pídele que te ayude.
Presentadla a vuestro profesor.
Dile que tienes que salir.

All these pronouns are added to the end of the positive request. You saw that an accent is sometimes added, but did you spot where and when? When a pronoun is added to the end of a verb of two or more syllables, an accent is needed on the stressed vowel of the verb:

¡Come! ¡Cómelo!
¡Mira! ¡Míralos!
¡Escucha! ¡Escúchalos!

Take turns with your partner to give each other these instructions using pronouns.

Ejemplo:

Mira **los dibujos**.
Míra**los**.

Di **a tus padres** que sales.
Dil**es** que sales.

1 Espera el autobús aquí.
2 Pon esta ropa en tu dormitorio.
3 Dad estos regalos a vuestros amigos.
4 Enviad estas postales a vuestros parientes.
5 Haz la encuesta con cuidado.
6 Habla a las personas en la calle.
7 Escoge las mejores respuestas.
8 Muestra los resultados a tu profesor.
9 Discutid el problema con los miembros del club.
10 Acaba el ejercicio antes de marcharte.

6 Before we leave these requests with pronouns, there is one peculiarity you may have noticed with *acordarse*, *divertirse* and other reflexive verbs:

Acordaos: Tenéis que volver a las doce.
¡Divertíos, jóvenes!

Did you guess what has happened? There is one letter missing, **d**. When a request ending in **-ad**, **-ed** or **-id** is followed by the reflexive pronoun **os**, the **d** is left out. In the case of the ending **-id**, an accent is put on the **i**: *¡Vestíos!* (Get dressed!) But the word **id**, from *ir*, keeps its **d**: *¡idos!* (Go away!)

You should now be able to make singular and plural commands from reflexive verbs, for example:

Tienes que sentarte aquí. – ¡Siéntate aquí!
Tenéis que acordaros de la cita. – ¡Acordaos de la cita!

Take turns with your partner to turn these sentences into commands:

1 Tienes que lavarte las manos.
2 Tienes que ponerte tu abrigo.
3 Debes fijarte en lo importante que es.
4 Tenéis que informaros sobre el horario.
5 Tienes que decidirte a hacerlo.
6 Debéis divertiros durante vuestra visita.
7 Debes comprarte un nuevo par de zapatos.

7 Now you have just one more thing to learn about requests to friends; what happens if you ask someone not to do something? Look at these examples and see if you can work out what is happening to verbs and pronouns:

No hables inglés; habla español.
No pagues ahora; paga más tarde.
No escribas a la secretaria; escribe al director.
No gastes tu dinero en tales cosas.
Y la foto, ¡no la olvides otra vez!
¿Es verdad? ¡No me digas!
No olvidéis que mañana hay clase, chicos.
No os acostéis demasiado tarde.
No durmáis en clase.

There are three things to remember:

1 The endings for negative commands to a friend are **-es** or **-éis** for **-ar** verbs, and **-as** or **-áis** for **-er** and **-ir** verbs.

2 These endings are added to the *yo* part of the verb with the **-o** ending taken off: *Decir*; *digo*; *no digas* …

There is one important exception to the second rule; the verb *ir*:

¡No te vayas sin mí!

3 Thirdly, you probably noticed that pronouns go in front of the verb in negative commands to a friend or friends.

Make sure you can see all this in action by looking back to the examples before doing the next exercise.

Take turns with your partner to pretend you are going to do something foolish. Your partner has to tell you not to do it.

Ejemplo:

Voy a beber diez botellas de Coca-Cola.
¡No, no bebas diez botellas de Coca-Cola!

Vamos a sacar fotos de un policía.
¡No, no saquéis fotos de un policía!

1 Voy a volver a las tres de la madrugada.
2 Voy a acostarme muy tarde.
3 Voy a hacer mucho ruido.
4 Voy a escribir cosas en la pared.
5 ¡Voy a decirle al profesor exactamente lo que pienso!

191

A Ser Detective

Cuando and the subjunctive

1 Look carefully at these sentences and write down a translation in English.

Cuando **tenga** 17 años voy a aprender a conducir.
Cuando **llegues** al quiosco tuerce a la derecha.
Cuando **vuelva** dile que quiero hablar con él en seguida.

You will have spotted that in the English sentences 'when' is followed by a normal present tense. (I am, you get, he returns.) This is not the case in the Spanish sentences. Instead of the normal present tense forms, (*tengo, llegas, vuelve*) there are three unfamiliar forms: *tenga, llegues, vuelva*. This form of the verb is called the present subjunctive.

The use of the present subjunctive is an important difference between Spanish and English.

2 How do you know when to use it? You cannot simply use the present subjunctive every time you use *cuando*. Look at these sentences for example:

> **Cuando era** pequeño me gustaba coleccionar sellos.
> **Cuando hace** buen tiempo vamos a la piscina todos los días.
> **Cuando cumplí** los 16 años me regalaron una moto.

What is the difference between these sentences and the other examples?

These sentences do not use the present subjunctive and they refer to events that do happen or that did happen:

When I was small I liked …
When the weather is good we go …
When I was 16 they gave me …

> The sentences that do use the present subjunctive refer to events that will happen or that have not yet happened.

You will notice that when the present subjunctive is used with **cuando** the other part of the sentence is always in the future: I am going to learn, or a command: turn right, tell him.

The form of the present subjunctive is obviously different from that of the normal present tense.

-ar	compro	compre
	compras	compres
	compra	compre
	compramos	compremos
	compráis	compréis
	compran	compren
-er	bebo	beba
	bebes	bebas
	bebe	beba
	bebemos	bebamos
	bebéis	bebáis
	beben	beban
-ir	recibo	reciba
	recibes	recibas
	recibe	reciba
	recibimos	recibamos
	recibís	recibáis
	reciben	reciban

The verbs on the right are in the present subjunctive. The first thing to notice about them is the endings. It is almost as if verbs in the present subjunctive have a sudden identity crisis: **-ar** verbs use the endings of -er verbs and **-er** and **-ir** verbs use the endings of **-ar** verbs.

The next thing to work out is what these endings are added to. See if you can do this yourself from the examples below:

hablo	hable
como	coma
subo	suba
tengo	tenga
pongo	ponga
vengo	venga
oigo	oiga
digo	diga
hago	haga
conozco	conozca

Did you recognise the verbs in the left hand column? They are all the first person singular of the normal present tense. So this is what you do: take the 'I' form of the present tense, remove the **-o** and add the appropriate endings depending on whether you have an **-ar** verb or an **-er/-ir** verb. That's all there is to it!

A Ser Detective

3 Work out the 'I' form of the present subjunctive for these verbs, some of which you may not have seen before. Copy this table and fill in the gaps.

Present 'I'	Present subjunctive 'I'
abro	
aparezco	
bailo	
caigo	
leo	
miento	
puedo	
traigo	
recuerdo	
salgo	

4 Some verbs are completely irregular and you must learn them. Make a note of them as you meet them and try to remember them. Here are some of the most frequent ones to start you off:

ir	voy	vaya
saber	sé	sepa
estar	estoy	esté
dar	doy	dé
ser	soy	sea
haber	he	haya

NB Also note verbs such as *lleg*ar that add a **u** to keep the sound, e.g. *cuando llegue.*

5 Once you feel confident about the form of the present subjunctive you should have no difficulty in completing these sentences correctly.

1 Cuando (llegar) tu padre, vamos a cenar.
2 Cuando (detenerse) el autocar, voy a bajar.
3 Cuando (aparecer) tu hermano, dile que me gustaría hablar con él.
4 Cuando (volver) mi amigo con la película, voy a sacar unas fotos.
5 Cuando (llegar) a París, vamos a tomar el metro.
6 Cuando (venir) el revisor, le vamos a hablar de esto.
7 Cuando (estar) en Alemania, no dejes de visitarnos.
8 Cuando (cumplir) 18 años, puedes hacer lo que quieras.
9 Cuando (descubrir) lo que has hecho se van a poner furiosos contigo.

UNIDAD 8 | Objetos perdidos

The perfect tense

1 Miguel's mother has left her son at home while she is at work. He is normally extremely lazy, so she telephones him from work to find out what he has been up to. Read the dialogue between mother and son and look carefully at the verbs underlined.

Madre: **Oye, Miguel. ¿Qué has hecho esta mañana?**

Miguel: *Bueno … he lavado los platos … he limpiado la casa … he lavado el coche … he preparado la comida … he ido de compras y he jugado con mi hermana menor.*

Madre: **Pero, ¿qué te pasa? … Normalmente yo lavo los platos … limpio la casa … preparo la comida, voy de compras y tú nunca lavas el coche ni juegas con tu hermana. ¿Qué ocurre?**

Miguel: *Mamá, ¿me dejas salir con Lolita esta tarde?*

Madre: **¡Ay! ¡Qué cosa es el amor!**

What are the main differences between the verbs used at the beginning and those used later?

1 The verbs in the first part describe what **has** happened:
He lavado I have washed.

The verbs in the second part talk about what **is** happening: ¿Qué pasa? or what usually happens: Yo lavo los platos.

2 The verbs in the first part are made up of two words: the present tense of *haber* (to have) and a past participle (e.g. he lavado, I have washed). The verbs in the second part are in the present tense and have only one word: *lavo* (I wash), *limpio* (I clean), *preparo* (I prepare).

Look at the dialogue below between a girl and her boyfriend. What does the second word of the perfect tense end in?

Novia: **¡Ay! me aburro muchísimo.**

Novio: *¿Quieres visitar el museo?*

Novia: **No, lo he visitado antes.**

Novio: *¿Quieres comer aquí en este restaurante?*

Novia: **No, he comido allí antes. No me gusta.**

Novio: *¿Quieres beber algo?*

Novia: **No, he bebido bastante.**

Novio: *¿Quieres bailar?*

Novia: **No, he bailado mucho en las discotecas de aquí y no me apetece.**

Novio: *¿Quieres subir a las montañas?*

Novia: **No, he subido a montañas mucho más altas.**

A Ser Detective

Novio: *¿Te gusta vivir aquí en este pueblo?*
Novia: *Sí, mucho. ¿Por qué?*

The two endings are *-ado* and *-ido*. Can you work out when to use *-ado* and when to use *-ido*?

As you can see, all the regular **-ar** verbs end in **-ado**.
(visitar) visitado, (bailar) bailado

All the regular **-er** verbs end in **-ido**.
(comer) comido, (beber) bebido

And all the regular **-ir** verbs also end in **-ido**.
(subir) subido, (sufrir) sufrido

Read this extract from a letter sent by a Spanish penfriend. Parts of the letter have been smudged. Work out the endings to the words that are unclear.

> En tu carta me preguntas si he ido de vacaciones
> este año. Bueno, la verdad es que no he sal▩
> fuera este verano. Mi padre ha ten▩ mucho
> trabajo que hacer en la fábrica y mi madre ha
> trabaj▩ mucho en casa. Creo que también mi
> padre ha quer▩ economizar porque en estos
> últimos años hemos viaj▩ a muchos países. Me he
> divert▩ en casa y mi hermano lo ha pas▩ bien
> también.
> No me dijiste adónde has ido tú. ¿Has visit▩
> algún sitio muy interesante?

2 Look at the following dialogue. Can you see how the first verb changes in the perfect tense? Alonso has been away for five years and his friend is asking him how he has been getting on.

Pablo: *¿Qué has hecho en Barcelona?*
Alonso: He trabajado en fábricas.
Pablo: *Has ido alguna vez a Ibiza, ¿verdad?*
Alonso: Sí, he estado muchas veces.
Pablo: *Te ha gustado, claro.*
Alonso: Sí, pero ha cambiado mucho. Hay demasiados turistas. ¿Qué has hecho tú?
Pablo: *Nada, he estado aquí con mi mujer, tranquilamente.*

As you can see, the first part of the perfect tense (the first verb) changes and the second part (the past participle) does not.

he trabajado	I have worked (been working)
has ido	you have been
ha cambiado	he, she, you (polite) or it has changed

3 You and your penfriend are having a party. Your penfriend has made a list of things to do. Later in the day you check up to find out what things he has or has not done. (He has ticked off the jobs he has done.) What would you ask and how would he answer each question?

Mañana	Tarde
ir a la panadería ✓	buscar los discos
comprar las bebidas	llamar a Pedro ✓
obtener más vasos ✓	preparar los bocadillos
traer la música	poner las butacas en el dormitorio ✓
	hablar con los vecinos

Ejemplo:
Tú: *¿Has ido a la panadería?*
Tu amigo: Sí, he ido a la panadería.
Tú: *¿Has comprado las bebidas?*
Tu amigo: ¡Ay, madre! No he comprado las bebidas todavía.

Your penfriend has also asked other people to do things for the party. Here is his list. You ask him if the people have done as they were asked.

Ejemplo:
Tú: *Pablo ha invitado a Josefa, ¿verdad?*
Tu amigo: Sí, lo ha hecho.

> Pablo: invitar a Josefa
> Ignacio: traer sus discos
> Alfredo: preparar la paella
> Dolores: ir a la panadería a comprar el pan

4 Look at this short dialogue between your penfriend and his mother. She wants to know how the party plans are coming along.

Madre: *¿Qué <u>habéis hecho</u> esta mañana?*
Tu amigo: <u>Hemos ido</u> de compras y hemos buscado más vasos.
Madre: *¿<u>Habéis invitado</u> a mucha gente?*
Tu amigo: A unos veinte, más o menos.
Madre: *¿<u>Han aceptado</u> todas las invitaciones?*
Tu amigo: Sí, la mayoría. Algunos <u>han dicho</u> que no pueden venir pero siempre pasa igual.

The verbs underlined show the plural form of the perfect tense. Here is the complete form of the verb in the perfect tense.

-ar verbs	-er verbs	-ir verbs
he hablado	he bebido	he vivido
has hablado	has bebido	has vivido
ha hablado	ha bebido	ha vivido
hemos hablado	hemos bebido	hemos vivido
habéis hablado	habéis bebido	habéis vivido
han hablado	han bebido	han vivido

5 The form of the perfect tense is quite similar to the English equivalent. Look at these examples:

¿A quién **has llamado** esta mañana? **He llamado** a Pedro y a Ana.
Who **have you called** this morning? **I've called** Pedro and Ana.
Lo **hemos discutido** con los dos y **hemos decidido** …
We have discussed it with them both and **we have decided** …

The **-ado**, **-ido** is the Spanish equivalent of **'-ed'** in English.

As well as having a similar form, the use of the perfect in English (e.g. I have eaten) is exactly the same in Spanish (*He comido*).

Irregular past participles

1 Most of the past participles used in English to form the perfect tense end in '-ed', for example, if you want to use the verb 'to wait' in the perfect you say I have waited. What would you say for the following verbs: to watch, to finish, to answer, to reserve, to fill?

Some verbs are different, however. We do not say I have forgotted, but I have forgotten, and similarly we use bought, spoken, been, had, sent, slept. It is the same in Spanish: some verbs do not follow a regular pattern. The verbs which do not follow the patterns are some of the most fequently used, so you do need to know them. Here are the most important ones:

abrir (*to open*)	abierto (*opened*)
cubrir (*to cover*)	cubierto (*covered*)
decir (*to say*)	dicho (*said*)
escribir (*to write*)	escrito (*written*)
hacer (*to do*)	hecho (*done*)
morir (*to die*)	muerto (*died*)
poner (*to put*)	puesto (*put*)
romper (*to break*)	roto (*broken*)
satifacer (*to satisfy*)	satisfecho (*satisfied*)
ver (*to see*)	visto (*seen*)
volver (*to return*)	vuelto (*returned*)

From this table you can also work out the past participles of compounds of the verbs given, for example: *descubrir* (to uncover or discover) *has descubierto* as its past participle. Similarly, you can work out the past participles of *contradecir* (to contradict), *oponer* (to oppose), *devolver* (to give back), *deshacer* (to undo) and *prever* (to forsee).

Look at the following examples. Does the perfect work in the way you would expect, apart from the new past participles underlined?

¿Quién ha <u>abierto</u> la botella?
No le he <u>escrito</u> esta semana.
¿Qué han <u>hecho</u>?
¿Has <u>visto</u> la nueva película que dan en el Rex?
He <u>puesto</u> las cosas que compraste en la mesa en el comedor.
Está triste porque ha <u>muerto</u> su perro.
No han <u>dicho</u> nada.
No me ha <u>devuelto</u> el libro que le di el año pasado.

You can see that nothing else changes in the perfect: the only new parts are the past participles underlined.

2 To help you remember these new words, make ten sensible sentences from this table and write them down. See if you can do it in less than three minutes.

1	Tienen miedo
2	Mi amigo por correspondencia no está contento conmigo
3	No va a Inglaterra este verano
4	Es muy conocido
5	Está muy triste
6	Sus padres están enfadados
7	Tengo frío
8	Está muy preocupada
9	Está furiosa
10	Tiene suerte el detective
	porque
a	ha descubierto al asesino.
b	sus hijos han roto el florero que compró ayer.
c	no ha visto a nadie hoy.
d	des muy tarde y no ha vuelto su marido.
e	has visto una película de terror.
f	no le he escrito esta semana.
g	ha escrito muchas novelas.
h	no ha hecho nada en todo el día.
i	alguien ha abierto la ventana.
j	sus padres han dicho que es demasiado joven
k	para ir a ver la película.

3 Work with your partner on the verbs listed above. Look at the following examples. Does the perfect work in the way you would expect, apart from the new past participles underlined?

¿Quien ha abierto la botella

Take turns to make up a sentence using each of them: see how long you can keep going before neither of you can think of another, for example:

– He abierto la botella (el grifo/una cuenta en el banco/la ventana, etcétera).

UNIDAD 9 Me siento mal

Reflexive verbs in the perfect tense

1 Now that you have learnt the perfect tense, you are ready to learn how to form the perfect with reflexive verbs. It is not difficult, in fact, you can probably do it already! Look at these examples and see if you can work it out yourself:

<u>Me he cortado</u> el dedo.
<u>Se ha torcido</u> la rodilla izquierda.
¿<u>Te has quemado</u>?
<u>Se han levantado</u>.
Ya <u>nos hemos lavado</u>.
¿<u>Os habéis duchado</u>?

Note the addition of the reflexive pronoun (*me, te, se*) which goes in front of the auxiliary verb (*he, has, ha*, etc.), as shown in the table below:

Me he …	Nos hemos …
Te has …	Os habéis …
Se ha …	Se ha …

If you remember to keep these two words together, it all becomes easy.

2 Someone asks you whether you are going to do something. You tell them that you have already done it.

Ejemplo
– ¿Vas a ducharte o no?
– Ya me he duchado.

1 ¿Vas a arreglarte o no?
2 ¿Vas a bañarte o no?
3 ¿Vas a peinarte o no?

Now practise answering for yourself and a friend.

Ejemplo
– ¿Vais a ducharos o no?
– Ya nos hemos duchado.

4 ¿Vais a lavaros el pelo o no?
5 ¿Vais a levantaros o no?
6 ¿Vais a peinaros o no?
7 ¿Vais a quitaros las botas o no?

Now answer for someone else. When asked if you know whether he or she is going to do something, you can say you think he or she has already done it.

Ejemplo
– ¿Sabes si va a ducharse o no?
– Creo que ya se ha duchado.

8 ¿Sabes si va a afeitarse o no?
9 ¿Sabes si va a informarse o no?
10 ¿Sabes si va a marcharse o no?
11 ¿Sabes si va a reunirse con sus amigos o no?

3 The perfect is also very useful for asking 'have you ever …?'

Ejemplo:
– ¿Te has desmayado alguna vez?

You can reply that you have often fainted:

– Me he desmayado muchas veces.

or that you have never fainted:

– No me he desmayado nunca.

or that you have sometimes fainted:

– Me he desmayado algunas veces.

Practise with these examples. Fill in either the question or the answer.
1 ¿Te has asustado alguna vez?
2 No me he bañado nunca en el mar.
3 Me he caído al agua algunas veces.
4 ¿Te has equivocado alguna vez?
5 No me he mareado nunca.
6 No me he quemado nunca.

You can also use the perfect to say that someone hasn't done something yet.

Ejemplo:
– ¿Se ha acostado?
– No, no se ha acostado todavía.

Answer these questions in the same way:

1 ¿Se han levantado?
2 ¿Se ha despertado?
3 ¿Os habéis arreglado?
4 ¿Se ha vestido?
5 ¿Se han despertado?
6 ¿Te has duchado?
7 ¿Se han escapado?
8 ¿Se ha marchado?
9 ¿Te has peinado?
10 ¿Te has lavado?

A Ser Detective

The imperfect tense

1 You are now quite familiar with two ways of saying what happened in the past, using the perfect and preterite tenses. Both of these enable you to describe single, complete events:

Un hombre me ha robado el bolso.
Se escapó en el metro.

But there are other ways of describing the past.

Look at these examples:

Una lección de historia

Hace doscientos años <u>había</u> más criminalidad que ahora. En las carreteras, los ladrones <u>amenazaban</u> y <u>robaban</u> a la gente con frecuencia. En las ciudades no les <u>gustaba</u> a los ciudadanos salir de noche porque no <u>existía</u> una fuerza organizada de policía. Por eso no <u>atrapaban</u> a tantos criminales. Pero a los que <u>cogían</u> les <u>trataban</u> muy mal y muchas veces les <u>castigaban</u> cruelmente. Los <u>torturaban</u> o <u>mataban</u> por razones que hoy día no nos parecen justificadas, en vez de darles la oportunidad de reformarse.

In fact, this passage is describing what used to happen in the past.

You can see that the endings for the imperfect tense of **-ar** verbs are:

Yo – **aba**
Tú – **abas**
Él, ella, Vd. – **aba**
Nosotros – **ábamos**
Vosotros – **abais**
Ellos, ellas, Vds. – **aban**

You can see that these endings are added to the stem of the verb.

2 You can now answer questions about what you did when you were younger:

A los diez años:

¿Qué deportes practicabas?
¿Escuchabas mucho la radio?
¿Llegabas a menudo tarde a la escuela?
¿Qué cosas te gustaban más?
¿Y qué cosas odiabas?
¿A qué hora regresabas a casa?

¿Te gustaba jugar en la calle?
¿De qué hablabas con tus amigas?
¿A qué hora te acostabas?

Interview your partner by asking him or her the same questions. Then use your partner's answers to write an account of what he or she did at the age of ten:

Ejemplo:
A los diez años, Pat practicaba la natación y el tenis …

But be careful when talking about likes and dislikes with <u>gustar</u>!

Le <u>gustaba</u> jugar en el parque.
Le <u>gustaban</u> los juguetes.

What happens to **-er** and **-ir** verbs in the imperfect tense? Look at these examples:

Memorias de un profesor anciano, escritas en el año 2030

En el año 1995 había escuelas en España; los chicos debían ir a la escuela entre los seis y los dieciséis años. Aprendían muchas cosas en clase: matemáticas, ciencias, lenguas … yo conocía a un chico que entendía tres idiomas. Teníamos que escribir mucho, y cuando escribíamos, lo hacíamos con bolígrafos. Los estudiantes no tenían muchos ordenadores en clase. No se podía aprender todo en casa, como vosotros lo hacíais cuando teníais once años.

You can easily work out that the endings of **-er** and **-ir** verbs in the imperfect tense are the same:

Yo	**-ía**	Nosotros	**-íamos**
Tú	**-ías**	Vosostros	**-íais**
Él, ella, Vd.	**-ía**	Ellos, ellas, Vds.	**-ían**

As you saw, these endings are added to the stem of the verb.

Did you notice the word había? Can you work out what it means?

Había mucho tráfico en la autopista.
Había dos coches en la carretera.
No había nadie en la calle.

Había means there was, there were or there used to be. It is the equivalent of **hay** but in the imperfect tense.

197

3 Imagine you have moved to live for a time in Spain. You can now answer questions from Spanish friends about life in your country.

Cuando vivías en tu país:

¿Vivías en una casa o en un piso?
¿Hacía mal tiempo casi todo el año?
¿No dormías nunca la siesta?
¿Tú y tu familia bebíais té a las cinco?
¿Y comíais bistec todos los domingos?
¿Los chicos aprendían español en el instituto?

4 This account of a bank raid appeared recently in a Spanish magazine. The verbs in the passage in the imperfect tense are doing a slightly different job. Can you see what this is?

Cuando entraron los dos chicos en el banco, el cajero contaba los billetes, el director tomaba el café de media mañana y en el despacho interior otro empleado, Antonio Pastor, leía unas facturas y contestaba distraído a los comentarios que le hacía un cliente conocido. En la oficina del fondo, las secretarias Esperanza Moreno y Margarita Jiménez escribían a máquina.

In this case the verbs in the imperfect tense are not saying what someone <u>used to do</u> but what someone <u>was doing</u>. The imperfect tense does the important job of telling what was going on when something happened. The verb which tells what happened is normally in the preterite tense.

Ejemplo:
Mientras **paseábamos** por la calle Mayor dos chicos nos **amenazaron** con pistolas.

5 Imagine you were present when the bank robbery in this picture (above right) occurred. The police have asked you to recall in as much detail as possible what was happening when the robbers made their getaway. You can do this by using the imperfect tense:

Cuando los atracadores salieron del banco:

¿Qué hora era?
¿Cuántos atracadores había?
¿Qué hacían los atracadores?
¿Y el empleado del banco?
¿Y la propietaria de la tienda de al lado?
¿Y el conductor del coche delante del banco?
¿Y las personas en la cola?

Vocabulario

el atracador – robber
amenazar – to threaten
la cola – queue

6 You can use the imperfect tense to say what you were doing when something happened, for example:

Mientras me lavaba el pelo, sonó el teléfono.
Mientras comíamos, se apagaron las luces.

Do the same with these pairs of pictures:

Irregular verbs in the imperfect tense

8 You are now able to handle the two sets of endings (*-ar* and *-er* or *-ir*) of the imperfect tense. There are only three verbs which do not follow the rules. Can you tell what their infinitives are?

El tercer hombre era bajo y moreno.
Eran las siete de la tarde.

No veías todo perfectamente.
Veíais a menudo reportajes sobre accidentes.

Ibamos muchas veces allí.
Yo iba a preguntarles qué querían.

The three verbs are **ser** – to be, **ver** – to see, and **ir** – to go.

Here are their full forms:

ser	ver	ir
era	veía	iba
eras	veías	ibas
era	veía	iba
éramos	veíamos	íbamos
erais	veíais	ibais
eran	veían	iban

Ver comes closest to obeying the rules; it simply keeps the **e** of its **-er** ending, before adding the imperfect endings. Make sure that you have learned these three verbs before tackling the next exercise.

To show that you know these verbs, match the two halves of these sentences.

Cuando yo tenía diez años:	Pero ahora:
1 viajar por el espacio era un sueño	son mucho más liberales.
2 no se veían muchos ordenadores	vamos cada año al extranjero.
3 yo era muy tímida	somos más abiertos.
4 la criminalidad era baja	hablo con todo el mundo.
5 no íbamos nunca a otros países	es más alta.
6 para mí, tú eras un desconocido	se ven por todas partes.
7 los padres eran muy estrictos	soy más optimista.
8 éramos más reservados	es una cosa normal.
9 yo veía las cosas con pesimismo	eres mi mejor amigo.

9 This passage describes a Spanish person's memories of living in Santander. Many of the verbs in the imperfect tense are doing another job, slightly different again. Can you see what this is?

> Cuando vivíamos en Santander, me gustaba mucho aquella ciudad, porque estaba en la costa y había unas playas maravillosas muy cerca. Además, la ciudad tenía un aspecto muy limpio y pintoresco. Todo el paisaje de Cantabria me parecía muy bonito. Los picos de Europa, por ejemplo, eran muy altos y desde allí se veía un panorama impresionante. Y después de tres años nos tuvimos que mudar de casa. ¡Fue una lástima!

The verbs in the imperfect tense in this passage are describing a scene, telling us of a continuous state of affairs in the past. When a single sudden action occurs, it is dealt with by the preterite tense.

So there are three uses of the imperfect tense:

> **1** To describe what used to happen in the past.
> **2** To describe what was happening at a particular time in the past.
> **3** To describe a scene or particular state of affairs in the past.

10 In order to show that you can recognise these uses of the imperfect tense, and that you know about the preterite and perfect tenses, read the extract (on page 200) from a letter from a young Spanish boy. The verbs are underlined. Say whether each verb is:

1 In the imperfect tense because it says what used to happen.
2 In the imperfect tense because is says what was happening.
3 In the imperfect tense because it describes the state of affairs in the past.
4 In the preterite tense because it says what happened.
5 In the perfect tense because it says what has happened.

> "El año pasado yo siempre <u>iba</u> al club juvenil. Anoche <u>vi</u> a mi mejor amigo; él me <u>dijo</u> que <u>iba</u> a la nueva discoteca, porque le <u>gustaba</u> más. Bueno, <u>fuimos</u> allí él y yo, y <u>conocimos</u> a mucha gente joven. Mientras <u>bailábamos</u> con unas chicas alguien me <u>robó</u> la chaqueta. ¡Eso no <u>pasaba</u> nunca en el club juvenil! <u>Llovía</u> mientras <u>regresábamos</u> a casa, de modo que cuando <u>llegué</u> mis padres <u>estaban</u> furiosos. ¡Por lo menos <u>he conocido</u> a unos nuevos amigos!"

199

The imperfect continuous

1 You have already met the present continuous tense and know that it is very useful when you want to talk about what is happening.

Here are some examples:

Miguel **está leyendo** en su habitación.
Está lloviendo; no me apetece salir a la calle.
Me parece que tu padre **se está poniendo** furioso.

As you have mastered the present continuous you will have no difficulty with the imperfect continuous. See if you can spot how many differences there are between the two tenses:

> Estábamos cenando; no hablaba nadie.
>
> ¿Qué estabais haciendo en el parque? Vuestro padre está muy enfadado.
>
> Me estaba duchando cuando sonó el teléfono.
>
> Estaban jugando al fútbol cuando empezó a nevar.
>
> ¿Qué estabas haciendo cuando entró el profesor?
>
> Mi padre estaba firmando el cheque cuando entraron los ladrones.

You can see immediately that there is only one difference: the present continuous uses the present tense of *estar*; the imperfect continuous uses the imperfect tense of *estar*. It couldn't be easier!

Look again at the sentences above. Write down all the verbs which are in the imperfect continuous tense.

You should have noticed the following:

> **me estaba** duchando
> **estabas** haciendo
> **estaba** firmando
> **estábamos** cenando
> **estabais** haciendo
> **estaban** jugando

The words in bold give you the imperfect tense of *estar*. Make sure you learn it before going on.

2 The imperfect continuous is particularly useful when you want to describe what was happening at a particular time in the past. You can use it to set the scene for something else to happen. You have already seen examples of this:

Estaba esperando en la esquina cuando **se produjo** el accidente.
Mi padre **estaba firmando** el cheque cuando **entraron** los ladrones.

Note that while the imperfect continuous is used to set the scene, the event which happened is described using the preterite tense.

Que

1 Look carefully at these sentences. What do you notice about the function of the parts underlined?

Creo que tuvo la culpa el coche que **estaba intentado salir del parking**.
Atropelló al peatón **que iba por la acera**. El camión chocó con el coche **que estaba adelantando**.

You can see that by using *que* you can describe people and things in greater detail.

Look carefully at the picture below for two minutes and then cover it. How precise can you be about who exactly was doing what? See if you can complete these sentences correctly. Who would make a better witness – you or your partner?

A Ser Detective

Ejemplo:

El señor … entraba en el banco.
El señor **que llevaba una maleta** entraba en el banco.

1 El señor … hablaba con el camarero.
2 La chica … esperaba el autobús.
3 La señora … hablaba con su amiga.
4 El joven … tenía una cámara fotográfica.

2 *Que* may only be a small word but it can save you lot of effort. Compare these two statements.

Han derribado el edificio de la esquina. El edificio estaba en ruinas.
Han derribado el edificio de la esquina que estaba en ruinas.

The second statement says the same as the first, but in one sentence and fewer words. By avoiding repetition the Spanish also sounds much better. Here is another example:

El reloj era de oro. Perdí el reloj la semana pasada.
El reloj que perdí la semana pasada era de oro.

Practise improving these sentences by using *que*.

1 El billetero es de cuero auténtico. Voy a comprar el billetero para mi cuñado.
2 Acabo de pasar un examen de física. El examen era muy difícil.
3 Las entradas para el concierto nos han costado mucho dinero. Acabamos de comprar las entradas.
4 Han comprado un chalé no muy lejos de aquí. El chalé tiene un jardín enorme.

UNIDAD 11 — Estás en tu casa

Possessive pronouns

1 In these short dialogues, the words in bold have the same meaning. Can you see how the form of the words in the second sentence depends on the words they replace in the first sentence?

– **Mi casa** es pequeña.
– **La mía** también.

– **Tu bicicleta** es azul.
– **La tuya** también.

– **Vuestros amigos** son simpáticos.
– **Los vuestros** también.

In each pair the phrase in bold in the second sentence replaces the phrase in bold in the first sentence. This tends to make the second sentence shorter and avoids repetition. You probably noticed also that if the noun in the first sentence is masculine, the words which replace it in the second sentence must also be masculine, and the same applies to feminine and plurals. There are four forms of each of these words and the complete table is given below.

Remember to choose between masculine or feminine, singular or plural according to the word being replaced by the pronoun.

You can use these pronouns to compare what belongs to you with what belongs to someone else, for example:

– Mi dormitorio es muy cómodo.
– **El mío** también.

– Nuestra ciudad es muy moderna.
– **La nuestra** también.

	Singular		Plural	
	masculine	**feminine**	**masculine**	**feminine**
mine	el mío	la mía	los míos	las mías
yours	el tuyo	la tuya	los tuyos	las tuyas
his *hers* *yours*	el suyo	la suya	los suyos	las suyas
ours *yours*	el nuestro el vuestro	la nuestra la vuestra	los nuestros los vuestros	las nuestras las vuestras
theirs *yours*	el suyo	la suya	los suyos	las suyas

Write the phrases which go with these sentences in the same way:

1 **Mi hermana** estudia para secretaria.
2 **Mi padre** trabaja en la capital.
3 **Mis amigos** van al mismo colegio que yo.
4 **Nuestros vecinos** son muy simpáticos.
5 **Nuestro jardín** es bastante pequeño.
6 **Nuestras flores** son bastante bonitas.

2 With these pronouns you can point out differences as well as similarities, for example:

Nuestras ciudades son más grandes que las vuestras.
Nuestra vida es más tranquila que la vuestra.

Practise making these comparisons along the same lines.

Example:
Nuestras calles (estrechas).
Nuestras calles son más estrechas que las vuestras.

Now write these sentences in the same way:

1 Nuestra ciudad (antigua).
2 Nuestro país (grande).
3 Nuestras montañas (altas).
4 Nuestros ríos (largos).
5 Nuestras industrias (viejas).
6 Nuestro clima (caluroso).

3 You can also use possessive pronouns to identify items which belong to you, for example in a lost property office. What do you notice about the word *suya* in this short dialogue?

Oficial: ***¿Esta maleta es <u>suya</u>?***
Tú: *No, <u>la mía</u> es más pequeña.*

As you see, the *la* is missing from *la suya* in the first sentence. When these words come after part of the verb *ser*, the *el, la, los* or *las* is left out. Here are some more examples:

¿Es tuyo este bolso?
Esos papeles no son míos.
La culpa fue mía.

Remember this as you do the next exercise.

Ask your partner to take the part of the official in the lost property office. The description of your item is in brackets.

Ejemplo:
Reloj (nuevo)
*Tu pareja: **¿Este reloj es <u>suyo</u>?***
Tú: No, <u>el mío</u> es nuevo.

Make similar short dialogues with the following:

bolsa (amarilla)
guantes (castaños)
reloj (de oro)
cámara (japonesa)
gafas (nuevas)
billetero (de cuero)
paraguas (negro)
maletas (más grandes)
libros (ingleses)
bolso (blanco)

4 You have probably noticed words like *mío, tuyo,* etc. used in another way without *el, la, los* or *las* in front. What do you suppose they mean in these cases?

Te presento a un buen amigo **mío**.
¿Ella es amiga **tuya**?
Son vecinos **nuestros**.
¿Tienes algunos discos **suyos**?

The meanings this time are of mine, of yours, of ours, of his and so on.

Practise this by asking your partner about a friend he or she has.

Ejemplo:
Tú: ***John Harris es amigo tuyo, ¿verdad?***
Tu pareja: Sí, es amigo mío.
Tú: ***Wendy Smith es amiga tuya, ¿verdad?***
Tu pareja: Sí, es amiga mía.

5

Here's to you! These words can be used for wishing someone well when having a drink:

Spaniards say: '*¡A su salud!*' '*¡A la suya!*' (To your good health).

For other good wishes they say, '*¡Por tus éxitos!*' '*¡Por los tuyos!*'

A Ser Detective

Position of adjectives

1 What do you notice about the adjectives in these sentences? What might the reason for this be?

> La **pobre** chica fue gravemente herida.
> Mis abuelos en aquellos días eran gente **pobre**.
> Ya tenemos un **nuevo** coche.
> Acaban de construir una casa **nueva**.
> El Cid fue un **gran** hombre.
> Vi al ladrón; era un hombre **grande**.

Did you guess that there are different meanings for each of these adjectives, depending on whether they go in front of or after the noun?

When before the noun:
pobre means unfortunate.
nuevo means different (new to somebody).
grande becomes *gran* and means great, famous.

when after the noun:
pobre means poor (lacking money).
nuevo means brand new.
grande means big or tall.

We are sometimes unaware of these differences in English. Show you are aware of them in Spanish by writing these sentences with the correct endings.

El pobre millonario	no tenía bastante para comer.
Charles de Gaulle	fue un hombre grande.
Mi nueva moto	lo compré en el garaje.
La familia pobre	murió en su piscina.
Mi abuelo	fue un gran político.
El coche nuevo	la compré de segunda mano.

You know that *grande* becomes *gran* before any singular noun. What happens to these adjectives?

Soy un <u>buen</u> amigo de la familia.
Es una <u>buena</u> amiga más.
Tenemos unos <u>buenos</u> profesores.
Hace <u>mal</u> tiempo.
Han tenido <u>mala</u> suerte.
¡Qué <u>malas</u> costumbres!
Vivimos en el <u>primer</u> piso.
<u>Primero</u> tienes que decirme la verdad.
'El <u>Tercer</u> Hombre' es una película famosa.
Y te digo por <u>tercera</u> vez.
No tengo <u>ningún</u> disco.
¿Tienes <u>algún</u> disco suyo?

These adjectives go before their noun, and when that noun is masculine singular, they change in this way:

bueno – buen
malo – mal
primero – primer
tercero – tercer
ninguno – ningún
alguno – algún

The police accidentally shredded this witness's account of a bank robbery. They fitted it together but were left with the adjectives. Fit the words in the box into the gaps and write the complete report.

> **Denuncia**
> …, voy a contar lo que pasó. Hacía … tiempo y la visibilidad era … Vi a tres ladrones. El … ladrón era un hombre … pero no recuerdo … otra seña particular suya. El segundo atracador era el que amenazó al … cajero con una pistola. El … hombre se quedó en el coche. (Era un coche … en … condiciones). No hicieron … ruido y en cuanto a disparos, no oí … No lograron robar nada y la gente del banco pasó un … rato.

buen	ninguna	primero	tercer	nuevo
primer	mal	grande	buena	pobre
ningún	buenas	ninguno		

Personal a

1 Look carefully at this dialogue:
– *¿Conoces a mi hermano?*
– *¿A tu hermano? No, no conozco a tu hermano.*

Think for a moment about what these words actually mean. You know the question – *¿Conoces a mi hermano?* means, 'Do you know my brother?' and you can work out very easily that the answer means, 'Your brother? No, I don't know your brother.'

This gives you a very simple conversation. Practise for a few minutes with your partner. Choose three relatives and three friends, and ask your partner if he or she knows them. It may be that he/she does, in which case the answer will be:

– ¿A tu amiga Sofía? Sí, conozco a tu amiga Sofía.

A Ser Detective

If not, he or she will reply:

– No, no conozco a tu amiga.

You should by now have noticed that these sentences contain an extra **a**.

Here are some more examples for you to consider:

– Mañana voy **a** ver a mi abuela.
– Ya hemos conocido **a** tu tía.
– Vi a Enrique y **a** Pilar, pero no vi *a* Juan.
– ¿Has oído *a* tu padre?

What is the **a** in all these sentences and how do you know when to use it?

It is called the 'personal **a**' and is a peculiarity unique to Spanish. It must be included if a specific person is on the receiving end of any action. It acts as a link, or bridge, between the action and the person.

2 Frases revueltas

Unscramble these words and you will have a sentence – almost! Each sentence needs a personal **a**. Put one in the correct place. Remember: it is the link between the action (verb) and the person who is receiving the action (the object).

Work with your partner. See who can complete these sentences first. Read your sentences to each other, and make sure you agree.

1	2

padre
 	
        teléfono
 	
su
 	
      por
 	
llama
	casa
	
	        su
	madre
	
	en siempre
	
	    ayuda

3	4

padres
 	
    los
de
 	
   visitan
fines
 	
    semana
sus
	madre
	
	escucho
	
	mi
	
	    nunca

3 Remember: the **a** is a link between an action and a person; it does not link an action to a thing. Look at these examples:

1 El Sr Rivas mira un barco en el mar.
  El Sr. Rivas mira a su hijo que se baña en el mar.

2 ¿Adónde vamos a esperar el autobús?
  ¿Adónde vamos a esperar a tu amigo?

3 No conozco París. Nunca he estado allí.
  No conozco a tus vecinos.

The second sentence of each pair has a personal **a** to link the action to the person. In the second example it links *esperar* to *amigo*. What does it link in the other two examples?

'-ísimo'

1 You can see two ways of saying **very** in these examples:

– Es un coche **baratísimo**.
– Sí, de acuerdo, **es muy** barato.
– Es una película **viejísima**.
– Sí, tienes razón, es **muy** vieja.

As you can see, **-ísimo** on the end of an adjective means 'very'. You probably say that if the adjective ends in a vowel, that vowel is removed and *-ísimo* added. But be careful! The **-o** on the end of the *-ísimo* will still have to change to **-a** if the adjective is describing something feminine, and an **-s** will have to be added in the plural:

¡Los vinos son buenísimos! ¡Y las tapas son baratísimas!

Now you can do something *utilísimo* if you really want to express yourself in Spanish. The **-ísimo** adjectives are more forceful than the ones with *muy*; they let you express your opinions really strongly. You can add **-ísimo** to *mucho*, too:

Tu ciudad me gusta muchísimo.

Take turns with your partner to make these statements, to which the other person reacts even more excitedly.

Ejemplo:
Tú: **Esta película me parece muy buena.**
Tu pareja: Sí, a mí me parece buenísima.

1 El servicio de autobuses me parece muy malo.
2 Las películas de horror me parecen muy tontas.
3 Los Picos de Europa me parecen muy grandes.
4 En mi opinión las lenguas son muy útiles.
5 En mi opinión el español es muy fácil.
6 Me gustan mucho las películas de acción.

A Ser Detective

The subjunctive and verbs of emotion

1 In Unit 7 you learnt the form of the present subjunctive and how to use it with *cuando* to talk about events that have not yet happened. (Turn back to page 192 and revise this section if you are no longer sure.) However, the present subjunctive has many more uses than this, so it is worthwhile making sure that you know it thoroughly. Here is another example of its use:

Mis padres esperan que <u>me quede</u> en el instituto el año que viene.
A mis profesores les gusta que <u>trabaje</u>.
Mis amigos quieren que les <u>ayude</u> con sus deberes de matemáticas.
A mi tutor le gusta que <u>sea</u> puntual.

All these sentences talk about the hopes, wishes, desires and likes of one person or a group of people, with regard to actions of another person or group of people. Here are some more examples:

Siento que no <u>vengas</u>.
Me da pena que <u>lo digas</u>.
¿Te alegras de que <u>se vaya</u>?
Quiero que le *escribas* <u>en seguida</u>.

If you look at the verbs which are followed by a present subjunctive, you will see that they all have certain things in common. Here they are:

… esperan que …
… les gusta que …
… quieren que …
… le gusta que …
Siento que …
Me da pena que …
¿Te alegras de que …
Quiero que …

What do these verbs have in common?

> **a** They are all in the present tense.
>
> **b** They are all followed by *que*.
>
> **c** They all convey to the reader or listener an attitude.

We know for example that they are afraid, or sorry, or sad, or hopeful; that they may be glad; we know what they want and what they like. These verbs are usually referred to as 'verbs of emotion' because they tell about people's feelings with regard to events or actions. And verbs of emotion must be followed by a subjunctive.

Look carefully at Unit 11 and see how many examples you can find of verbs of emotion followed by a subjunctive. List these examples in your exercise book. As you read in Spanish, you will meet more examples. Make a note of them when you do and try to remember them.

2 When considering your future, remember that other people have an interest too. Can you complete these sentences so that they are appropriate for you?

1 Mis padres esperan que …
2 Mi madre quiere que …
3 A mi padre le da pena que …
4 Mi tutor quiere que …
5 Mis profesores esperan que …
6 Mi profesor(a) de español espera que …

For each of the following choose one of the infinitives from the box and use it correctly to complete the sentence:

poder	estudiar	haber
suspender	pasar	estar
dejar	salir	

1 Le enfada que su hijo no …
2 Siento que no … (tú) contenta aquí.
3 Mi profesor de español no quiere que … de estudiarlo.
4 No le gusta que … (tú) conmigo.
5 Esperan que sus padres les … ayudar con sus deberes.
6 Estoy muy contento de que te … (ellos) invitado a la fiesta.
7 Mis padres esperan que no … (yo) ninguna asignatura.
8 Mi amiga por correspondencia quiere que … las vacaciones de Semana Santa con ella.

UNIDAD 12

El transporte público

The future tense

1 Look at the following sentences:

> Estaré en Inglaterra.
> Iré a buscar el billete.
> El avión llegará a las 11.30.
> Mis padres me llevarán en coche al aeropuerto.
> No me reconocerás.
> Llevaré vaqueros.

Until now you have been able to use **voy a + infinitive** to express future plans. What is the difference between the following two examples?

Voy a estar en Inglaterra.
Estaré en Inglaterra.

The first means I am **going to** be.

The second means I **will** be.

Look at the above examples again. The endings are unfamiliar, but what form of the verb are all the endings added to?

In the case of most verbs the endings are added to the infinitive, for example:

estar + **é** = estaré
llegar + **á** = llegará

What are the endings?

2 Look at the following dialogue of people talking about holiday plans and try to work out the table of endings. (I, you, he/she, we, you, they).

– ¿Adónde **irás**, Pablo?
– **Iré** a casa de mis abuelos con mi madre.
– ¿**Iréis** en tren?
– No, esta vez **viajaremos** en coche.
– ¿**Conducirá** tu madre?
– No, ¡qué va! Mis tíos **conducirán**.

You may have already noticed that there is only one set of endings for verbs of the three types. The endings are as follows:

hablar**é**	comer**é**	vivir**é**
hablar**ás**	comer**ás**	vivir**ás**
hablar**á**	comer**á**	vivir**á**
hablar**emos**	comer**emos**	vivir**emos**
hablar**éis**	comer**éis**	vivir**éis**
hablar**án**	comer**án**	vivir**án**

3 Un amigo español te pregunta lo que harás durante la semana. Tú le preguntas a él lo mismo, para ver si podréis salir juntos.

Ejemplo:
– ¿Qué harás el lunes?
– El lunes iré al parque al jugar a tenis, luego …

Work in pairs to make up a dialogue.

lunes	Parque-tenis cine 21.00	lunes	de paseo – Gran Vía bolera 23.00
martes	Patinaje	martes	Parque-Paseo
miércoles	Restaurante con padres	miércoles	Visita a Toledo
jueves	Estar en casa	jueves	Trabajar en casa
viernes	Concierto	viernes	Concierto

4 This rule applies to most verbs but … look at the horoscope on page 207, and look closely at the verbs underlined.

You will have noticed that the verb endings are regular but that the stem is not the infinitive. Unfortunately there is no clear pattern to the irregularities and each verb needs to be learnt individually. Fortunately there are few irregular verbs.

A Ser Detective

¿Será un buen día para ti?

Piscis

Si tienes que viajar, hazlo, pero cuidado: <u>habrá</u> malos momentos pero todo <u>saldrá</u> bien.

Aries

Alguien te <u>dirá</u> algo malo y te <u>pondrás</u> muy triste.

Tauro

<u>Podrás</u> hacer todo lo que quieras pero <u>tendrás</u> que ser paciente.

Géminis

Tu día <u>vendrá</u> pero hoy no lo es. Más <u>valdrá</u> quedarte en casa.

Cáncer

<u>Obtendrás</u> lo que esperas desde hace mucho tiempo.

Leo

<u>Querrás</u> escaparte de tu rutina diaria pero no <u>sabrás</u> hacerlo.

Your penfriend is anxious to know what you will be doing over the next few days. Answer his questions as fully as possible suggesting more ideas if you can.

Ejemplo:

¿Podremos salir a jugar al fútbol mañana si hace sol?
Sí, podremos, y también jugaremos al tenis si quieres.

1 ¿Saldremos con unos amigos el sábado?
2 ¿Qué dirán tus padres si volvemos tarde?
3 ¿Tendremos bastante tiempo para ir a Londres?
4 ¿Qué haremos allí?
5 ¿Vendrás tú a España el año que viene?
6 ¿Querrá venir también tu hermano? Puede, si quiere.

UNIDAD 13 | *La televisión y los medios de comunicación*

The subjunctive and verbs expressing uncertainty

1 You have come across a number of different uses of the subjunctive:

a In commands using *Vd*.:

Venga en seguida.

b In negative commands:

No tardéis.

c With verbs used after *cuando*:

Cuando llegues te daré el recado.

d With verbs and expressions used to express emotions:

Lamento que no puedan venir. ¡Que vengan todos!

Do you remember what the verb endings are and what they are added to? If not look back at page 192.

2 Why then are these endings used here?

Look at the following sentences and work out what they all have in common.

Es posible que venga mañana, pero no lo sé seguro.

Puede que haya demasiadas emisiones de deportivas que ayer, pero ¿quién sabe?

No creo que la película sea tan estúpida, ¿verdad?

Puede que sea verdad lo que dicen en las noticias.

In all the sentences there is an element of doubt or uncertainty. In each case you must use this form of the verb which is called the subjunctive.

Read the article below and the comments made separately by the writer about Carmen Sarmiento's views. Which views is she sure about?

Un sueldo para el ama de casa

Carmen Sarmiento, una de estas personas inteligentes de quien siempre recibo buenas ideas, defendió el sueldo para el ama de casa en el programa de Rosa M. Sardá. Esta propuesta, que la han defendido mujeres tan distintas como Pilar Primo de Rivera y algunas feministas radicales, nunca me acabó de gustar. Pensaba que si se pagaba este trabajo, que suele ser mecánico y sin ningún prestigio social, duraría eternamente y la mujer nunca saldría del coto neurotizante del falso dulce hogar.

Pero, al oir a Carmen Sarmiento, un cerebro que respeto y un corazón que admiro, pensaba que quizás esta teoría mía era elaborada desde el privilegio. Del privilegio de mujer que ha sido respetada desde pequeña en su propia familia. Y empecé a dudar. Pues si a una mujer se le paga por quitar el polvo, hacer y deshacer camas una y otra vez, cocinar, fregar platos e ir al supermercado, empezará por valorarse un poco más a sí misma y, lo que es más importante, tendrá dinero propio para decidir. Decidir si quiere seguir en casa o echarse a la calle a ver qué pasa. Por otra parte la relación con el marido cambiaría.

Con dinero en el bolsillo empezaría a reivindicar las horas de trabajo y exigiría otro tipo de relación con los suyos. En fin, que pasaría de ser nada a ser una persona activa en la sociedad. Y, además, de vieja tendría su pequeño rincón donde caerse muerta con dignidad. No lo sé … expreso aquí mis dudas. Carmen Sarmiento me las ha puesto en la cabeza. (OTR/Press).

Creo que si no se paga el trabajo, durará eternamente.

No cabe duda que la mujer se valorará mucho más.

Quizás tenga dinero propio para decidir lo que quiere hacer.

Seguro que empezarán a reivindicar las horas de trabajo.

Tal vez muera con dignidad.

3 Using the verb endings you know and the expressions used previously try to predict what life will be like in the year 2100.

A few headings and suggestions are given to help you.

El transporte
Puede que no haya coches en las ciudades.
Es posible que todo el mundo viaje en vehículos eléctricos unidos a una red central.

La compra
Puede que no se utilice más el dinero.
Quizás se haga toda la compra sin salir de casa por medio de ordenadores.

El trabajo
Puede que se trabaje 20 horas a la semana.
Es posible que la gente se retire a los 50 años.

Negatives

1 ¡De nada!

Notice how the word *nada* behaves in these sentences:

¡No veo **nada** barato!   I can see nothing cheap!
No hay **nada** aquí.   There's nothing here.

When *nada* comes after the verb it needs *no* in front of the verb, in the same way as *ninguno* and *ni … ni*. Now you can talk about nothing!

Ejemplo:
– ¿Tienes algo en tu bolsa?
– No, **no** tengo **nada** en mi bolsa.

Practise asking and answering these questions with your partner:

1 ¿Tienes algo en tus bolsillos?
2 ¿Tienes algo que declarar en tu equipaje?
3 ¿Hay algo nuevo en el cine?
4 ¿Has visto algo barato en la tienda de recuerdos?
5 ¿Has encontrado algo interesante en la librería?
6 ¿Vas a hacer algo el domingo que viene?

2 Ni … Ni

Here is a different sort of negative sentence:

No cerramos **ni** los sábados **ni** los domingos.
We close neither on Saturdays nor Sundays.

Did you spot *ni … ni* ('neither … nor') needs *no* in front of the verb, like *ninguno*?

Try making denials with these sentences:

Ejemplo:
– ¿Has perdido tu dinero y tu pasaporte?
– ¡No he perdido ni mi dinero ni mi pasaporte!

1 ¿Has perdido tu bolsa y tu monedero?
2 ¿Has olvidado tus gafas de sol y tu traje de baño?
3 ¿Has dejado tu billetero y tu pasaporte en el hotel?
4 ¿Has perdido la guía y el mapa?
5 ¿Te has comido los bocadillos y las patatas fritas?

But if *ni … ni* comes in front of the verb, *no* is omitted:

Ni la geografía ni la historia me interesan.

3 One more negative word: nunca ('never').

Nunca cambiamos monedas.   We never change coins.

No los compro **nunca.**   I never buy them.

Like *ni … ni*, when *nunca* comes after the verb, you need to put no before the verb.

You can say that you never do certain things:

Ejemplo:
¡Siempre pierdes tus cosas!
¡No pierdo nunca mis cosas!

Make denials with these sentences:

1 ¡Siempre dejas tu dinero en el hotel!
2 ¡Siempre pierdes tus llaves!
3 ¡Siempre olvidas tus gafas!
4 ¡Siempre coges mis cosas!
5 ¡Siempre te comes mis caramelos!

4 Nadie

Finally another negative word:

Nadie paga más de 200 pesetas.
No hay nadie en la tienda.

The word for 'nobody' is *nadie*, and it has the same rule about no as *nada* and the other negative words.

Notice also that it needs a personal **a** when it is the object of a verb:

No vi a nadie en la plaza.

Imagine that you were going to go on a tour of Cantabria but it was cancelled. If someone who did not know that you hadn't been to Cantabria asked you:

– ¿Visitaste a mucha gente en Santillana?

you would have to reply:

– No visité a nadie en Santillana, porque no fui allí.

How do you answer these questions, using nadie in each answer?

1 ¿Conociste a muchos españoles en Cantabria?
2 ¿Fuiste a casa de muchas personas en Santander?
3 ¿Viste a muchos amigos tuyos en Laredo?
4 ¿Visitaste a mucha gente en Llanes?
5 ¿Escribiste a tus padres desde Santander?

UNIDAD 14

En avión y en barco

The subjunctive after querer

1 Can you see what these sentences have in common?

> ¿Quieres que yo te lave esto?
> ¿Quieres que lo eche al correo?
> Quiero que Vd. me devuelva mi dinero.
> Queremos que lo veas todo.

You probably saw that they are all about wanting other people to do things. This is a useful way of asking people whether they want things done, and of getting people to do things without being too blunt.

Now look at these examples and say what happens to the second verb in each sentence:

Quiero **que Vd. repare** esto.
I want you to repair this.

Quiero **que tú veas** la cuidad.
I want you to see the town.

Quiero **que limpies** tus zapatos.
I want you to clean your shoes.

Queremos **que hables** español.
We want you to speak Spanish.

As you can see, each of the second verbs has **que** in front and is in the present subjunctive.

2 Express your wishes by changing these statements of what a friend has not done into statements of what you wish your friend would do. Write down the new statements, for example:

No has visitado Sitges. **Quiero que visites Sitges**.
No has visto la capital. **Quiero que veas la capital**.

1 No has hablado español.
2 No has subido a la cumbre.
3 No has visto los cuadros.
4 No has escrito a tus padres.
5 No has bebido sangría.

You have also seen this way of asking whether someone wants you to do something:

¿Quieres **que yo te acompañe**?
Do you want me to go with you?

¿Quieres **que haga** la compra?
Do you want me to do the shopping?

¿Quieres **que te ayude**?
Do you want me to help you?

3 Work with your partner. Take turns to ask whether your partner wants you to do these things:

As you have seen, we can use this way of expressing wishes to get other people to do things:

Quiero **que Vd. me repare** este reloj.
I would like you to repair this watch for me.

Quiero **que mis invitados se diviertan**.
I want my guests to enjoy themselves.

Queremos **que él nos ayude**.
We want him to help us.

Queremos **que aprovechéis** de vuestra estancia.
We want you to benefit from your stay.

4 Show that you can express wishes about other people by changing these statements of what people must do into statements of what you wish they would do. Write down the new statements, for example:

Creo que él tiene que lavar el coche.
Quiero que él lave el coche.
Nos parece que el tendero tiene que cambiarnos la camiseta.
Queremos que el tendero nos cambie la camiseta.

Él cree que yo tengo que acompañarle.
Él quiere que yo le acompañe.

1 Me parece que él tiene que excusarse.
2 Creo que Vd. tiene que devolverme mi dinero.
3 Nos parece que nuestro profesor tiene que hablar más despacio.
4 Creemos que los chicos tienen que encontrarse con nosotros a las seis.
5 Él opina que nosotros tenemos que hablar español.
6 Él cree que yo tengo que escribirle primero.
7 Ellos creen que nosotros tenemos que contestar cuanto antes.
8 A ti te parece que yo tengo que volver antes de medianoche.

The subjunctive after pedir and rogar

1 Wishes can be expressed more politely as follows:

Le pido que me arregle esto.
Le ruego que me devuelva mi dinero.
Un amigo me ha pedido que le ayude.
Le he pedido que me escriba.

You probably recognised the verbs *pedir* and *rogar*, (to ask). *Pedir* is used in speech, *rogar* in writing. When we ask other people to do things, these verbs are followed by **que** + the present subjunctive.

Example:

Le pido **que me conteste** cuanto antes.
I ask you to answer me as soon as possible.

Les ruego **que me envíen** el dinero.
I ask you to send me the money.

You now know how to request someone to do something rather than saying you want them to do it.

2 Use what you now know to change wishes into requests. Write out the following requests, for example:

Quiero que Vd. repare esta cámara.
Le ruego que repare esta cámara.

1 Quiero que Vd. me conteste.
2 Quiere que Vd. me envíe el dinero.
3 Deseo que Vd. repare estos zapatos.
4 Deseamos que Vds. nos manden una contestación.
5 Quiero que te pongas en contacto conmigo.
6 Deseo que hables con mis padres.

Tan ... como

1 In earlier units you have learnt how to use *más que* and *menos que* to make comparisons, for example:

210

El cine es más divertido que la televisión.
La playa es menos interesante que la ciudad.

In the course of this unit you will have met a number of situations which involve another form of comparison.

No creo que sea **tan** peligroso **como** dicen.
Hay que hacer algo con un problema **tan** grande **como** éste.
En mi opinión es **tan** importante **como** cualquier problema de hoy.

How would you translate the words *tan … como* in each sentence?

Both words can be translated by 'as'.

2 You are planning to stay at a hotel in Madrid with your family. You discuss the possibilities with a Spanish friend who is staying with you. You look at a hotel brochure and compare the hotels. You each look at one hotel to work out its facilities and then discuss them before deciding.

Ejemplo:

Tú: *El Hotel Atlántico tiene 60 habitaciones. Es tan grande como el Conde Duque.*

Tu pareja: No, no es tan grande. El conde Duque tiene 138 habitaciones.

Tú: *Mucho más grande.*

Tu pareja: Sí. Y las comodidades de las habitaciones de tu hotel son tan buenas como las del mío.

Tú: *A ver: hay televisión en color, teléfono y aire acondicionado. ¿Y en el tuyo?*

Tu pareja: No hay televisión ni teléfono, pero hay calefacción.

Tú: *Entonces no creo que el tuyo sea tan bueno en este aspecto.*

The preterite tense

1 In stage 2, you met the preterite tense (*hablé*, *pasó*, etc.). Look at the following examples of some more verbs in the preterite. You will see examples of the second and third persons plural (*vosotros* and *ellos/Vds*).

Unos amigos están organizando una fiesta.

Jorge: **¿Escribisteis a Manolo y a Laura?**
Ana: *No, llamaron por teléfono.*
Jorge: **¿Les invitasteis a la fiesta?**
Ana: *Sí, claro. El año pasado lo pasaron muy bien. Hablaron con todos y se fueron muy contentos.*
Jorge: **¿Hablasteis con los vecinos? El año pasado se enfadaron mucho.**
Ana: *Sí, hablamos hace unos días.*

The remaining verb endings are:

	-ar	-er/-ir
you (pl.)	asteis	isteis
they, *Vds.*	aron	ieron

The complete preterite form of regular verbs is as follows:

	pasar	**comer**	**salir**
I	pasé	comí	salí
you	pasaste	comiste	saliste
he/she, *Vd.*	pasó	comió	salió
we	pasamos	comimos	salimos
you (pl.)	pasasteis	comisteis	salisteis
they, *Vds.*	pasaron	comieron	salieron

2 A famous pop group is at the airport answering a barrage of questions from fans about their South American tour. Here are the answers they gave to the questions. What were the questions?

Ejemplo:
Salimos esta mañana a las cinco.   ¿Cuándo salisteis?
Lo pasamos muy bien.   ¿Cómo lo pasasteis?

1 Llegamos a Venezuela el 24 de octubre.
2 Volvimos a Caracas tres días más tarde.
3 Nos alojamos en el Hilton.
4 Comimos muchos platos típicos.
5 Sí, hablamos con muchos grupos sudamericanos.
6 Pasamos tres días en Colombia.
7 Terminamos el concierto a las dos o a las tres.
8 No, dormimos muy poco.
9 Nos levantamos a mediodía.
10 Salimos en barco por la tarde.

211

Irregular verbs in the preterite

Not all verbs are regular. You have met some of the more common irregular preterite verbs in stage 2, for example, *hacer*. Look at the following dialogue and try to work out the forms of two other irregular verbs

– *¿Adónde fuiste el martes?*

– *Fui a un café y vi a un amigo.*

– *¿Viste a un amigo? ¿A quién?*

– *A Enrique. La última vez que nos vimos fue hace tres años. Ahora trabaja en el café Oasis.*

– *¿Sí? ¡Qué bien!*

– *Nos dio a mí y a unos compañeros una botella de champán y no me cobró.*

– *¿No le disteis nada?*

– *Pues sí. Le invitamos a tomar algo con nosotros y mis amigos le dieron una entrada para el partido del día siguiente.*

– *¿Visteis el partido?*

– *Yo no. Mis amigos lo vieron con Enrique.*

– *Mi hermano lo vio y dijo que lo pasó muy bien.*

– *Lo vimos en la televisión.*

– *¿Vas a ver más a Enrique?*

– *Sí, nos dimos las señas y le di mi número de teléfono.*

A lo mejor vamos a vernos con frecuencia.

	Ir	Dar	Ver
I	fui		
you	fuiste		
he/she, Vd.	fue		
we	fuimos		
you (pl.)	fuisteis		
they, Vds.	fueron		

You can now see that *dar* and *ver* have identical endings. Notice that, unlike all regular verbs, these irregular ones have no accents on the 'I' and 'he/she, *Vd.*' endings.

1 Using *ir*, *dar* and *ver* answer the following questions about your holidays (real or imaginary):

¿Adónde fuiste?

¿Fuiste con tus padres?

¿Qué viste en el pueblo?

¿Te dieron dinero tus padres?

¿Cuánto?

¿Cómo pasaste el tiempo? ¿Diste paseos, por ejemplo?

2 A number of verbs have the same endings as *hacer*. Pick out these verbs in the following passage and make a list. Alongside the verbs you have listed, write the infinitive form and the meaning.

Ejemplo:

se puso (ponerse – to put on)

Las vacaciones del Príncipe de Gales

Cuando los Reyes de España hicieron una visita a Inglaterra en abril invitaron al Príncipe Carlos y a sus hijos a pasar las vacaciones con ellos y con los Reyes de Grecia en Mallorca.

En el aeropuerto de Palma de Mallorca doscientos periodistas tuvieron que esperar pacientemente la llegada del avión. Lo único que pudieron ver fue un minibús que llevó al Príncipe al palacio a unos quince kilómetros. El viaje se hizo lentamente. Quisieron ver lo bonito que es la isla. El Rey no vino porque ese día navegaba en una regata.

Al día siguiente se pusieron en camino y dieron una vuelta por la isla con el Rey Juan Carlos. Éste dijo a los periodistas: «Aquí tenemos un tiempo estupendo con mucho sol y paisajes maravillosos. Sé que lo vamos a pasar bien.»

Here is the complete form of *hacer* in the preterite tense to help you:

I	hice
you	hiciste
he/she, Vd.	hizo
we	hicimos
you (pl.)	hicisteis
they, Vds.	hicieron

The full forms of the irregular verbs which follow the same pattern of endings as *hacer* are:

tener	poder	querer
tuve	pude	quise
tuviste	pudiste	quisiste
tuvo	pudo	quiso
tuvimos	pudimos	quisimos
tuvisteis	pudisteis	quisisteis
tuvieron	pudieron	quisieron

venir	poner	decir
vine	puse	dije
viniste	pusiste	dijiste
vino	puso	dijo
vinimos	pusimos	dijimos
vinisteis	pusisteis	dijisteis
vinieron	pusieron	dijeron

212

A Ser Detective

3 Complete the dialogues below, giving the correct form of the verb in brackets:

Después de un robo del Banco de Bilbao los policías interrogaron a dos ladrones.

Policía: **Bueno, Carlos. Uno de mis hombres te vio delante del banco. ¿Por qué?**

Carlos: *Yo estaba esperando a Juan.*

Policía: **¿Por qué?**

Carlos: *Porque por la tarde Juan _____ (hacer) una visita a una amiga y antes me _____ (decir) 'Te veré delante del banco a las ocho.'*

Policía: **¿Estuviste allí mucho tiempo?**

Carlos: *Dos minutos, nada más. _____ (venir) en seguida.*

Policía: **Y el bolso lleno de billetes de banco, ¿de quién era?**

Carlos: *Lo encontramos en la calle. Abrí el bolso y no _____ (poder) creerlo.*

Policía: **¿Por qué no _____ (venir) aquí con el dinero?**

Carlos: *Porque el coche _____ (tener) una avería y _____ (poner) el bolso en el suelo del coche.*

Policía: **¿De veras?**

Policía: **Juan, ¿por qué _____ (tener) que esperar a Carlos delante del banco?**

Juan: *A ver. Yo _____ (hacer) la compra en el supermercado y le _____ (decir) a Carlos: 'Te espero delante del banco.'*

Policía: **¿Qué pasó con el bolso?**

Juan: *¿Qué bolso?*

Policía: **Carlos me _____ (decir) que lo encontrasteis en la calle.**

Juan: *Sí, sí.*

Policía: **¿Por qué no _____ (venir) a la comisaría?**

Juan: *No _____ (poder) encontrarla.*

Policía: **¡Qué ladrones más inteligentes!**

Now compare the two versions. What is your verdict?

4 If you look at these examples of the irregular preterite *fui, fuiste, fue* etc., you will see that these forms are shared by the two verbs *ir* to go, and *ser* to be.

¿Cómo fueron las vacaciones?
Fuimos en tren.
Fue interesante.
Fui a Málaga.
Mi hermano fue a Madrid.
Mis primos fueron a las Islas Canarias.

As you can see, *fue* means both 'he/she/it went', and 'he/she/it was'. The other words in the sentence will make it clear which meaning is intended.

Look at the following examples and say which meaning is intended in each case.

1 Fue el mejor día de las vacaciones.
2 Fueron a la bolera.
3 Mi amigo fue solo. Fue un desastre porque se aburrió mucho.
4 Fueron unas vacaciones estupendas.

The preterite tense of stem-changing verbs

Look at the examples of irregular stem-changing verbs in this letter from a penfriend. What do you notice about the spelling of the stem?

> Pamplona, 10 de julio
>
> Querido Andrew:
> Estoy aquí en Pamplona celebrando las fiestas de San Fermín. Me estoy divirtiendo bastante, pero ayer hubo un acontecimiento trágico en la corrida. Bueno, yo no quise ir porque no me dicen nada los toros. Yo quise ir de paseo, pero mis amigos <u>prefirieron</u> ir y fueron por su cuenta. La corrida empezó a las cinco, y como suele pasar, <u>murió</u> el primer toro y salió el segundo. De repente saltó la barrera un joven e intentó torear. El toro se volvió, le cogió, le <u>hirió</u> gravemente (muchas personas <u>se rieron</u>) y le <u>impidió</u> incorporarse. El joven <u>pidió</u> ayuda gritando mucho. El torero acudió y <u>consiguió</u> que rescataran al chico. No <u>murió</u>, creo, pero, ¡qué susto! Mis amigos se <u>sintieron</u> muy mal. Me dijeron que no volverían a una corrida. No <u>durmieron</u> bien, te digo.
>
> Bueno, no tengo más noticias. Te escribiré en cuanto llegue a casa.
>
> Un abrazo,
>
> Jaime.

The infinitives of the verbs underlined are as follows:

preferir	reír	conseguir
morir	impedir	sentir
herir	pedir	dormir

2 Look again at the verbs underlined and the infinitives and work out the following:

1 What have the verbs got in common?

All the verbs are **-ir** verbs.

A Ser Detective

2 What verb forms are affected (I, you, he, we, you, they)?

The changes only affect the 3rd person singular and plural, i.e. he/she, they.

3 What types of changes have to be made?

In these forms the **e** of the stem turns to **i** and the **o** turns into **u**.

You are writing a detailed letter to your penfriend. Re-write the following section filling in the gaps with the correct verb stems and endings. The infinitive of the verb is given in brackets.°

> Llegó el último día de las vacactiones. Yo me levanté primero y … (vestirse) despacio. Mis padres estaban en la cocina preparando el desayuno. La leche … (hervir) y mi madre me … (servir) una taza de café. Terminamos el desayuno en silencio. Al salir … (sentirse) muy triste – toda la familia … (sentirse) igual. Mi padre cogió una maleta y yo le … (seguir). Nosotros … (despedirse) de la casa y nos pusimos en camino. Mi madre y mi hermano … (dormirse) casi en seguida.

UNIDAD 16 *Dice la ley*

The pluperfect tense

1 These sentences contain verbs in the pluperfect tense. Can you see what the pluperfect tense does?

Fui a la oficina de objetos perdidos porque **había perdido** mi cartera.
Ella se levantó tarde porque no **había oído** el despertador.
Tuvimos que pagar una multa porque **habíamos aparcado** en un lugar prohibido.

You have probably worked out that the pluperfect is used to show what happened before something else; it tells what **had happened**.

Look at the examples above. Can you see how it's made?

The pluperfect tense is made exactly the same way as the perfect tense, except that you use the imperfect instead of the present *haber*, for example:

He visto; **Había** visto.
I have seen; I had seen.

Lo **ha** comprado; Lo había comprado.
He/she **has** bought it; he/she had bought it.

El chico se **ha** acostado; El chico se **había** acostado.
The boy **has** gone to bed; the boy **had** gone to bed.

So the pattern is:

Yo	había telefoneado
Tú	habías telefoneado
Él, ella, Vd.	había telefoneado
Nosotros	habíamos telefoneado
Vosotros	habíais telefoneado
Ellos, ellas, Vds.	habían telefoneado

Look at these pairs of sentences and say which happened at first, **a** or **b**. Then put them together and add *porque* to explain how one thing happened because of the other.

Ejemplo:
Se excusaron porque habían llegado tarde.

1 a Se excusaron.
  b Habían llegado tarde.

2 a Al chico le dolía el estómago.
  b Había comido demasiado.

3 a Alguien me había robado
  b No pude pagar.

4 a El profesor te regañó.
  b Habías olvidado tus libros.

5 a El autocar iba a volver sin nosotros.
  b Nos habíamos perdido en la ciudad.

6 a Habíais estudiado español.
  b Sabíais qué decir.

2 To show you can handle both the perfect and pluperfect tenses, say that you had done certain things before your partner.

For example, your partner says:

– He visto *La guerra de las galaxias*.

You say:

– Eso no es nada. Cuando tú la viste, yo ya la había visto.

Now try these:

He visto todas las películas de Supermán.
He conducido el coche de mi padre.
He aparecido en la televisión.
He hecho todas las unidades de ¡Vaya! nuevo 3.
He cantado una canción en la radio.
He oído todos los discos de Celtas Cortos.

Prepositions + the infinitive

1 Look at the following sentences. What do they all have in common?

Al llegar al chalet, uno de los terroristas esperaba fuera.
Después de cortar los cables telefónicos, obligaron al chófer a llamar a la puerta.
Antes de salir, recogió unas medicinas.
No tuvo tiempo para vestirse.
Además de cumplir la pena, debe pagar el coste del juicio.
Trataban mal a los criminales, en vez de darles la oportunidad de reformarse.

Each sentence contains prepositions followed by a verb and each of these verbs is an infinitive.

In English, prepositions are usually followed by a word ending in '**-ing**' (a present participle):

On arriving at the bungalow …
After cutting the telephone wires …
Before leaving …
He had no time to get dressed (**for dressing**)
Besides paying the penalty …
… **instead of giving** them the chance to reform

2 This report of a burglary was accidentally torn up at the police station. Can you piece it together?

ir a su casa cerramos todas las puertas y ventanas. Al

regresar a medianoche subimos la escalera y descubrimos que nos habían robado. En vez

mi mujer y yo fuimos a casa de unos amigos. Antes de

El viernes pasado, 24 de marzo

de robar las joyas de mi mujer

Los ladrones no tuvieron tiempo para

habían robado unas figuras de porcelena.

cerrar la puerta de la calle.

A Ser Detective

UNIDAD 17

Los exámenes y después

The conditional tense

You have already learnt how to say what you will do or what will happen in the future:

El avión llegará a las diecinueve cincuenta.
Estaré en Madrid pasado mañana.

You will remember that the verb endings are added to the infinitive of regular verbs:

llegar + **á** = llegará
estar + **é** = estaré

With irregular verbs the same endings have to be added to an irregular stem:

Saldremos a las ocho.
Nos **pondremos** en camino después de almorzar.

Your knowledge of the future tense will be very helpful in learning the key tense of this final unit: the conditional. (If you need to revise the future turn back to p. 206).

First of all look at some examples of this new tense.

A journalist working on a story about unemployment puts the following question to a group of young people:

> ***¿Qué harías
> si no pudieras conseguir
> un puesto de trabajo?***

Here are some of the replies:

> **Iría** a cualquier sitio a buscar trabajo.
> Yo **viviría** en el extranjero.
> No **sabría** qué hacer.
> Me **quedaría** en casa con mis padres.
> **Escribiría** a todas las empresas de la región.
> **Volvería** al colegio a estudiar más.

The above sentences tell us not what the person **will** do but what he or she **would** do.

Look at the examples above once more. Work out what the ending is added to (ie the stem) and write it down.

You will have seen that, with the exception of *harías* and *sabría* the endings are added to the infinitive (just as they were in the case of the future tense).

Imagine you won 1,000,000 pesetas on the Spanish lottery. Use the verbs below, which are in the infinitive

form, and write 5–10 sentences on what you would do with the money, for example:

Compraría muchos discos y cintas.

> ir visitar comprar viajar dar divertirse jugar

2 *Harías* and *sabría* are clearly irregular, as they are in the future tense. Look at some examples.

Here are some questions taken from a letter in which an anxious Spanish penfriend is asking about his friend's forthcoming exams and more specifically about the aftermath.

¿Qué dirías a tus padres si te suspendiesen en tus exámenes? ¿Podrías seguir estudiando o, mejor dicho, querrías? ¿Vendrías a España a verme, como hemos dicho?

All these irregular stems are the same as those used in the future tense (*vendré, diré*).

3 Look at the following conversation between two couples who are discussing how they would spend their money if they won the *lotería nacional*. Try to pick out all the verb endings and put them in order, (*yo, tú, él,* etc.). See if you recognise the endings.

– ¿Qué haríais vosotros si os tocase el gordo?
– Pues nosotros iríamos de viaje a China. ¿Y vosotros?
– A mí me encantaría visitar los EE UU, pero a mi mujer le gustaría comprar un coche nuevo.
– Pero podríais hacer las dos cosas, ¿no?
– Querría hacer una cosa u otra. Sería preciso ahorrar un poco. Y los niños querrían comprarse ropa.
– Yo lo gastaría todo.
– ¿Y no ahorrarías nada?
– ¿Por qué? Es sólo dinero, a fin de cuentas.

As you can see, the conditional endings for all verbs are identical to those of the imperfect tense with **-er** and **-ir** verbs.

Therefore the whole tense is as follows:

Estudiaría	Estudiaríamos
Estudiarías	Estudiaríais
Estudiaría	Estudiarían

GRAMMAR SUMMARY

Nouns and articles

Singular		Plural	
Masculine	**Feminine**	**Masculine**	**Feminine**
un chico	*una* chica	*unos* chicos	*unas* chicas
un hotel	*una* catedral	*unos* hoteles	*unas* catedrales
el autobús	*la* habitación	*los* autobuses	*las* habitaciones

'SOME'

The word for 'some' is ***unos/unas***.
*Tengo **unos** discos de Madonna.*
*Quedan **unas** chaquetas marrones.*
N.B. The words ***unos*** and ***unas*** are normally omitted.

The word for 'a few' is ***algunos/algunas***.
*Sólo tengo **algunos** billetes de quinientas.*
*Me quedan **algunas** monedas españolas.*

Adjectives

Singular		Plural	
Masculine	**Feminine**	**Masculine**	**Feminine**
1 Masculine ending in -o			
*un libro roj**o***	*una chaqueta roj**a***	*unos libros roj**os***	*unas chaquetas roj**as***
2 Masculine ending in any other letter but -o			
*un bolso verd**e***	*una blusa verd**e***	*unos bolsos verd**es***	*unas blusas verd**es***
*un abrigo azu**l***	*una casa azu**l***	*unos abrigos azul**es***	*unas casas azul**es***
3 Adjectives of nationality not ending in -o			
*un chico ingl**és***	*una chica ingl**esa***	*unos chicos ingl**eses***	*unas chicas ingles**as***
*un señor españ**ol***	*una señora españ**ola***	*unos señores español**es***	*unas señoras español**as***

The following adjectives are shortened in front of a masculine singular noun:

bueno – buen	tercero – tercer
malo – mal	ninguno -- ningún
primero – primer	alguno – algún

Example: *una buena idea, un buen ejemplo.*

The position of some adjectives affects the meaning:

	before the noun	**after the noun**
pobre	unfortunate	poor
nuevo	different	brand new
grande	great	tall/large

un **pobre** chico	a poor boy (pitiful, unfortunate)
un **chico** pobre	a poor boy (without money)

LO + ADJECTIVE

Lo + adjective translates 'The ... thing', for example: *Lo bueno es que ...*   The good thing is that ...

POSSESSIVE ADJECTIVES (MY, YOUR, HIS, ETC)

	Singular		Plural	
	Masculine	**Feminine**	**Masculine**	**Feminine**
my	*mi*	*mi*	*mis*	*mis*
your (familiar)	*tu*	*tu*	*tus*	*tus*
his, her, its, your (formal)	*su*	*su*	*sus*	*sus*
our	*nuestro*	*nuestra*	*nuestros*	*nuestras*
your (familiar)	*vuestro*	*vuestra*	*vuestros*	*vuestras*
their, your (formal)	*su*	*su*	*sus*	*sus*

Possessive adjectives agree with the noun they describe, for example: ***mi hermano   mis hermanos.***
In the second case the noun (***hermanos***) is in the plural and therefore ***mi*** must change to ***mis***.

DEMONSTRATIVE ADJECTIVES

There are three groups:

	Singular		Plural	
	Masculine	**Feminine**	**Masculine**	**Feminine**

1. For things or persons nearby

This/these	*Este*	*Esta*	*Estos*	*Estas*

2. For things or persons which are near the person you are speaking to

That/those	*Ese*	*Esa*	*Esos*	*Esas*

3. For things or persons which are far away

That/those	*Aquel*	*Aquella*	*Aquellos*	*Aquellas*

In addition, the words **esto** and **eso** are used for 'this' and 'that' when they refer to general ideas or unknown things, for example:
¿Qué es **esto**?
Vamos a ver; el té, el café, las galletas, ¿**eso** es todo?

COMPARATIVE ADJECTIVES

Más + adjective + **que** means 'more... than'.
Menos + adjective + **que** means 'less... than' (often translated as 'not as... as') for example:

La historia es más interesante que la geografía.
History is more more interesting than geography.
Las matemáticas son menos difíciles que el inglés.
Maths is not as difficult as English.

SUPERLATIVE ADJECTIVES

These are the adjectives which compare one thing with several others, such as 'the largest' or 'the most beautiful'.

Masculine	**Feminine**	**Masculine**	**Feminine**
el más hermoso	*la más hermosa*	*los más hermosos*	*las más hermosas*

Example:
Esta ciudad es la más hermosa de España.
This is the most beautiful city in Spain.

But if the superlative adjective follows its noun directly, you leave out the **el/la/los/las**, for example:
Es la ciudad más hermosa de España.
(N.B. **de** translates 'in' after a superlative.)

ABSOLUTE SUPERLATIVE

-ísimo added to the adjective is a forceful way of saying 'very', for example:

*Esta cámara es car**ísima**.*
This camera is very (extremely) expensive.

Adverbs

Adverbs in Spanish are usually formed by adding -**mente** to the adjective, for example:

> *fácil* > *fácil**mente***
> *posible* > *posible**mente***

However, when the Spanish adjective ends in -**o**, you must make it feminine before adding -**mente**, for example:

> *rápido* > *rápid**a*** > *rápid**amente***

Some adverbs do not end in -**mente**:

mucho	a lot	muchas veces	
poco	a little	a menudo	} often
bien	well	algunas veces	
mal	badly	a veces	} sometimes
rara vez	rarely	nunca	never

Some adverbs give a more precise meaning to adjectives:

bastante *bueno*	quite good
muy *interesante*	very interesting
demasiado *caro*	too expensive

N.B. When there are two adverbs together both ending in **-mente** the **-mente** is omitted from the first, for example:

*Avanzó **lenta** y **silenciosamente.***

Verbs

PRESENT TENSE

	Regular verbs			Radical-changing verbs		
	hablar	**comer**	**vivir**	**preferir(ie)**	**poder(ue)**	**servir(i)**
I	*hablo*	*como*	*vivo*	*prefiero*	*puedo*	*sirvo*
you (familiar)	*hablas*	*comes*	*vives*	*prefieres*	*puedes*	*sirves*
he, she, it, you (formal)	*habla*	*come*	*vive*	*prefiere*	*puede*	*sirve*
we	*hablamos*	*comemos*	*vivimos*	*preferimos*	*podemos*	*servimos*
you (familiar, plural)	*habláis*	*coméis*	*vivís*	*preferís*	*podéis*	*servís*
they, you (formal, plural)	*hablan*	*comen*	*viven*	*prefieren*	*pueden*	*sirven*

IRREGULAR VERBS

ser	tener	ir	estar	hacer
soy	*tengo*	*voy*	*estoy*	*hago*
eres	*tienes*	*vas*	*estás*	*haces*
es	*tiene*	*va*	*está*	*hace*
somos	*tenemos*	*vamos*	*estamos*	*hacemos*
sois	*tenéis*	*vais*	*estáis*	*hacéis*
son	*tienen*	*van*	*están*	*hacen*

PRESENT CONTINUOUS

This tense describes what is happening at the present time. It is made up of two parts:
i) the present tense of the verb **estar**
ii) the present participle formed by adding **-ando** (-ar verbs) or **-iendo** (-er/ -ir verbs) to the stem of the verb.

Example: *Estoy hablando con mi amigo.*

N.B. The present participle (e.g. **hablando**) can be used without **estar**, for example:
Paso el tiempo charlando y comiendo.

FUTURE TENSE

It is formed by adding the following endings to the infinitive:

hablar	*hablaré*	*hablaremos*
	hablarás	*hablaréis*
	hablará	*hablarán*

Example: *Mañana hablaré con mi profesor.*

N.B. There are a number of common irregular verbs which add the same endings to an irregular stem:

saldré	*tendré*	*valdrá*
diré	*vendré*	*habrá*
pondré	*sabré*	
podré	*querré*	

CONDITIONAL TENSE

Translates 'would …' It is formed by adding the following endings to the future stem:

hablar	*hablaría*	*hablaríamos*
	hablarías	*hablaríais*
	hablaría	*hablarían*

Example: *Si tuviera mucho dinero compraría un coche nuevo.*

PRETERITE OF REGULAR VERBS

The preterite is used to describe what you did or what happened, for example:
I bought; he ate; you went out.

comprar	comer	salir
compré	comi	sali
compraste	comiste	saliste
compró	comió	salió
compramos	comimos	salimos
comprasteis	comisteis	salisteis
compraron	comieron	salieron

PRETERITE OF COMMON IRREGULAR VERBS

These verbs require different endings. Note that there are no accents.

ir/ser	dar	ver	hacer
fui	di	vi	hice
fuiste	diste	viste	hiciste
fue	dio	vio	hizo
fuimos	dimos	vimos	hicimos
fuisteis	disteis	visteis	hicisteis
fueron	dieron	vieron	hicieron

poner	venir	poder	tener
puse	vine	pude	tuve
pusiste	viniste	pudiste	tuviste
puso	vino	pudo	tuvo
pusimos	vinimos	pudimos	tuvimos
pusisteis	vinisteis	pudisteis	tuvisteis
pusieron	vinieron	pudieron	tuvieron

N.B. *Ir* and **ser** have the same form in the preterite, thus: **fue** can mean 'he went', or 'it was'.

With certain radical-changing verbs the stem changes in the 'he/she' and 'they' form of the verb. The 'e' of the stem changes to 'i', the 'o' changes to 'u':

vestirse	dormirse
me vestí	me dormí
te vestiste	te dormiste
se vistió	**se durmió**
nos vestimos	nos dormimos
os vestisteis	os dormisteis
se vistieron	**se durmieron**

IMPERFECT TENSE

The imperfect tense is used to describe:
a) what used to happen,
e.g. They used to visit us regularly.
b) what was happening at a particular time,
e.g. We were having supper when he arrived.
c) what someone or something was like in the past,
e.g. He was tall; the house was very old; it was raining hard.

comprar	comer	salir
compraba	comía	salía
comprabas	comías	salías
compraba	comía	salía
comprábamos	comíamos	salíamos
comprabais	comíais	salíais
compraban	comían	salían

N.B. There are only three irregular verbs in this tense:

ir	ser	ver
iba	era	veía
ibas	eras	veías
iba	era	veía
íbamos	éramos	veíamos
ibais	erais	veíais
iban	eran	veían

IMPERFECT CONTINUOUS

As in the case of the present continuous it focuses on the action of the moment - what was happening at the time. It is formed by adding the present participle to the imperfect tense of **estar**, for example:
Estaba pasando *por la calle cuando vi a mi amigo.*

PERFECT TENSE

The perfect tense in Spanish is used exactly as it is in English.
He visitado   I have visited
No he comido   I haven't eaten
The past participle of regular verbs is formed by adding **-ado** to the stem of -ar verbs and **-ido** to the stem of -er and -ir verbs. The past participle must then be used with the appropriate part of the auxiliary verb (**he, has, ha**, etc.)

hablar	beber	vivir
he hablado	he bebido	he vivido
has hablado	has bebido	has vivido
ha hablado	ha bebido	ha vivido
hemos hablado	hemos bebido	hemos vivido
habéis hablado	habéis bebido	habéis vivido
han hablado	han bebido	han vivido

The perfect tense of reflexive verbs requires the inclusion of **me/te/se** etc. before the part of the auxiliary verb, for example:

Me he cortado el dedo.

No se ha hecho mucho daño.

There are a number of irregular past participles which need to be learnt separately. Here is a list of the most common:

abrir – abierto	*morir – muerto*
cubrir – cubierto	*poner – puesto*
decir – dicho	*romper – roto*
escribir – escrito	*ver – visto*
hacer – hecho	*volver – vuelto*

N.B. compound verbs, e.g. **descubrir** (**des** + **cubrir**) have the same irregular past participle as the original verb (**des** + **cubierto** = **descubierto**).

PLUPERFECT TENSE

It is used to say what had happened before another event in the past.

It is formed by adding the past participle to the imperfect tense of **haber**.

comprar	comer	salir
había comprado	*había comido*	*había salido*
habías comprado	*habías comido*	*habías salido*
había comprado	*había comido*	*había salido*
habíamos comprado	*habíamos comido*	*habíamos salido*
habíais comprado	*habíais comido*	*habíais salido*
habían comprado	*habían comido*	*habían salido*

THE SUBJUNCTIVE

The subjunctive is often used in Spanish. Here is a summary of the main reasons:

a) to express wishing or wanting,

e.g. *Quiero que vayas. ¡Que aproveche!*

b) in polite and negative commands,

e.g. *Tenga. No comas.*

c) to express doubt or uncertainty,

e.g. *No creo que tengas razón.*

d) to express emotion,

e.g. *Siento que no venga.*

e) after some expressions of time,

e.g. *Llámame cuando llegues.*

It is formed by taking the 'I' form of the present tense, removing the '**o**' and adding present tense -**er/-ir** endings to -**ar** verbs and vice versa.

hablar	beber	vivir
hable	*beba*	*viva*
hables	*bebas*	*vivas*
hable	*beba*	*viva*
hablemos	*bebamos*	*vivamos*
habléis	*bebáis*	*viváis*
hablen	*beban*	*vivan*

Verbs with an irregular first person form the subjunctive in the same way,

for example: *salgo* → **salga**; *hago* → **haga**

N.B. There are other irregular verbs whose subjunctive form has to be learnt individually,

for example: *voy* → **vaya**; *doy* → **dé**.

GIVING COMMANDS AND INSTRUCTIONS

	Tú	Usted	Vosotros	Ustedes
Speak	*habla*	*hable*	*hablad*	*hablen*
Don't speak	*no hables*	*no hable*	*no habléis*	*no hablen*
Drink	*bebe*	*beba*	*bebed*	*beban*
Don't drink	*no bebas*	*no beba*	*no bebáis*	*no beban*
Write	*escribe*	*escriba*	*escribid*	*escriban*
Don't write	*no escribas*	*no escriba*	*no escribáis*	*no escriban*

All the polite imperatives and the negative imperatives are formed from the present subjunctive, for example: *Tenga, no salgas.*

Irregular verbs in the **tú** form:

pon, ven, ve, di, oye, ten, sal, haz, sé.

N.B. In the case of reflexive verbs in the **vosotros** positive form the '**d**' is dropped, for example:

*Sent**ao**s, levant**ao**s.*

221

SER AND ESTAR

There are two verbs meaning 'to be': **ser** and **estar**.
Ser is used to describe the permanent characteristics of a person, place or thing, for example:

nationality	**Soy** inglés.
size	**Es** grande.
colour	**Son** rojos.
temperament	**Es** una chica muy seria.
occupation	**Soy** alumna.

Estar is used to refer to the position of a person, place or thing, for example:

> Madrid **está** en España.
> **Estoy** aquí.

GUSTAR

When the thing or person liked is singular you use **gusta**:

> Me gusta el cine.

When they are plural you use **gustan**:

> ¿Te gustan las patatas fritas?

To say what you like doing you use **gusta** followed by an infinitive:

> Me gusta bailar.

VOY A + INFINITIVE

The easiest and most common way of saying what someone is going to do is to use the verb **ir** + **a** + infinitive, for example:

> ¿Qué **vas a** hacer mañana?
> **Voy a** jugar al tenis.

SOLER + INFINITIVE

Soler + infinitive translates the idea of 'usually'.
Example:
Suelo levantarme temprano. I usually get up early.
Solíamos ir a la playa. We used to go to the beach.

ACABAR DE + INFINITIVE

Acabar de + infinitive translates 'to have just ...'
for example:
Acabo de llegar. I have just arrived.
Acababa de llegar. I had just arrived.

PREPOSITIONS + INFINITIVES

After prepositions such as **antes de** (before), **después de** (after), **en vez de** (instead of) and **además de** (besides), the Spanish use the infinitive form. (N.B. in English we usually use a present participle.) For example:
Antes de sal**ir**   Before go**ing** out
Al lleg**ar** a casa   On arriv**ing** home

Interrogatives

To make a statement into a question, simply add question marks, for example:

> Hay un banco por aquí.
> ¿Hay un banco por aquí?

Here is a list of question words. Note that all require accents.

¿Cuánto(s)?	How much? How many?
¿Cuándo?	When?
¿Dónde?	Where?
¿Cómo?	How? What...like?
¿Por qué?	Why?
¿Quién?	Who?
¿Qué?	What? Which?
¿Cuál?	Which one?

¿Cuánto es el neumático?	How much is the tyre?
¿Cómo es el coche?	What is the car like?

If the question word is used with prepositions (such as from, of, to, for, by and with), the preposition goes in front of the question word, for example:

¿Con quién vas?	Who are you going with?
¿De qué se hace?	What is it made of?
¿De dónde eres?	Where are you from?

In the case of **¿adónde?** the two words are joined together:

> ¿Adónde vas hoy?

Negatives

NO

To form the simple negative put **no** in front of the verb, for example:
No voy a la playa.
No me llamo Pedro, me llamo Pablo.

NINGUNO
To translate the English 'no' ('not any') or 'none' you use **ninguno** which becomes **ningún** before a masculine singular noun, for example:
No queda ningún bocadillo. ¡Ninguno!
There are no sandwiches left. None!
Before a feminine noun you use **ninguna**, for example:
No vas a tener ninguna dificultad. ¡Ninguna!
You won't have any difficulties. None!
N.B. Even if the English word is plural (e.g. sandwiches, difficulties), the singular form of **ninguno/ninguna** is used in Spanish.

NI ... NI
'Neither ... nor' is translated by **ni ... ni** in Spanish. If the **ni... ni** comes after the verb, you need to put **no** in front of the verb, for example:
Ni los trenes ni los aviones llegan siempre a tiempo.
Neither trains nor planes always arrive on time.

No tienen ni libras ni dólares.
They have neither pounds nor dollars.

NUNCA, NADIE, NADA
'Never' is **nunca**, 'no-one' is **nadie** and 'nothing' is **nada**.
The same rule about the use of **no** applies to these words, for example:
Before the verb
Nunca *gano cuando juego.*
After the verb
No *me escribe* **nunca**.

Nadie *me dice la verdad.*
No *veo a* **nadie** *en el salón.*

Nada *me interesa en este colegio.*
No *tengo* **nada** *en mi bolsa.*

Pronouns

Subject	Reflexive	Indirect	Object Direct	Disjunctive
yo	me	me	me	mí
tú	te	te	te	ti
él			le, lo	él
ella }	se	} le	la	ella
Vd.			le	Vd.
nosotros/as	nos	nos	nos	nosotros/as
vosotros/as	os	os	os	vosotros/as
ellos			les, los	ellos
ellas }	se	} les	las	ellas
Vds.			les	Vds.

SUBJECT PRONOUNS
The subject pronoun is not often used in Spanish (except in the case of **usted/ustedes**) because the verb ending normally indicates the subject of the verb. However, it can be used for emphasis or to avoid ambiguity.

TÚ AND USTED (Vd.)
There are four ways of saying 'you' in Spanish. The **tú** and **vosotros/as** forms are used with people you know well and young people. **Usted** and **ustedes** are used with strangers and people to whom you must show respect.

	Singular	Plural
Familiar		
	(Tú) vives en Madrid	(Vosotros) vivís en Madrid
Formal		
	(Usted) vive en Madrid	(Ustedes) viven en Madrid

Usted requires the 'he/she' form of the verb and, likewise, **ustedes** requires the 'they' form of the verb.

Usted and **ustedes** also require the reflexive pronoun and the possessive adjectives used with the 'he/she' and the 'they' form of the verb, for example:

> *¿Se levanta usted temprano?*
> *¿Tienen sus billetes, por favor?*

Usted and **ustedes** are often shortened to **Vd.** and **Vds.** in the written form, for example:

> *¿Tiene Vd. su pasaporte?*
> *¿De dónde vienen Vds.?*

DIRECT OBJECT PRONOUNS
Example: **La** *veo en la calle.*
       I see her in the street.

223

INDIRECT OBJECT PRONOUNS

Example: ***Me*** *compra discos.*
He buys me records (Literally: He buys records for me.)

REFLEXIVE PRONOUNS

Example: ***Nos*** *levantamos a las diez.*
We get up at ten.
Se *lavan de prisa.*
They wash (themselves) quickly.
N.B. The reflexive pronoun is often not translated into English.

IMPERSONAL *SE*

Se is often used to convey the idea of 'one' or 'you'/'we' in a general sense, for example:

Se prohibe aparcar aquí.	You are not allowed to park here.
Se debe usar menos agua.	We should use less water.
No se puede fumar en el metro.	You can't smoke on the underground.

On other occasions it is best translated by saying something 'is done', for example:

Se habla inglés.	English (is) spoken.
Se venden recuerdos aquí.	Souvenirs (are) sold here.

POSITION OF OBJECT AND REFLEXIVE PRONOUNS

Object and reflexive pronouns normally come immediately before the verb, following the subject and the negative **no**, for example:

Te *doy un regalo.*	*El chico* **la** *visita.*
Yo no **lo** *bebo.*	*Mi amigo* **se** *llama Juan.*

But if the verb is an infinitive, the direct object pronoun is added to it:

*¿Mi bolsa? Tengo que dejar***la** *aquí.*

—¿Se puede escuchar los discos?
*–Sí, señor, usted puede escuchar***los.**

Direct object pronouns, indirect object pronouns and reflexive pronouns are added to the end of the positive command. You need to add an accent to the vowel which was stressed before the pronoun was added:

*¡Ll***é***nelo! ¡H***á***bleme! ¡Si***é***ntense!*

DISJUNCTIVE PRONOUNS
(PRONOUNS FOLLOWED BY A PREPOSITION)

The pattern is as follows:

para mí	for me
sin ti	without you
delante de él/ella	in front of him/her
enfrente de usted	opposite you
al lado de nosotros/as	beside us
cerca de vosotros/as	near you
lejos de ellos/ellas	far from them
con ustedes	with you

But when you can use **con**, remember:

conmigo	with me
contigo	with you

POSSESSIVE PRONOUNS

mío, mía, míos, mías   mine
tuyo, tuya, tuyos, tuyas   yours
suyo, suya, suyos, suyas   his/hers, its, your (Vd.)
nuestro, nuestra, nuestros, nuestras   our
vuestro, vuestra, vuestros, vuestras   your
suyo, suya, suyos, suyas   their, your (Vds.)

These are used in order to avoid repeating the noun:
¿Es tu bicicleta? Sí, es **mía**.
N.B. If the possessive pronoun does not follow a part of the verb **ser** it needs **el/la/los/las** before it, for example:
Esta casa es más grande que **la** *tuya.*

DEMONSTRATIVE PRONOUNS

éste } *ésta* }	this one	*éstos* } *éstas* }	these
ése } *ésa* }	that one	*ésos* } *ésas* }	those
aquél } *aquélla* }	that one	*aquéllos* } *aquéllas* }	those

PERSONAL *A*

The **a** must be used when the object of the action of a verb is a specific person, for example:
– *¿Conoces* **a** *mi hermana?*
– *¿***A** *tu hermana? No.*

N.B. the **a** does not mean anything, but it must be inserted between the verb and object in such cases.

The Spanish alphabet

In 1994, it was officially decided the Spanish alphabet should have 27 letters, of which 26 are common to English and Spanish. The extra letter is **ñ**, which comes after **n**. You may find that other textbooks and dictionaries you use still follow the former alphabet system, in which a further two of the three other sounds particular to Spanish (**ch**, **ll**, **rr**) were considered as separate letters in the dictionary: **ch** came after **c**, and **ll** after **l**. **Rr** was not considered a separate letter.

Spanish	English
A	
abajo	downstairs; below
abierto	open
el abonado	subscriber; season-ticket holder
un abrazo	love ... (end of letter)
el abrigo	shelter; overcoat
abrir	to open
los abuelos	grandparents
aburrido	boring
aburrirse	to get bored
acabar de hacer	to finish doing
el aceite	oil
las aceitunas	olives
acercarse a	to approach, come close to
acompañar	to accompany
aconsejar	to advise
acordarse con	to agree with
acostarse	to go to bed
acostumbrarse a	to get used to
la actitud	attitude
la actuación	performance
la actualidad	current events
acudir	to turn up
de acuerdo	agreed, of course
adelantar	to move forward
adelante	forward; ahead
además de hacer	besides doing
adivinar	to guess
adonde; adónde	where (to)
adornar	to decorate
el aerobús	airbus
el aeropuerto	airport
afectado por	affected by
la afiliación	membership
afortunado	fortunate, lucky
la agencia de viajes	travel agency
la agenda	diary
agradable	pleasant
agradecer	to thank
agrícola	farming ~
el agricultor	farmer
el agua (f.) de colonia	eau de Cologne
los ahorros	savings
el aire acondicionado	air conditioning

aislado	isolated; lonely
el ajedrez	chess
el ajo	garlic
el albergue	hostel
al alcance de	within reach of
alcanzar	to reach; catch
alegrarse de	to be happy about
alemán	German
la alfombra	carpet
algo de comer	something to eat
el algodón	cotton
alguien	somebody
algunas veces	sometimes
alguno	some
la alimentación	food
allí	there
la almohada	pillow
el almuerzo	lunch
el alojamiento	lodging
alojar	to lodge, put up
el alpinismo	climbing
alquilar	to hire
los altavoces	loudspeakers
alto	high; tall
el alumno	pupil
amable	kind, likeable
amarillo	yellow
ambicioso	ambitious
el ambiente	atmosphere; climate
amenazar	to threaten
americano	South American
el amigo por correspondencia	penfriend
el amor	love
ampliamente	fully
analizar	to analyse
andar	to walk; work (of machinery)
el andén	platform; path; hard shoulder (of m'way)
animado	lively
anoche	last night
antártico	Antarctic
de antemano	in advance, beforehand
anterior	before
anteriormente	previously
antes de hacer	before doing
antiguo	old, ancient
antipático	unpleasant
anunciar	to announce
el anuncio	advertisement
añadir	to add
al año	yearly, every year
apagar	to turn off
el aparcamiento	car park
aparcar	to park
aparecer	to appear
el apartamento	flat
aparte de	apart from
apenas	hardly
apetecer	to feel like
apetitoso	tasty
aplicar	to apply
apoderarse de	to get hold of
aportar	to bring
apreciar	to appreciate
aprender	to learn

aprobar	to pass (exams)
apropiado	appropriate, suitable
aprovecharse de	to use, make good use of
aproximadamente	approximately
apuntar	to note (down)
aquí	here
el árbol genealógico	family tree
el argumento	reasoning
el arma	weapon
el armario	wardrobe
arrancar	to snatch; pull out
arriba	up, upstairs
arrojar	to throw
el arroz	rice
asado	roast(ed)
el asaltante	attacker
el ascensor	lift
asegurado	insured
asegurar	to ensure
el aseo	toilet
el asesinato	murder
así	like this, thus; so
el asiento	chair
la asignatura	subject (at school)
asimismo	in the same way
asomar la cabeza	to stick one's head out
atacado por	attacked by
atar	to tie
¡atención!	watch out!
atentamente	Yours faithfully, sincerely (in letters)
atigrado	striped
el atletismo	athletics
el atracador	bandit; gangster
atracar	to rob; attack
atreverse a hacer	to dare to do
atropellar	to run over, knock down
el atún	tuna
aún	still; yet
aunque	though, although
el auricular	telephone receiver
el autobús	bus
el autocar	coach
el automóvil	automobile, car
el automovilista	motorist
la autopista	motorway
autoritario	strict
el auxilio en carretera	roadside assistance
las aves	poultry
la avenida	avenue
la aventura policíaca	crime thriller
la avería	breakdown (car)
averiado	broken down (car)
averiguar	to check
el avión	aeroplane
avisar	to inform
el aviso	advice; piece of information
ayer	yesterday
la ayuda	help, assistance
ayudar	to help
el ayuntamiento	town hall
el azafata	air steward
el azúcar	sugar
el azucarero	sugar bowl
en azul	in blue

225

B

el	bacalao	cod
el	bachillerato	school-leaving exam
la	bailarina	dancer
el	baile	dance
	bajar	to go down
	bajo	under(neath); low; short
el	baloncesto	basketball
	barato	cheap
el	barco	boat
la	barra de pan	loaf of bread
el	barrio	district
	basarse en	to be based (up)on
	bastante	enough
los	bastones	ski-sticks
la	basura	rubbish
el	bebé	baby
	beber	to drink
la	bebida	drink
el	belén	crib
la	bicicleta	bicycle
	bienvenido a	welcome to
el	billete sencillo/ de ida y vuelta a	single/return ticket to
el	billete de mil	1,000 peseta banknote
el	billetero	wallet
el	bistec	steak
	blanco	white
	bloqueado	blocked
la	blusa	blouse
la	boda	wedding
el	bocadillo	sandwich
la	bolera	bowling alley
la	bolsa	handbag
el	bolsillo	pocket
el	bolso	bag
los	bomberos	fire brigade
la	bombilla	(light) bulb
el	bombón	sweet
	bonito	pretty; nice
el	borde	edge
a	bordo de	on board
las	botas	boots
la	botella	bottle
el	brazo	arm
el	brik	carton
el	brillante	diamond
	británico	British
el	burofax	fax bureau
	buscar	to look for
en	busca de	in search of
el	buzón	postbox

C

el	caballero	gentleman
el	caballo	horse
la	cabaña	cabin; shack
la	cabeza	head
la	cabina telefónica	telephone kiosk
los	cables	ropes; cables
la	cacerola	saucepan
	cada	each
la	cadena de satélite	satellite channel
la	caída de agua	waterfall
la	caja	till

la	caja de ahorros	savings bank
el	cajero automático	cashpoint
los	calamares	squid
la	calculadora	calculator
	calentarse	to get warm
la	calidad	quality
	caliente	hot; warm
	calificar	to qualify
la	calina	mist
la	calle	street
el	calor	heat; warmth
la	calzada	pavement
la	cama	bed
la	cámara	camera
el	camarero	waiter
el	camarote	cabin (ship)
	cambiar de papeles	to change, swap roles
el	cambio	(loose, small) change; bureau de change
el	camello	camel
el	camión	lorry
el	camionero	lorry-driver
la	camiseta	shirt
el	campesino	peasant
el	campista	camper
el	campo	field
la	canción	song
estar	cansado	to be tired
	cantar	to sing
la	cantidad	quantity
	capaz de	capable of
la	característica	characteristic
el	caramelo	sweet, toffee
la	caridad	charity
la	carne	meat
el	carnet de conducir	driving licence
la	carnicería	butcher's shop
	caro	dear, expensive
el	carpintero	joiner
la	carrera	career
la	carretera	road
la	carta	letter
en	casa	at home
	casado	married
	casarse	to get married
el	casco	helmet
	casi	almost, nearly
en	caso de	in case of
a	causa de	because of
	causar	to cause
la	cebolla	onion
	celebrar	to celebrate
la	cena	dinner
	cenar	to dine
el	centro comercial	shopping mall
el	cepillo de dientes	toothbrush
	cerca de	near (to)
de	cercanías	suburban
	cercano	close, neighbouring
	cerrado	closed
	cerrar	to close
el	certamen	competition
el	champán	champagne
el	champiñón	mushroom
el	champú	shampoo
la	chaqueta	jacket
el	cheque de viaje	traveller's cheque

	chocar con	to bump into
el	chorizo	spicy sausage
	chubasco	stormy
la	chuleta de cerdo	lamb chop
el	cielo	sky
la	ciencia-ficción	science-fiction
por	ciento	percent
	cierto	certain, sure
la	cifra	figure, number
la	cinta	tape
el	cinturón de seguridad	safety belt
la	circulación	traffic
el	círculo	circle
la	cita	appointment
la	ciudad	city; town
sí	claro	yes of course
	claro	clear; light; bright
a	cobro revertido	reversed charges
el	coche del tren	railway carriage
el	coche todo terreno	4-wheel drive car
	cocido	cooked
la	cocina	kitchen
el	cocinero	cook
el	cóctel de gambas	prawn cocktail
	coger	to take
	coincidir	to agree
	coja (from coger)	catch, take
la	cola	queue
el	cole, colegio	school
la	colección	collection
el	collar	necklace
la	comedia	comedy
el	comedor	dining-room; restaurant
	comer	to eat
los	comestibles	food
	cometer	to commit
la	comida	food
el	comienzo	beginning
la	comisaría	police station
	como	as; like; such as
	cómo	how; why; what ... like
	cómodo	comfortable
el	compañero	companion
la	compañía	company
	compartir	to share
el	complejo deportivo	sports centre
los	complementos de moda	fashion accessories
por	completo	completely
el	comprador	buyer
	comprar	to buy
de	compras	(out) shopping
	comprensivo	understanding
	comprobar	to check
	comprometido	embarrassing
en	común	in common
el	concesionario	franchised dealer
	conciliar	to balance
	concretar	to make specific; clarify
	concurrido	busy, crowded
el	concurso	competition
	condenar	to condemn
	conducir	to drive

el	conductor	driver
la	confección	manufacture
	confiar en	to trust in
	conformarse con	to agree with
	conmigo	with me
	conocer	to know
los	conocimientos	knowledge
	conquistar	to conquer
	consciente de	aware of
la	consecuencia	consequence
	conseguir	to obtain
el	consejo	(piece of) advice
la	consigna	left-luggage locker
	consistir en	to consist of
estar	constipado	to have a cold; be constipated
	construido por	built by
la	consulta	consultation
el	consultorio	surgery
el	consumidor	consumer
	contener	to contain
	contento	happy, glad
el	contestador automático	answering machine
	contestar	to reply, answer
	contigo	with you
a	continuación	continued
	contra	against
	contrario	opposite
	contribuir	to contribute
el	control de pasaportes	passport control
	convencer	to convince
	convenir a	to suit
la	convivencia	living together
el	cordero	lamb
	correos	post office
	córresponder a	to match, fit, correspond to
hacer	correspondencia	to catch a connecting train
la	corriente	electrical current
	cortar	to cut
la	cortesía	courtesy, politeness
	corto	short; brief
la	cosa	thing
la	costumbre	custom
	crear	to create
	creer	to believe
la	crema bronceadora	sun cream
el	cruce de caminos	road junction
el	crucero	cruiser
	cruzar	to cross
el	cuadro	picture; grid
el	cual	who; which
	cuál	which
la	cualidad	quality
	cualquier	any, whichever
	cuando, cuándo	when
	cuanto	as much as
	cuánto	how much
en	cuanto	as soon as
el	cuarto de baño	bathroom
	cubierto	cloudy
la	cuchara	spoon
el	cucharón	ladle
el	cuchillo	knife
el	cuello	neck

la	cuenta	bill
de	cuero	made of leather
el	cuerpo	body
	¡cuidado!	careful!
tener	cuidado	to take care
la	culpa	blame
	curado	cured
el	curso por correspondencia	correspondence course

D

el	dado	dice
hacer(se)	daño en	to hurt
los	daños	damage
	dar hora	to make an appointment
	dar miedo a	to frighten
	de repente	suddenly
	deber	to have to
los	deberes	homework
	débil	weak
	decir	to say
	dedicarse a	to be dedicated to
el	dedo	finger
	dejar	to leave
	delante de	in front of
	demasiado	too much, many
	demoler	to demolish
	demostrar	to show
	dentro de	inside; within
el	denunciante	person reporting accident, crime
	denunciar	to report (accident, crime)
el	dependiente	shop assistant
el	deporte	sport
	deportista	sporting
el	depósito	tank (petrol)
a la	derecha	on the right
	desafortunado	unlucky
	desagradable	unpleasant
	desaguar	to drain
	desaparecer	to disappear
el	desarrollo	development
el	desastre	disaster
el	desayuno	breakfast
	descansar	to rest
el	descanso	rest
el	descenso	descent
	descolgar	pick up (phone)
el	desconocido	stranger
	descubrir	to discover
el	descuento	discount
	desde	since; from
	desear	to want
	desembarcar	to disembark
el	deseo	desire
	desesperado	desperate
	desfavorable	unfavourable
por	desgracia	unfortunately
el	desierto	desert
	desobedecer	to disobey
el	desodorante	deodorant
el	despacho de billetes	ticket office
	despedir	to say goodbye to
	despejado	cloudless

el	despertador	alarm clock
	despertar	to wake
	despistar	to mislead
	después de	after
	destinado a	aimed at
con	destino a	going to
	destrozar	to break
los	destrozos	damage, havoc
	destruir	to destroy
la	desventaja	disadvantage
	desvestirse	to get undressed
el	detalle	detail
	detenido	arrested
	detrás de	behind
	devolver	to return
al	día	daily
	diario	daily
el	dibujante	artist
	dibujar	to draw
el	dibujo	drawing
los	dibujos animados	cartoon
	dígame	hello (on phone)
el	dinero	money
la	diplomacia	tact
la	dirección	address
	dirigirse hacia	to head for
el	disco	record
	discutir	to discuss
el	diseñador	designer
	disfrutar	to enjoy
	disminuir	to lessen
el	disparo	shot
	dispuesto a	ready to
	distinto a	different from
	divertido	enjoyable
el	doble	double
la	docena	dozen
	doler	to hurt
el	domicilio	home
	donde; dónde	where
	dormir	to sleep
la	droga	medicine
la	droguería	drugstore
la	ducha	shower
el	dueño	owner
	dulce	sweet
	durante	during
	durar	to last
	duro	hard

E

	echar una carta	to post a letter
la	edad	age
el	edificio	building
	efectuar	to cause
los	electrodomésticos	electrical goods
	elegir	to choose
	elevar	to lift, raise
la	emisión televisiva/ de radio	TV/radio programme
	emocionado	emotional, moved
	emocionante	exciting
	emparejar	to match (up)
el	emperador	emperor
	empezar a hacer	to start doing
	emplear	to employ
el	empleado	employee

vocabulario

el	empleo	job
la	empresa	firm
	empresariales	business studies
	empujar	to push
	enamorarse de	to fall in love with
me	encanta	it's delightful
	encantado	pleased to meet you
el	encargado	person in charge
el	encendedor	lighter
	encender	to light; switch on
	encontrar	to find
la	encuesta	opinion poll
la	enfermedad	illness
	enfermería	hospital
el	enfermero	patient
	enfermo	ill
	enfrentarse con	to face (up to)
el	enfrentamiento	confrontation
	enfrente de	facing, opposite
	enfriarse	to cool down
	enseñar	to teach
	entender	to understand
la	entidad	entity
	entonces	then
el	entorno	environment
la	entrada	ticket
	entrar en	to go into
	entre	between
	entregar	to hand over
los	entremeses	starters (meal)
la	entrevista	interview
	entrevistar	to interview
	enviar	to send
	envolver	to wrap
la	época	era; time
	equilibrado	balanced
el	equipamiento	facilities
el	equipo	team; equipment
la	equitación	horse-riding
la	escalera	stairs
el	esclavo	slave
la	esclavitud	slavery
	escocés	Scottish
la	Escocia	Scotland
	escoger	to choose
la	escopeta	shotgun
por	escrito	in writing
el	escritor	writer
la	escuela	school
el	esfuerzo	effort
el	espacio	space
la	espalda	shoulder; back
	español	Spanish
la	especie	species
el	espectáculo	show
el	espectador	spectator
el	espejo	mirror
	esperar	to wait for; expect; hope
las	espinacas	spinach
la	esposa	wife
el	esqueleto	skeleton
la	esquina	corner
el	establecimiento	establishment
la	estación	station
	estacionado	parked
el	estacionamiento	parking

el	estadio	stadium
	estadounidense	(North) American
el	estanco	tobacconists
la	estatua	statue
	Estimado ...	Dear ... (in letters)
	estimar	to estimate
el	estómago	stomach
la	estrella	star
el	estrés	stress
	estropeado	spoiled
	estupendo	wonderful
	estúpido	stupid
	evitar	to avoid
el	éxito	success
	explicar	to explain
	exponer	to put forward
el	expreso	fast train
	extenso	vast
	extraer	to take out
	extranjero	foreign
al	extranjero	abroad
	extraño	unusual, odd

F

la	fabada	bean stew (from Asturias)
la	fábrica	factory
	fácil	easy
la	facultad	faculty
la	falda	skirt
	faltar	to need; lack
tener	fama por	to be famous for
	familiar	family ~
el	farmacéutico	pharmacist
la	farmacia	chemist's shop
el	faro	headlight
a	favor de	in favour of
la	fecha	date
	feliz	happy
	feo	ugly
el	ferrobús	diesel rail car
el	ferrocarril	railway
la	ficha	form; record card
tener	fiebre	to have a temperature
la	fiesta	festival
	fijo	fixed; steady
el	fin de semana	weekend
al	final del pasillo	at the end of the corridor
	firmar	to sign
la	flor	flower
el	folleto	leaflet
en	forma	fit
de esta	forma	in this way
el	formulario	form
la	fortaleza	strength
	forzar	to force
la	foto, fotografía	photograph
el	fotógrafo	photographer
	fragmentar	to break up
	francés	French
el	frasco	flask; bottle
la	frase	sentence
los	fregaderos	sinks for washing-up
	fregar	to wash up
	frenar	to brake
las	fresas	strawberries

	fresco	fresh
	frito	fried
la	fruta del tiempo	fruit in season
la	frutería	fruit shop
el	frutero	fruit seller
la	fuente	source
	fuera de	outside
	fuerte	strong
no	fumador	non smoking
	fumar	to smoke
	funcionar	to work (of machinery)
el	futbolín	table football

G

las	gafas	glasses
las	galletas	biscuits
el	gallo	cockerel
las	gambas	prawns
	ganar	to earn
tener	ganas de	to want to
la	garganta	throat
la	gaseosa	fizzy drink
la	gasolinera	petrol station
	gastar	to spend
el	gato	cat
el	gaucho	cowboy (S.Am.)
el	gazpacho andaluz	cold Andalucian soup
la	gente	people
el	gobierno	the government
la	gotita	drop
	grabar	to record
	gracioso	elegant
el	gráfico	graphic (representation)
	grande	big
los	grandes almacenes	department store
el	granizo	hail
	gratificarse	to be rewarded
	gratuito	free
	grave	serious
el	grifo	tap
la	gripe	'flu
	gris	grey
la	grúa	crane
	grueso	massive
el	grupo	group
	guapo	handsome; pretty
la	guerra	war
el	guía	guide
la	guía	guidebook
la	guía telefónica	telephone directory
los	guisantes	peas

H

la	habitación	(hotel) room
	hablar	to speak
	hacer falta	to be lacking
a	alguien	to somebody
	hacia	towards
	hallar	to find
tener	hambre	to be hungry
	hambriento	hungry
	hasta	until
el	hecho	fact
la	helada	frost
	helado	frozen
el	helado	ice-cream

	herido	injured
la	herida	injury
el	hermano	brother
	hermoso	beautiful
la	hierba	grass
la	hija	daughter
el	hijo	son
	hinchado	swollen
	hispanoamericano	Spanish-American
la	historia	story; history
el	hogar	home
	huele (*from* oler)	it smells
el	hombre de negocios	businessman
dar	hora	to make an appointment
el	horario	timetable
el	horno	oven
	hoy	today
el	huevo	egg
la	huida	escape
	huir	to escape (from)
	húmedo	damp
el	humor	mood

I

el	idioma	(foreign) language
es	igual	it makes no difference
	igualmente	likewise
	ilimitado	unlimited
la	imagen	picture
	impedir	to prevent
el	imperio	empire
	imponer	impose
	importar a alguien	to matter to somebody
el	importe	cost
	inadecuado	inadequate, unsuitable
	incapaz	incapable
el	incendio	fire
	incluido	included
	incluir	to include
	incluso	including
la	incomodidad	inconvenience
	incómodo	inconvenient; uncomfortable
	inconformista	nonconformist
	increíble	incredible
el	incumplimiento de	non-adherence to
	independizarse	to become independent
	indicar	to point out
el	indicativo	code (for dialling)
	infeliz	unhappy; unlucky
la	informática	information technology
la	infracción	infringement
la	ingeniería	engineering
el	ingeniero	engineer
	inglés	English
	ingrato	ungrateful
	inmediatamente	immediately
	inmensamente	immensely
	inmóvil	immobile
	inolvidable	unforgettable
	inquieto	anxious, worried
la	inquietud	anxiety
coger una insolación		to get sunstroke
el	instituto	school

	integro	whole
	intentar	to try
el	intercambio	exchange
	interesado	interested
	interesante	interesting
	intermedio	medium-sized
	inútil	useless
la	inyección	injection
la	isla	island
a la	izquierda	on the left

J

el	jabón	soap
el	jarabe	syrup
el	jardín	garden
la	jefatura	central office
el	joven	young person
la	joyería	jeweller's shop
las	judías verdes	green beans
el	juego de ordenador	computer game
el	juez	judge
	jugar al fútbol	to play football
el	juguete	toy
	junto	together
	justificar	to justify
	justo	just, fair
la	juventud	youth

K

el	kilometraje	distance in kms.

L

	lácteo	dairy ~
al	lado de	beside
el	ladrón	robber
el	lago	lake
la	lámpara	lamp
de	lana	made of wool
	largo	wide
la	lata	tin
	latino	Latin-American
el	lavabo	washbasin
la	lavadora	washing machine
la	lavandería	laundry
el	lavaplatos	dish-washer
	lavar	to wash
la	leche entera	full-fat milk
la	lechería	dairy
la	lechuga	lettuce
el	lector	reader
la	legumbre	vegetable
	lejano	distant
	lejos	far
la	lengua	tongue; language
	lento	slow
el	letrero	notice, sign
	levantarse	to get up
la	ley	law
la	libra esterlina	pound sterling
	libre	free (not in use)
la	librería	library; bookshelf
el	libro de reclamaciones	complaints book
el	líder	leader
	ligero	light
la	limpieza	cleanliness

	limpio	clean
la	línea	telephone line
la	línea de autobuses	bus company
estar	listo	to be ready
la	llamada	call
la	llave	key
la	llegada	arrival
	lleno	full
	llover	to rain
la	llovizna	drizzle
la	lluvia	rain
la	localidad	seat (for performance)
	localizado	situated
	lograr	to manage to
	luchar	to struggle
	luego	then
tener	lugar	to take place
el	lugar	place
	lujoso	luxurious
la	luna	moon
la	luz	light

M

la	madre	mother
la	madrugada	early hours
el	maestro	teacher
la	maleta	suitcase
	malo	bad
	manchado	stained
el	manchego	from La Mancha
	mandar	to send
de tal	manera que	in such a way that
	manifestar	to show
la	mano	hand
a	mano izquierda	on the left-hand side
la	manta	blanket
el	mantel	tablecloth
	mantener	to maintain
la	mantequilla	butter
la	manzana	apple
la	mañana	tomorrow; morning
la	máquina tragaperras	slot machine
el	mar	sea
la	maravilla	marvel
	maravilloso	marvellous
la	marca	make (of product)
	marcar	to dial
en	marcha	in motion
	mareado	dizzy
la	marejada	swell (sea)
	marinero	~ of the sea
el	marisco	shellfish
	marrón	brown
	más de	more than
	matar	to kill
la	matrícula	registration number
la	mayonesa	mayonnaise
	mayor	older; bigger
los	medicamentos	medicines
el	médico	doctor
el	medio de comunicación	means of communication
el	medio ambiente	environment
	medio	half; middle
al	mediodía	at midday
	Méjico	Mexico

	mejor	better
	mejorar	to improve
la	mejoría	improvement
el	melocotón	peach
el	menaje	household goods
la	menestra de verdura	vegetable soup
los	menores de 14 años	under-14s
	menos	less
la	mente	mind
a	menudo	often
el	mercado	market
las	mercancías	goods
	merecer	to deserve
la	merienda	afternoon tea, snack
la	merluza	hake
la	mermelada	jam
al	mes	monthly
la	mesilla de noche	bedside table
la	meta	goal
la	meteo	weather forecast
tener	miedo	to be frightened
el	miedo	fear
el	miembro	member
	mientras	while
la	misa	mass
	mismo	same
la	mitad de	half of
de	moda	in fashion
	molestar a alguien	to annoy someone
la	moneda	coin
el	monedero	purse
la	montaña	mountain
	montar a caballo	to ride a horse
	morir	to die
la	mostaza	mustard
el	mostrador de información	information desk
	mostrar	to show
la	moto	motorbike
el	motociclista	motorcyclist
el	motor	engine
	mucho gusto	pleased to meet you
los	muebles	furniture
la	muela	tooth
la	muerte	death
	muerto	dead
la	multa	fine
	mundial	world ~
el	mundo	world
la	muñeca	doll
el	músico	musician
	muy	very

N

	nacer	to be born
	nada	nothing
de	nada	don't mention it
	nadar	to swim
	nadie	nobody
la	naranja	orange
la	nariz	nose
	narrar	to tell
la	natación	swimming
la	naturaleza	nature
	náutico	water ~
la	navaja	knife (weapon)

el	navegante	navigator
	navegar	to navigate
	navideño	Christmas ~
	necesitar	to need
	negro	black
el	neumático	tyre
la	nevera	fridge
la	niebla	fog
la	nieve	snow
	ninguno	no ~; none
el	niño	child
la	noche	night
el	nombre	name
la	norma	norm, standard
las	noticias	news
las	nubes	clouds
	nublado	cloudy
	nuboso	cloudy
	nuevamente	again
	nuevo	new

O

los	objetos perdidos	lost property
	ocupado	busy; engaged
	ocurrir	to happen
el	oeste	west
la	oferta	offer
	ofrecer	to offer
el	oído	hearing (sense)
	oiga	listen
	oír	to hear
el	ojo	eye
el	olor	smell
	olvidar de hacer	to forget to do
el	ordenador	computer
	oriental	eastern
el	origen	beginning
	originar	to give rise to
de	oro	made of gold
	otro	other; another

P

el	padre	father
los	padres	parents
	pagar en caja	to pay at the till
el	país	country
la	palabra	word
el	pan	bread
la	panadería	bakery
en	pandilla	in a group
el	panecillo	bread roll
la	pantalla	screen
el	pantalón	trousers
el	pañuelo	handkerchief
el	papel secante	blotting paper
la	papelería	stationer's
el	paquete	packet, parcel
	para	for; in order to
el	parabrisas	windscreen
la	parada de autobús	bus stop
el	paraguas	umbrella
la	parcela	pitch (at campsite)
	parecer	to seem
	parecido	similar; same
el	pariente	relative
en	paro	unemployed
	pararse	to stop

el	parque de atracciones	fairground; amusement park
de	parte de	on behalf of
por todas	partes	everywhere
	particular	individual; own
el	partido de fútbol	football match
a	partir de	starting from
el	pasado	past
	pasar	to happen
el	pasatiempo	pastime
Felices	Pascuas	Happy Easter
el	pasillo	corridor; passage
el	paso subterráneo	subway
el	paso de peatones	pedestrian crossing
la	pasta de dientes	toothpaste
el	pastel	cake
la	pastelería	confectioner's shop
las	pastillas	tablets
las	patatas	potatoes
el	patinaje sobre hielo	ice-skating
	patinar	to skate
la	pausa	pause
	pedir	to ask for
la	película	film
el	peligro	danger
	peligroso	dangerous
el	pelo	hair
la	peluquería	hairdresser
	penetrar en	to go into
	pensar	to think
la	pensión	guest house
el	pepino	cucumber
	pequeño	small, little
	perder	to lose
la	pérdida	loss
el	periódico	newspaper
el	periodista	journalist
	permanecer	to remain
el	permiso de conducir	driving licence
	pero	but
el	perro	dog
la	persiana metálica	metal shutter
la	persona	person
el	personaje	character
	pertenecer	to belong
	pesado	boring
la	pesca	fishing
el	pescado	fish
de	pie	on foot
la	pierna	leg
la	pieza de recambio	spare part
la	pimienta	pepper
el	pimiento	pepper
el	pinchazo	puncture
	pintar	to paint
el	pintor	artist
la	piña	pineapple
la	piscina	swimming pool
el	piso	flat
	planear	to plan
la	planta	floor (of building)
	plantearse	to arise
el	plato	dish
la	playa	beach
la	plaza	square
la	población	population

230

	pobre	poor
la	pobreza	poverty
un	poco de algo	a little of something
	poder	to be able
el	policía	policeman
la	póliza	policy
el	pollo	chicken
	poner	to put
	ponerse de acuerdo	to agree
	porque	because
	por qué	why
	poseer	to possess
la	postal	postcard
el	postre	dessert
agua	potable	drinking water
	practicar	to practise
el	precio	price
la	precipitación	rainfall
el	prefijo	area code (for phone)
la	pregunta	question
	preguntar	to ask
el	premio	prize; reward
la	prensa	the press
	preocuparse	to worry
	presentar	to introduce
la	presión	pressure
	prestar ayuda	to lend a hand
las	previsiones meteorológicas	weather forecast
la	primavera	Spring
	primero	first
el	primo	cousin
la	prioridad	priority
tener	prisa	to be in a hurry
de	prisa	quickly
el	privilegiado	privileged person
	probar	to try
	procedente de	from
el	profe, profesor	teacher
el	profesorado	teaching staff
	profundo	deep
	prohibir	to forbid
	prometer	to promise
	pronto	soon
el	propietario	owner
	propio	own
	proporcionar	to supply
	protagonizar	to play a major part in
	proteger	to protect
en las	proximidades de	near to
	próximo	next
el	proyecto	project
el	pueblo	village; town
el	puente	bridge
la	puerta	door
el	puerto	port
	pues	so; then
el	puesto de trabajo	job
el	punto de exclamación	exclamation mark
el	punto de encuentro	meeting point
el	punto de vista	point of view

Q

	que	that
	qué	which; what
	¡qué ...!	what a ...!

	¿qué tal?	what's it like?; how are you?
	quedarse	to remain
	quemar	to burn
	querer	to want
	Querido ...	Dear ... (in letters)
la	quesería	cheese shop
el	queso	cheese
	quien, quién	who; whom
	quince días	fortnight
	quisiera (*from* querer)	I would like
	quirúrgico	surgical
	quitar la mesa	to clear the table

R

el	ranchero	cowboy
la	ranura	slot
el	rápido	express train
la	raqueta de tenis	tennis racket
el	ratero	pickpocket
el	ratón	mouse
los	ratos libres	leisure time
la	razón	reason
	reaccionar	to react
	realizar	to make
la	rebaja	reduction; sale
el	recado	message
la	receta	recipe
	recibir	to receive
el	recibo	receipt
	recientemente	recently
la	recompensa	reward
	recordar	to remember
de largo	recorrido	long distance
todo	recto	straight on
el	recuerdo	souvenir; memory
la	red	network
	referente a	concerning
	referirse a	to refer to
	refugiarse	to hide
el	regalo	gift
la	regla	rule, regulation
	reglamentado	restricted, regulated
el	regreso	return
	rehusar	to refuse
la	reina	queen
el	Reino Unido	United Kingdom
	relacionarse con	to be related to
	relajarse	to relax
el	relato	account; story
	rellenar	to fill in
el	reloj	wristwatch
la	relojería	watchmaker's shop
	remolcar	to tow
el	rendimiento	performance
la	reparación	repair
el	reparto	delivery
el	reportaje	report
el	representante	representative
la	reserva	reservation
	resolver	to solve
	respetar	to respect
	responder a	to reply to
la	respuesta	reply
	resultar	to turn out to be
el	resultado	result

el	retraso	delay
el	retrato	picture
la	reunión	meeting
	reunirse	to meet
	revisar	to check
la	revista	magazine
los	reyes magos	the Three Kings
	rico	rich
el	rincón	corner
el	río	river
	¡riquísimo!	delicious!
	rodeado de	surrounded by
la	rodilla	knee
	rojo	red
el	rollo de película	roll of film
	romano	Roman
el	rompecabezas	puzzle
	romperse	to break
la	ropa	clothes
	roto	broken
la	rueda de repuesto	spare wheel
el	ruido	noise
	ruidoso	noisy
	rumbo a	going to
	rutinario	ordinary

S

las	sábanas	sheets
	saber	to know (how to)
	sacar fotos	to take photos
el	saco de dormir	sleeping bag
la	sala de espera	waiting room
la	sala de embarque	departure lounge
el	salchichón	(salami-type) sausage
la	salida	exit
	salir de	to leave, go out of
el	salón social	social lounge
la	salsa	sauce
le	saluda atentamente	Yours sincerely, faithfully (in letters)
	sancionado	punished
el	saneamiento	drainage
la	sangre	blood
	sano	healthy
la	sartén	frying pan
	satisfecho	satisfied
	sé (*from* saber)	I know (how to)
el	secador	hair drier
la	sección	department (in shop)
	seco	dry
tener	sed	to be thirsty
de	seda	made of silk
	seguir	to follow; continue
	según	according to
el	segundo	second
la	seguridad	security
	seguro	secure; sure
el	sello	stamp
las	selvas tropicales	tropical rainforests
los	semáforos	traffic light
por	semana	weekly
	sencillo	simple
	sentado en	seated at
	sentarse	to sit down
el	sentido de humor	sense of humour
	sentirse	to feel
la	señal	(road)sign

231

la	serie	series
	serio	serious
el	servicio incluido	service included
los	servicios	toilets; services
la	servilleta	napkin
la	sidra	cider
	siempre	always
lo	siento	I'm sorry
el	siglo	century
el	significado	meaning
	significar	to mean
	siguiente	following
la	silla	chair
el	sillón	armchair
	simpático	kind, nice
	sin hacer	without doing
	sin embargo	however
el	síntoma	symptom
ni	siquiera	not even
el	sistema de satélite	satellite system
el	sitio	place
la	situación	location
	sobrar	to be left over
	sobre	on; above
el	socio	member
el	sol	sun
	solamente	only
a	solas	alone
el	soldado	soldier
	soler hacer	to usually do
	sólo	only
	solo	alone
	soltero	unmarried, single
	solucionar	to resolve
el	sonido	sound
la	sopera	soup tureen
la	sortija de oro	gold ring
	sospechoso	suspicious
el	sótano	cellar
	subir	to go down
	subrayar	to underline
	sucio	dirty
la	sucursal	branch office
el	suelo	ground
	suelto	loose
	sufrir	to suffer
la	sugerencia	suggestion
	sugerir	to suggest
el	sujeto	subject
por	supuesto	of course
el	sur	south
	suspender	fail (exams)
la	sustracción	theft
	sustraer	to steal

T

la	tabla de windsurf	windsurf board
la	tableta de chocolate	bar of chocolate
	tal	such
el	taller	workshop
	también	also
	tan ~	so ~
	tanto	so much; as much
las	tapas	bar snacks
la	taquilla	ticket office
el	taquillero	ticket clerk

	tardar	to take time
la	tarde	afternoon; evening
	tarde	late
la	tarifa	price list
la	tarjeta de crédito	credit card
la	tarta	cake
el	taxista	taxi driver
la	taza	cup
el	tazón	bowl
el	té	tea
la	tela	material
por	teléfono	by phone
el	tema	theme
	temprano	early
el	tendero	shopkeeper
el	tenedor	fork
	tener que hacer	to have to do
	tenga (*from* tener)	here you are
la	teoría	theory
la	terminación	ending
	terminar	to end; finish
el	terreno	ground
el	tesoro	treasure
el	testigo	witness
el	tiempo	time; weather
la	tienda	tent; shop
la	tierra	earth
los	tíos	uncle(s) and aunt(s)
el	tipo	type, sort
	tirar	to throw
la	titularidad	place in the team
el	título	title
la	toalla	towel
el	tobillo	ankle
	tocar	to play (instrument)
te	toca a ti	it's your turn
el	tocino	bacon
	todavía	still; yet
	todo	all; every
	tomar	to take
la	tónica	tonic water
	tonto	stupid
el	toque de silbato	whistle
	torcer	to turn; twist
la	tormenta	storm
la	tortilla	omelette
tener	tos	to have a cough
	traiga (*from* traer)	bring; get
el	tramo	section of road; track
	tranquilo	calm, quiet
el	tranvía	tram
	trasero	back, rear
	trasladarse a	to move to
se	trata de	it's about
	tratar de hacer	to try to do
la	travesía	crossing
el	tribu	tribe
	triste	sad
la	trucha	trout
	tuerza (*from* torcer)	twist; turn

U

	último	last
	único	only; single
las	urgencias	emergencies
	urgentemente	urgently
	usar	to use

	útil	useful
	utilizar	to use
la	uva	grape

V

las	vacaciones	holidays
	vale	okay
	vale la pena	it's worth it
	valer	to be worth
	valiente	brave
la	valle	valley
los	vaqueros	jeans
	variar	to vary
la	variedad	variety
	vario	various
	vasco	Basque
el	vaso	glass
a	veces	at times
el	vecino	neighbour
	vecino a	adjoining
	vegetal	vegetable
el	vehículo	vehicle
la	vela	sailing
la	velocidad	speed
el	vendedor	seller
	vender	to sell
la	ventaja	advantage
la	ventana	window
la	ventanilla	window (of train, car)
	ver	to see
el	verano	summer
la	verdad	truth
	¿verdad?	isn't it? (etc.)
	verdadero	true
	verde	green
	verdegris	dark green
la	verdulería	greengrocer's shop
las	verduras	green vegetables
	verificado	checked
	vestir	to wear
la	vez (pl. veces)	time; occasion
la	vía	track
	viajar	to travel
el	viaje	journey
el	viajero	traveller
la	vida	life
el	vídeojuego	videogame
	viejo	old
el	viento	wind
	vinculado con	dependent on
la	vista al mar	view of the sea
	vivir	to live
	volver	to return
el	vuelo	flight
la	vuelta	return; change

Y

	ya	already; now

Z

las	zanahorias	carrots
la	zapatería	shoe shop
el	zumo	juice

English	Spanish
A	
to be able	poder
it's about	se trata de
above	sobre
abroad	al extranjero
to accept	aceptar
to accompany	acompañar
according to	según
account	relato (m.)
to add	añadir
address	dirección (f.)
adjoining	vecino a
advantage	ventaja (f.)
advertisement	anuncio (m.)
advice (piece of)	aviso, consejo (m.)
to advise	aconsejar
aeroplane	avión (m.)
affected by	afectado por
after	después de
afternoon	tarde (f.)
again	nuevamente
against	contra
age	edad (f.)
to agree	ponerse de acuerdo; coincidir, conformarse, acordarse
agreed	de acuerdo
ahead	adelante
air conditioning	aire (m.) acondicionado
air steward	azafata (m.)
airbus	aerobús (m.)
airport	aeropuerto (m.)
alarm clock	despertador (m.)
all	todo
almost	casi
alone	solo, a solas
already	ya
also	también
although	aunque
always	siempre
ambitious	ambicioso
amusement park	parque (m.) de atracciones
ancient	antiguo
ankle	tobillo (m.)
to announce	anunciar
to annoy someone	molestar a alguien
to answer	contestar
answering machine	contestador (m.) automático
Antarctic	antártico
anxiety	inquietud (f.)
anxious	inquieto
any	cualquier
apart (from)	aparte (de)
to appear	aparecer

English	Spanish
apple	manzana (f.)
to apply	aplicar
appointment	cita (f.)
to make an appointment	dar hora
to appreciate	apreciar
to approach	acercarse a
appropriate	apropiado
approximately	aproximadamente
area code (for phone)	prefijo (m.)
to arise	plantearse
arm	brazo (m.)
armchair	sillón (m.)
arrested	detenido
arrival	llegada (f.)
artist	pintor, dibujante (m.)
as	como
as much	tanto
as much as	cuanto
to ask	preguntar
to ask for	pedir
aspect	aspecto (m.)
assistance	ayuda (f.)
athletic	atlético
athletics	atletismo (m.)
atmosphere	ambiente (m.)
to attack	atracar
attacked by	atacado por
attacker	asaltante (m.)
attention	atención (f.)
attitude	actitud (f.)
Australian	australiano
aunt	tía (f.)
avenue	avenida (f.)
to avoid	evitar
aware of	consciente de
B	
baby	bebé (m.)
back	espalda (f.)
back	trasero, de atrás
bacon	tocino (m.)
bad	malo
bakery	panadería (f.)
bandit	atracador (m.)
banknote	billete (m.)
bar of chocolate	tableta (f.) de chocolate
bar snacks	tapas (f.pl.)
basketball	baloncesto (m.)
Basque	vasco
bathroom	cuarto (m.) de baño
battery	batería (f.)
beach	playa (f.)
bean stew (from Asturias)	fabada (f.)
beautiful	hermoso
because	porque

English	Spanish
because of	a causa de
bed	cama (f.)
bedside table	mesilla (f.) de noche
before	anterior
before doing	antes de hacer
beforehand	de antemano
beginning	origen; comienzo (m.)
on behalf of	de parte de
behind	detrás de
to believe	creer
to belong	pertenecer
beside	al lado de
better	mejor
between	entre
bicycle	bicicleta (f.)
big	grande
bigger	mayor
bill	cuenta (f.)
biscuits	galletas (f.pl.)
black	negro
blame	culpa (f.)
blanket	manta (f.)
block of flats	bloque (m.) de pisos
blocked	bloqueado
blood	sangre (f.)
blotting paper	papel (m.) secante
blouse	blusa (f.)
in blue	en azul
boat	barco (m.)
body	cuerpo (m.)
bookshelf	librería (f.)
boots	botas (f.pl.)
to get bored	aburrirse
boring	pesado, aburrido
to be born	nacer
bottle	botella (f.); frasco (m.)
bowl	tazón (m.)
bowling alley	bolera (f.)
to brake	frenar
brave	valiente
bread	pan (m.)
bread roll	panecillo (m.)
to break	destrozar
to break (bone)	romperse
to break up	fragmentar
breakdown (car)	avería (f.)
breakfast	desayuno (m.)
bridge	puente (m.)
brief	corto
bright	claro
to bring	aportar
bring	traiga (*from* traer)
British	británico
broken	roto
broken down (car)	averiado
brother	hermano (m.)
brown	marrón
building	edificio (m.)

233

vocabulary

	built by	construido por
to	bump into	chocar con
to	burn	quemar
	bus	autobús (m.)
	bus company	línea (f.) de autobuses
	bus stop	parada (f.) de autobús
	business studies	empresariales
	businessman	hombre (m.) de negocios
	busy	ocupado
	but	pero
	butcher's shop	carnicería (f.)
	butter	mantequilla (f.)
to	buy	comprar
	buyer	comprador (m.)

C

	cabin (ship)	camarote (m.)
	cabin	cabaña (f.)
	cake	pastel (m.), tarta (f.)
	calculator	calculadora (f.)
	call	llamada (f.)
	calm	tranquilo
	camel	camello (m.)
	camera	cámara (f.)
	camper	campista (m.)
	capable of	capaz de
	car park	aparcamiento (m.)
	car	coche, automóvil (m.)
	career	carrera (f.)
	careful!	¡cuidado!
	carpet	alfombra (f.)
	carrots	zanahorias (f.pl.)
	carton	brik (m.)
	cartoon	dibujos (m.pl.) animados
	cashpoint	cajero (m.) automático
	cat	gato (m.)
	catch	coja (from coger)
to	catch	alcanzar
	Catholic	católico
to	cause	causar, efectuar
to	celebrate	celebrar
	cellar	sótano (m.)
	century	siglo (m.)
	certain	cierto
	chair	silla (f.); asiento (m.)
	champagne	champán (m.)
	change (money)	vuelta (f.)
to	change	cambiar
	character	personaje (m.)
	characteristic	característica (f.)
	charity	caridad (f.)
	cheap	barato
to	check	revisar; averiguar, comprobar
	cheese	queso (m.)
	cheese shop	quesería (f.)
	chemist	farmacéutico (m.)

	chemist's shop	farmacia (f.)
	chess	ajedrez (m.)
	chicken	pollo (m.)
	child	niño (m.)
to	choose	elegir, escoger
	Christmas	Navidad (f.)
	Christmas ~	navideño
	cider	sidra (f.)
	circle	círculo (m.)
	circuit	circuito (m.)
	city	ciudad (f.)
	clean	limpio
	cleanliness	limpieza (f.)
to	clear the table	quitar la mesa
	climbing	alpinismo (m.)
to	close	cerrar
	close	cercano
	closed	cerrado
	clothes	ropa (f.)
	cloudless	despejado
	clouds	nubes (f.pl.)
	cloudy	nublado
	coach	autocar (m.)
	cod	bacalao (m.)
	code (for dialling phone)	indicativo (m.)
	coin	moneda (f.)
to be	cold	tener frío; hacer frío
to have a		
	cold	estar constipado
	cold Andalucian soup	gazpacho (m.)
	collection	colección (f.)
to	come close to	acercarse a
	comedy	comedia (f.)
	comfortable	cómodo
to	commit	cometer
in	common	en común
	companion	compañero (m.)
	company	compañía (f.)
	competition	certamen, concurso (m.)
	complaints book	libro (m.) de reclamaciones
	completely	por completo
	computer game	juego (m.) de ordenador
	confectioner's shop	pastelería (f.)
to	consist of	consistir en
to be	constipated	estar constipado
to	contain	contener
to	continue	seguir, continuar
to	convince	convencer
	cook	cocinero (m.)
	cooked	cocido
to	cool down	enfriarse
	corner	rincón (m.), esquina (f.)
	correspondence course	curso (m.) por correspondencia

	corridor	pasillo (m.)
	cotton	algodón (m.)
to have a		
	cough	tener tos
	country	país (m.)
	cousin	primo (m.)
	cowboy	ranchero (m.)
	cowboy (S.Am.)	gaucho (m.)
to	create	crear
	credit card	tarjeta (f.) de crédito
	crib	belén (m.)
	crime thriller	aventura (f.) policíaca
to	cross	cruzar
	crossing	travesía (f.)
	crowded	concurrido
	cruise ship	crucero (m.)
	cucumber	pepino (m.)
	cup	taza (f.)
	current events	actualidad (f.)
	custom	costumbre (f.)
to	cut	cortar

D

	daily	diario, al día
	dairy	lechería (f.)
	damp	húmedo
	dance	baile (m.)
	dancer	bailarina (f.)
	danger	peligro (m.)
	dangerous	peligroso
	dark green	verdegris
	date	fecha, cita (f.)
	daughter	hija (f.)
	dead	muerto
	Dear ... (in letters)	Estimado ...; Querido ...
	dear	caro
	death	muerte (f.)
to	decorate	adornar
to be	dedicated to	dedicarse a
	deep	profundo
	delay	retraso (m.)
	delicious!	¡riquísimo!
	delivery	reparto (m.)
to	demolish	demoler
	deodorant	desodorante (m.)
	department (in shop)	sección (f.)
	department store	grandes almacenes (m.pl.)
	departure lounge	sala de embarque (f.)
	desert	desierto (m.)
to	deserve	merecer
	designer	diseñador (m.)
	dessert	postre (m.)
to	destroy	destruir
	detail	detalle (m.)
to	dial	marcar
	diary	agenda (f.)

to die	morir
different from	distinto a
to dine	cenar
dining-room	comedor (m.)
dinner	cena (f.)
dirty	sucio
disadvantage	desventaja (f.)
to disappear	desaparecer
disaster	desastre (m.)
discount	descuento (m.)
to discover	descubrir
to discuss	discutir
to disembark	desembarcar
dish	plato (m.)
dish-washer	lavaplatos (m.)
to disobey	desobedecer
long distance	de largo recorrido
distance in kms.	kilometraje (m.)
distant	lejano
district	barrio (m.)
dizzy	mareado
doctor	médico (m.)
dog	perro (m.)
doll	muñeca (f.)
don't mention it	de nada
door	puerta (f.)
double	doble (m.)
downstairs	abajo
dozen	docena (f.)
drainage	saneamiento (m.)
to draw	dibujar
drawing	dibujo (m.)
to drink	beber
drink	bebida (f.)
drinking water	agua (f.) potable
to drive	conducir
driver	conductor (m.)
driving licence	permiso (m.) de conducir
drizzle	llovizna (f.)
drugstore	droguería (f.)
dry	seco
during	durante

E

each	cada
ear	oreja (f.)
early	temprano
early hours	madrugada (f.)
to earn	ganar
earth	tierra (f.)
Happy Easter	Felices Pascuas
eastern	oriental
easy	fácil
to eat	comer
edge	borde (m.)
egg	huevo (m.)
electrical current	corriente (f.)
electrical goods	electrodomésticos (m.pl.)

elegant	gracioso
employee	empleado (m.)
at the end of	al final de
to end	terminar
engine	motor (m.)
engineer	ingeniero (m.)
English	inglés
to enjoy	disfrutar
enjoyable	divertido
enough	bastante
the environment	medio (m.) ambiente
equipment	equipo (m.)
to escape (from)	huir
every year	al año
every	todo
everywhere	por todas partes
exchange	intercambio, cambio (m.)
exciting	emocionante
exit	salida (f.)
to expect	esperar
expensive	caro
to explain	explicar
express train	rápido (m.)
eye	ojo (m.)

F

facilities	equipamiento (m.)
facing	enfrente de
factory	fábrica (f.)
to fail (exams)	suspender
fairground	parque (m.) de atracciones
to fall in love with	enamorarse de
to be famous for	tener fama por
far	lejos
farmer	agricultor (m.)
in fashion	de moda
fast train	expreso (m.)
father	padre (m.)
to feel	sentirse
I feel like	me apetece
festival	fiesta (f.)
field	campo (m.)
film	película (f.)
to find	hallar, encontrar
fine	multa (f.)
finger	dedo (m.)
to finish doing	acabar de hacer
to finish	terminar
fire	incendio (m.)
fire brigade	bomberos (m.pl.)
firm	empresa (f.)
first	primero
fish	pescado (m.)
fishing	pesca (f.)
fit	en forma
flask	frasco (m.)
flat	apartamento, piso (m.)

flight	vuelo (m.)
floor	planta (f.); suelo (m.)
flower	flor (f.)
flu	gripe (f.)
fog	niebla (f.)
to follow	seguir, continuar
following	siguiente
food	alimentación (f.), comestibles (m.pl.)
football match	partido (m.) de fútbol
for	para
to forbid	prohibir
foreign	extranjero
foreign language	idioma (m.) extranjero
to forget to do	olvidar de hacer
fork	tenedor (m.)
form	formulario (m.), ficha (f.)
fortnight	quince días
fortunate	afortunado
forward	adelante
four-wheel drive car	coche (m.) todo terreno
free	gratuito; libre
French	francés
fresh	fresco
fridge	nevera (f.)
fried	frito
to frighten	dar miedo a
to be frightened	tener miedo
from	procedente de
from	desde
in front of	delante de
frost	helada (f.)
frozen	helado
fruit seller	frutero (m.)
fruit shop	frutería (f.)
frying pan	sartén (f.)
full	lleno
furniture	muebles (m.pl.)

G

gangster	atracador (m.)
garage	garaje (m.)
garden	jardín (m.)
garlic	ajo (m.)
gentleman	caballero (m.)
German	alemán
get	traiga (*from* traer)
to get up	levantarse
to get used to	acostumbrarse a
to get warm	calentarse
gift	regalo (m.)
glad	contento
glass	vaso (m.)
glasses	gafas (f.pl.)
to go down	bajar, subir
to go in	entrar en
to go to bed	acostarse

235

made of gold	de oro	
grandfather	abuelo (m.)	
grandmother	abuela (f.)	
grape	uva (f.)	
grass	hierba (f.)	
green	verde	
green beans	judías (f.pl.) verdes	
green vegetables	verduras (f.pl.)	
greengrocer's shop	verdulería (f.)	
grey	gris	
ground	suelo; terreno (m.)	
group	grupo (m.)	
in a group	en pandilla	
to guess	adivinar	
guest house	pensión (f.)	
guide	guía (m.)	
guidebook	guía (f.)	

H

hail	granizo (m.)
hair	pelo (m.)
hair drier	secador (m.)
hairdresser	peluquería (f.)
hake	merluza (f.)
half of	mitad (f.) de
half	medio
hand	mano (f.)
to hand over	entregar
handbag	bolsa (f.)
handkerchief	pañuelo (m.)
handsome,	guapo
to happen	ocurrir, pasar
happy	feliz
to be happy about	alegrarse de
happy	contento
hard	duro
hardly	apenas
to have to	deber
to have to do	tener que hacer
head	cabeza (f.)
to head for	dirigirse hacia
headlight	faro (m.)
healthy	sano
to hear	oír
heat	calor (m.)
hello (on phone)	dígame
helmet	casco (m.)
to help	ayudar
help	ayuda (f.)
here	aquí
here you are	tenga (*from* tener)
to hide	refugiarse
high	alto
to hire	alquilar
history	historia (f.)
holidays	vacaciones (f.pl.)
at home	en casa
homework	deberes (m.pl.)

to hope	esperar
horse	caballo (m.)
horse-riding	equitación (f.)
hospital	enfermería
hostel	albergue (m.)
hot	caliente
to be hot	tener calor; hacer calor
hotel room	habitación (f.)
how are you?	¿qué tal?
how much	cuánto
how	cómo
however	sin embargo
hungry	hambriento
to be hungry	tener hambre
to be in a hurry	tener prisa
to hurt	hacer daño en; doler
husband	marido (m.)

I

ice skating	patinaje (m.) sobre hielo
ice-cream	helado (m.)
ill	enfermo
illness	enfermedad (f.)
immediately	inmediatamente
immensely	inmensamente
immobile	inmóvil
to improve	mejorar
in advance	de antemano
person in charge	encargado (m.)
in order to	para
in this way	de esta forma
incapable	incapaz
to include	incluir
including	incluso
inconvenient	incómodo
incredible	increíble
individual	particular
to inform	avisar
information	información (f.)
information technology	informática (f.)
injection	inyección (f.)
injured	herido
injury	herida (f.)
inside	dentro de
insured	asegurado
interested	interesado
interesting	interesante
interview	entrevista (f.)
to interview	entrevistar
to introduce	presentar
island	isla (f.)
isn't it? (etc.)	¿verdad?
isolated	aislado

J

jacket	chaqueta (f.)
jam	mermelada (f.)
jeans	vaqueros (m.pl.)
jeweller's shop	joyería (f.)
job	empleo (m.), puesto (m.) de trabajo
joiner	carpintero (m.)
journalist	periodista (m.)
journey	viaje (m.)
judge	juez (m.)
juice	zumo (m.)
road junction	cruce (m.) de caminos
to justify	justificar

K

key	llave (f.)
to kill	matar
kind	amable, simpático
kitchen	cocina (f.)
knee	rodilla (f.)
knife	cuchillo (m.)
to knock down	atropellar
to know	conocer

L

to lack	faltar
to be lacking to somebody	hacer falta a alguien
lake	lago (m.)
lamb	cordero (m.)
lamb chop	chuleta (f.) de cerdo
lamp	lámpara (f.)
language	lengua (f.)
to last	durar
last	último
last night	anoche
late	tarde
Latin-American	latino
laundry	lavandería (f.)
law	ley (f.)
leader	líder (m.)
leaflet	folleto (m.)
to learn	aprender
made of leather	de cuero
to leave	salir de; dejar
on the left	a la izquierda
on the left-hand side	a mano izquierda
left-luggage locker	consigna (f.)
leg	pierna (f.)
leisure time	ratos (m.pl.) libres
to lend a hand	prestar ayuda
less	menos
to lessen	disminuir
letter	carta (f.)
lettuce	lechuga (f.)
library	librería (f.)
life	vida (f.)
lift	ascensor (m.)

to lift	elevar
light	ligero; claro
light	luz (f.)
light bulb	bombilla (f.)
to light	encender
lighter	encendedor (m.)
I like it	me encanta
I would like	quisiera (*from* querer)
like this	así
like	como
likeable	amable
likewise	igualmente
line	línea (f.)
listen	oiga (*from* oír)
little	pequeño
to live	vivir
lively	animado
loaf of bread	barra (f.) de pan
to lodge	alojar
lodging	alojamiento (m.)
lonely	aislado
to look for	buscar
loose	suelto
lorry	camión (m.)
lorry-driver	camionero (m.)
to lose	perder
loss	pérdida (f.)
lost property	objetos (m.pl.) perdidos
love	amor (m.)
love ... (end of letter)	un abrazo
low	bajo
lucky	afortunado
lunch	almuerzo (m.)
luxurious	lujoso

M

magazine	revista (f.)
to maintain	mantener
to make	hacer; realizar
make (of product)	marca (f.)
to make good use of	aprovecharse de
to manage to	lograr
map	mapa (m.)
market	mercado (m.)
married	casado
to get married	casarse
marvellous	maravilloso
mass	misa (f.)
massive	grueso
to match (up)	emparejar
material	tela (f.)
mayonnaise	mayonesa (f.)
to mean	significar
meaning	significado (m.)
meat	carne (f.)
medicines	medicamentos (m.pl.)
middle	medio
medium-sized	intermedio

to meet	reunirse
meeting	reunión (f.)
member	miembro, socio (m.)
message	recado (m.)
Mexico	Méjico
at midday	a mediodía
middle	medio
mirror	espejo (m.)
money	dinero (m.)
monthly	al mes
mood	humor (m.)
moon	luna (f.)
more than	más de; más que
morning	mañana (f.)
mother	madre (f.)
motorbike	moto (f.)
motorcyclist	motociclista (m.)
motorist	automovilista (m.)
motorway	autopista (f.)
mountain	montaña (f.)
mouse	ratón (m.)
to move forward	adelantar
moved	emocionado
murder	asesinato (m.)
mushroom	champiñón (m.)
musician	músico (m.)
mustard	mostaza (f.)

N

name	nombre (m.)
napkin	servilleta (f.)
nature	naturaleza (f.)
near (to)	cerca de
nearly	casi
neck	cuello (m.)
necklace	collar (m.)
to need	necesitar, faltar
neighbour	vecino (m.)
neighbouring	cercano
network	red (f.)
new	nuevo
news	noticias (f.pl.)
newspaper	periódico (m.)
next	próximo
nice	simpático, bonito
night	noche (f.)
no ~	ninguno
nobody	nadie
noise	ruido (m.)
noisy	ruidoso
none	ninguno
(North) American	estadounidense
nose	nariz (f.)
not even	ni siquiera
to note (down)	apuntar
nothing	nada
notice	letrero (m.)
now	ya

O

to obtain	conseguir
occasion	vez (f.) (pl veces)
odd	extraño
of course	por supuesto, sí claro, de acuerdo
offer	oferta (f.)
to offer	ofrecer
often	a menudo
oil	aceite (m.)
okay	vale
old	viejo; anciano
older	mayor
olives	aceitunas (f.pl.)
omelette	tortilla (f.)
on foot	de pie
on	sobre
onion	cebolla (f.)
only	solamente, sólo; solo, único
open	abierto
to open	abrir
opposite	contrario
opposite	enfrente de
orange	naranja (f.)
ordinary	rutinario
other	otro
out of work	en paro
outside	fuera de
oven	horno (m.)
overcast	cubierto
overcoat	abrigo (m.)
own	propio, particular
owner	propietario, dueño (m.)

P

packet	paquete (m.)
to paint	pintar
parcel	paquete (m.)
parents	padres (m.pl.)
to park	aparcar
parked	estacionado
to pass (exams)	aprobar
passage	pasillo (m.)
passport control	control (m.) de pasaportes
past	pasado (m.)
pastime	pasatiempo (m.)
path	andén (m.)
patient	enfermero (m.)
pause	pausa (f.)
pavement	calzada (f.)
to pay at the till	pagar en caja
peach	melocotón (m.)
peas	guisantes (m.pl.)
pedestrian crossing	paso (m.) de peatones
penfriend	amigo (m.) por correspondencia

237

	people	gente (f.)
	pepper	pimienta (f.), pimiento (m.)
	percent	por ciento
	person	persona (f.)
	petrol station	gasolinera (f.)
	pharmacist	farmacéutico (m.)
by	phone	por teléfono
	photograph	foto, fotografía (f.)
	photographer	fotógrafo (m.)
to	pick up (phone)	descolgar
	pickpocket	ratero (m.)
	picture	cuadro (m.)
	pillow	almohada (f.)
	pineapple	piña (f.)
	pitch (at campsite)	parcela (f.)
	place	sitio, lugar (m.)
to take	place	tener lugar
to	plan	planear
	platform	andén (m.)
to	play (game)	jugar a
to	play (instrument)	tocar
	pleasant	agradable
	pleased to meet you	mucho gusto, encantado
	pocket	bolsillo (m.)
	point of view	punto (m.) de vista
to	point out	indicar
	police	policía (f.)
	police station	comisaría (f.)
	policy	póliza (f.)
	poor	pobre
	port	puerto (m.)
to	possess	poseer
	post office	correos
to	post a letter	echar una carta
	postbox	buzón (m.)
	postcard	postal (f.)
	potatoes	patatas (f.pl.)
	pound sterling	libra (f.) esterlina
to	practise	practicar
	prawn cocktail	cóctel (m.) de gambas
	prawns	gambas (f.pl.)
the	press	prensa (f.)
	pretty	bonito
	previously	anteriormente
	price	precio (m.)
	prize	premio (m.)
	programme (TV/radio)	emisión (f.) (televisiva/de radio)
	project	proyecto (m.)
to	promise	prometer
to	protect	proteger
	puncture	pinchazo (m.)
	pupil	alumno (m.)
	purse	monedero (m.)
to	push	empujar
to	put	poner

to	put up	alojar
	puzzle	rompecabezas (m.)

Q

	question	pregunta (f.)
	queue	cola (f.)
	quickly	de prisa
	quiet	tranquilo

R

	railway	ferrocarril (m.)
to	rain	llover
	rain	lluvia (f.)
to	raise	elevar
to	reach	alcanzar
to	react	reaccionar
to be	ready	estar listo
	ready to	dispuesto a
	rear	trasero, de atrás
	receipt	recibo (m.)
to	receive	recibir
	recently	recientemente
	recipe	receta (f.)
	record	disco (m.)
to	record	grabar
	red	rojo
	reduction	rebaja (f.)
to	refuse	rehusar
	regulation	regla (f.)
	relative	pariente (m.)
to	relax	relajarse
to	remain	permanecer, quedarse
to	remember	recordar
	repair	reparación (f.)
	reply	respuesta (f.)
to	reply to	responder a
to	report (accident/crime)	denunciar
	reservation	reserva (f.)
to	resolve	solucionar
to	reserve	reservar
to	respect	respetar
to	rest	descansar
	rest	descanso (m.)
	restaurant	comedor (m.)
	restricted	reglamentado
	result	resultado (m.)
to	return	volver; devolver
	return	regreso (m.), vuelta (f.)
to	return	volver
	return ticket	billete (m.) de ida y vuelta
	reward	recompensa (f.); premio (m.)
	rice	arroz (m.)
	rich	rico
to	ride a horse	montar a caballo
on the right		a la derecha
	ring	sortija (f.), anillo (m.)

	river	río (m.)
	road	carretera (f.)
	roast(ed)	asado
to	rob	atracar
	robber	ladrón (m.)
	roll of film	rollo (m.) de película
	Roman	romano
	romantic	romántico
	ropes	cables (m.pl.)
	rubbish	basura (f.)
	ruins	ruinas (f.pl.)
	rule	regla (f.)
to	run over	atropellar

S

	sad	triste
	safety belt	cinturón (m.) de seguridad
	sailing	vela (f.)
	sale	rebaja (f.)
	same	mismo
	sandwich	bocadillo (m.)
	satisfied	satisfecho
	sauce	salsa (f.)
	saucepan	cacerola (f.)
	sausage	chorizo; salchichón (m.)
	savings	ahorros (m.pl.)
	savings bank	caja (f.) de ahorros
to	say	decir
to	say goodbye to	despedir
	school	colegio, cole (m.); escuela (f.); instituto (m.)
	science-fiction	ciencia-ficción (f.)
	Scotland	Escocia (f.)
	Scottish	escocés
	sea	mar (m.)
	second	segundo
	secure	seguro
to	see	ver
to	seem	parecer
to	sell	vender
	seller	vendedor (m.)
to	send	mandar, enviar
	sense of humour	sentido (m.) de humor
	serious	serio, grave
	shampoo	champú (m.)
to	share	compartir
	sheets	sábanas (f.pl.)
	shellfish	marisco (m.)
	shirt	camisa (f.)
	shoe shop	zapatería (f.)
	shop assistant	dependiente (m.)
	shop	tienda (f.)
	shopkeeper	tendero (m.)
	short	corto; bajo
	shoulder	espalda (f.)
to	show	mostrar

238

show	espectáculo (m.)	
shower	ducha (f.)	
to have a shower	ducharse	
to sign	firmar	
made of silk	de seda	
similar	parecido	
simple	sencillo	
since	desde	
to sing	cantar	
single	único; soltero	
single ticket	billete (m.) sencillo	
sister	hermana (f.)	
to sit down	sentarse	
to skate	patinar	
skirt	falda (f.)	
sky	cielo (m.)	
to sleep	dormir	
sleeping bag	saco (m.) de dormir	
slow	lento	
small	pequeño	
smell	olor (m.)	
it smells	huele (*from* oler)	
to smoke	fumar	
to snatch	arrancar	
snow	nieve (f.)	
to snow	nevar	
so	tan ~; pues; así	
so much	tanto	
soap	jabón (m.)	
social lounge	salón social (m.)	
soldier	soldado (m.)	
some	alguno	
somebody	alguien	
sometimes	algunas veces, a veces	
son	hijo (m.)	
song	canción (f.)	
soon	pronto	
I'm sorry	lo siento	
sort	tipo (m.)	
sound	sonido (m.)	
South American	americano	
south	sur (m.)	
souvenir	recuerdo (m.)	
space	espacio (m.)	
Spanish	español	
Spanish-American	hispanoamericano	
spare wheel	rueda (f.) de repuesto	
to speak	hablar	
to spend	gastar	
spinach	espinacas (f.pl.)	
spoiled	estropeado	
spoon	cuchara (f.)	
sport	deporte (m.)	
sporting	deportista	
sports centre	complejo (m.) deportivo	
Spring	primavera (f.)	
square	plaza (f.)	

squid	calamares (m.pl.)
stadium	estadio (m.)
stained	manchado
stairs	escalera (f.)
stamp	sello (m.)
star	estrella (f.)
to start doing	empezar a hacer
starters (meal)	entremeses (m.pl.)
station	estación (f.)
stationer's	papelería (f.)
statue	estatua (f.)
steak	bistec (m.)
to steal	sustraer, robar
still	todavía, aún
stomach	estómago (m.)
to stop	pararse
storm	tormenta (f.)
story	relato; historia (m.)
straight on	todo recto
stranger	desconocido (m.)
strawberries	fresas (f.pl.)
street	calle (f.)
strong	fuerte
to struggle	luchar
stupid	tonto, estúpido
subject	asignatura (f.)
success	éxito (m.)
such	tal
such as	como
suddenly	de repente
to suffer	sufrir
sugar	azúcar (m.)
to suggest	sugerir
suitable	apropiado
suitcase	maleta (f.)
summer	verano (m.)
sun	sol (m.)
sun cream	crema (f.) bronceadora
to get sunstroke	coger una insolación
to be sunny	hacer sol
sure	cierto, seguro
surgery	consultorio (m.)
surrounded by	rodeado de
suspicious	sospechoso
to swap	cambiar de
sweet	bombón, caramelo (m.); dulce
sweet	dulce
to swim	nadar
swimming	natación (f.)
swimming pool	piscina (f.)
to switch on	encender
swollen	hinchado
symptom	síntoma (m.)
syrup	jarabe (m.)

T

table football	futbolín (m.)
tablecloth	mantel (m.)
tablets	pastillas (f.pl.)
to take	coger, tomar
to take care	tener cuidado
to take out	sacar
to take photos	sacar fotos
to take time	tardar
tall	alto
tank (petrol)	depósito (m.)
tap	grifo (m.)
tape	cinta (f.)
tasty	apetitoso
taxi driver	taxista (m.)
tea	té (m.)
to teach	enseñar
teacher	maestro; profe, profesor (m.)
team	equipo (m.)
telephone kiosk	cabina (f.) telefónica
to tell	narrar
to have a temperature	tener fiebre
tennis racket	raqueta (f.) de tenis
tent	tienda (f.)
to thank	agradecer
that	que
theft	robo (m.)
then	entonces; luego; pues
there	allí
thing	cosa (f.)
to think	pensar
to be thirsty	tener sed
though	aunque
to threaten	amenazar
the Three Kings	los reyes (m.pl.) magos
throat	garganta (f.)
to throw	tirar
thus	así
ticket	entrada (f.)
ticket clerk	taquillero (m.)
ticket office	taquilla (f.)
till	caja (f.)
time	vez (pl veces); época (f.); tiempo (m.)
timetable	horario (m.)
tin	lata (f.)
to be tired	estar cansado
tobacconist's	estanco (m.)
today	hoy
toffee	caramelo (m.)
together	junto
toilets	servicios (m.pl.)
tomorrow	mañana (f.)
tongue	lengua (f.)
tonic water	tónica (f.)
too much/many	demasiado
tooth	muela (f.)

239

vocabulary

English	Spanish
toothbrush	cepillo (m.) de dientes
toothpaste	pasta (f.) de dientes
towards	hacia
towel	toalla (f.)
town hall	ayuntamiento (m.)
town	ciudad (f.); pueblo (m.)
toy	juguete (m.)
track	vía (f.)
traffic	circulación (f.)
traffic lights	semáforos (m.pl.)
tram	tranvía (m.)
to travel	viajar
travel agency	agencia (f.) de viajes
traveller	viajero (m.)
traveller's cheque	cheque (m.) de viaje
trousers	pantalón (m.)
trout	trucha (f.)
true	verdadero
to try	intentar
to try to do	tratar de hacer
tuna	atún (m.)
to turn off	apagar
turn	tuerza (*from* torcer)
type	tipo (m.)
tyre	neumático (m.)

U

ugly	feo
umbrella	paraguas (m.)
uncle	tío (m.)
uncomfortable	incómodo
under, underneath	bajo
to understand	entender
to get undressed	desvestirse
unforgettable	inolvidable
unfortunately	por desgracia, desafortunadamente
ungrateful	ingrato
unhappy	infeliz
United Kingdom	Reino (m.) Unido
unlucky	desafortunado, infeliz
unmarried	soltero (m.)
unpleasant	antipático, desagradable
until	hasta
unusual	extraño
up, upstairs	arriba
urgently	urgentemente
to use	usar, utilizar
useful	útil
useless	inútil
to usually do	soler hacer

V

valley	valle (f.)
variety	variedad (f.)
various	vario
to vary	variar
vast	extenso
vegetable	legumbre (f.)
vehicle	vehículo (m.)
very	muy
videogame	víedojuego (m.)
village	pueblo (m.)

W

to wait for	esperar
waiter	camarero (m.)
waiting room	sala (f.) de espera
to wake up	despertarse
to walk	andar
wallet	billetero (m.)
to want	desear, querer
to want to	tener ganas de
wardrobe	armario (m.)
warm	caliente
to wash	lavar
to wash up	fregar
washbasin	lavabo (m.)
washing machine	lavadora (f.)
watch out!	¡atención!
watchmaker's shop	relojería (f.)
weak	débil
to wear	vestir
weather	tiempo (m.)
wedding	boda (f.)
weekend	fin (m.) de semana
weekly	por semana
welcome to	bienvenido a
west	oeste (m.)
what ... like?	¿cómo ...?
what a ...!	¡qué ...!
what's it like?	¿qué tal?
what?	¿qué?
when	cuando; cuándo
where	donde; dónde
where (to)	adonde; adónde
which	que, el que, el cual, qué, cuál
whichever	cualquier
while	mientras
white	blanco
who	que, quien, el que, el cual; quién
why?	¿por qué?
wide	largo
wife	esposa (f.)
wind	viento (m.)
to be windy	hacer viento
window	ventana; ventanilla (f.)
windscreen	parabrisas (m.)
with me	conmigo
with you	contigo
within	dentro de
without doing	sin hacer
witness	testigo (m.)
wonderful	estupendo
made of wool	de lana
word	palabra (f.)
to work (of machinery)	funcionar; andar
workshop	taller (m.)
world	mundo (m.)
worried	inquieto
to worry	preocuparse
it's worth it	vale la pena
to be worth	valer
to wrap	envolver
wristwatch	reloj (m.)
writer	escritor (m.)
in writing	por escrito

Y

yearly	al año
yellow	amarillo
yesterday	ayer
yet	todavía, aún
young	joven
young person	joven (m.)
Yours faithfully, Yours sincerely (in letters)	(le saluda) atentamente

240